中华现代学术名著丛书

通货新论

马寅初 著

商务印书馆
创于1897 The Commercial Press

2012年·北京

图书在版编目(CIP)数据

通货新论/马寅初著.—北京:商务印书馆,2010
(中华现代学术名著丛书)
ISBN 978-7-100-07438-4

Ⅰ.①通… Ⅱ.①马… Ⅲ.①货币理论—理论研究 Ⅳ.①F820

中国版本图书馆 CIP 数据核字(2010)第 200897 号

本书据商务印书馆 1947 年版排印

中华现代学术名著丛书
通 货 新 论
马 寅 初 著

商 务 印 书 馆 出 版
(北京王府井大街36号 邮政编码 100710)
商 务 印 书 馆 发 行
北京瑞古冠中印刷厂印刷
ISBN 978-7-100-07438-4

2010 年 12 月第 1 版　　开本 880×1240 1/32
2012 年 2 月北京第 2 次印刷　　印张 10⅞ 插页 1

定价:32.00 元

马 寅 初

(1882—1982)

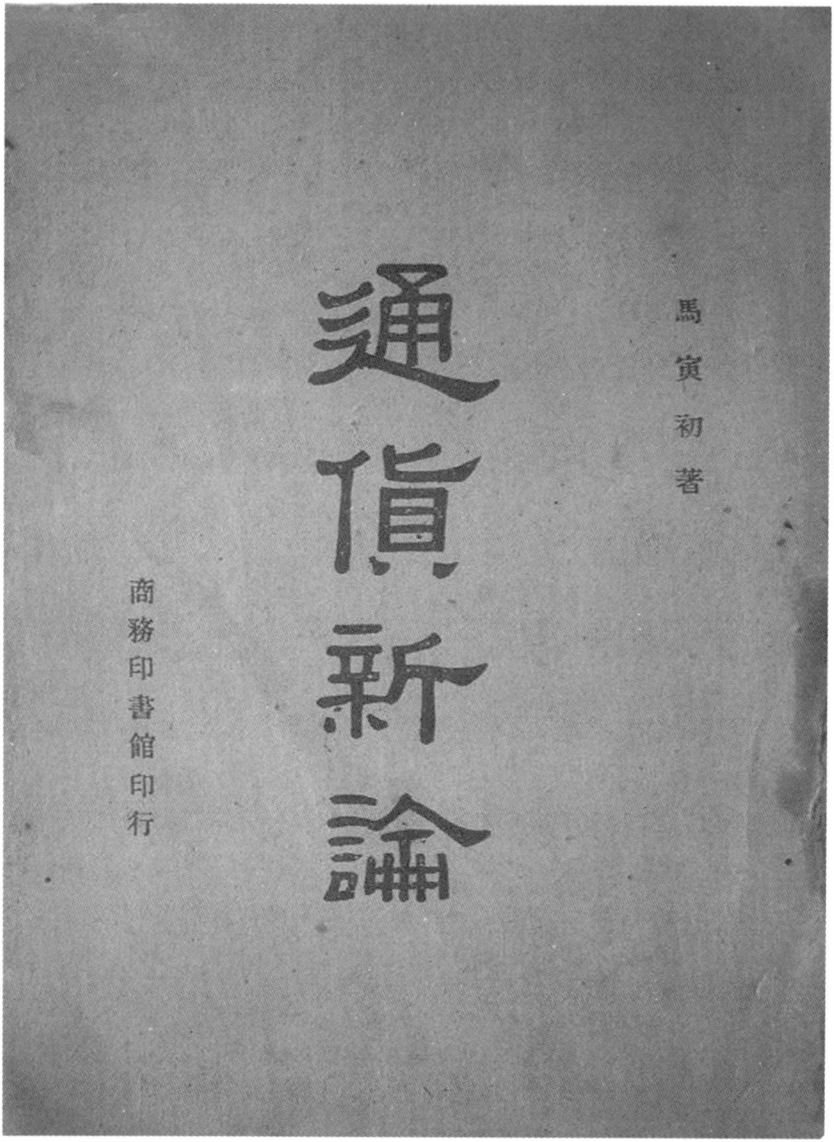

商务印书馆1937年版封面

出版说明

百年前，张之洞尝劝学曰："世运之明晦，人才之盛衰，其表在政，其里在学。"是时，国势颓危，列强环伺，传统频遭质疑，西学新知亟亟而入。一时间，中西学并立，文史哲分家，经济、政治、社会等新学科勃兴，令国人乱花迷眼。然而，淆乱之中，自有元气淋漓之象。中华现代学术之转型正是完成于这一混沌时期，于切磋琢磨、交锋碰撞中不断前行，涌现了一大批学术名家与经典之作。而学术与思想之新变，亦带动了社会各领域的全面转型，为中华复兴奠定了坚实基础。

时至今日，中华现代学术已走过百余年，其间百家林立、论辩蜂起，沉浮消长瞬息万变，情势之复杂自不待言。温故而知新，述往事而思来者。"中华现代学术名著丛书"之编纂，其意正在于此，冀辨章学术，考镜源流，收纳各学科学派名家名作，以展现中华传统文化之新变，探求中华现代学术之根基。

"中华现代学术名著丛书"收录上自晚清下至20世纪80年代末中国大陆及港澳台地区、海外华人学者的原创学术名著（包括外文著作），以人文社会科学为主体兼及其他，涵盖文学、历史、哲学、政治、经济、法律和社会学等众多学科。

出版“中华现代学术名著丛书”，为本馆一大夙愿。自1897年始创起，本馆以“昌明教育，开启民智”为己任，有幸首刊了中华现代学术史上诸多开山之著、扛鼎之作；于中华现代学术之建立与变迁而言，既为参与者，也是见证者。作为对前人出版成绩与文化理念的承续，本馆倾力谋划，经学界通人擘画，并得国家出版基金支持，终以此丛书呈现于读者面前。唯望无论多少年，皆能傲立于书架，并希冀其能与“汉译世界学术名著丛书”共相辉映。如此宏愿，难免汲深绠短之忧，诚盼专家学者和广大读者共襄助之。

商务印书馆编辑部

2010年12月

凡　　例

一、“中华现代学术名著丛书”收录晚清以迄20世纪80年代末，为中华学人所著，成就斐然、泽被学林之学术著作。入选著作以名著为主，酌量选录名篇合集。

二、入选著作内容、编次一仍其旧，唯各书卷首冠以作者照片、手迹等。卷末附作者学术年表和题解文章，诚邀专家学者撰写而成，意在介绍作者学术成就，著作成书背景、学术价值及版本流变等情况。

三、入选著作率以原刊或作者修订、校阅本为底本，参校他本，正其讹误。前人引书，时有省略更改，倘不失原意，则不以原书文字改动引文；如确需校改，则出脚注说明版本依据，以“编者注”或“校者注”形式说明。

四、作者自有其文字风格，各时代均有其语言习惯，故不按现行用法、写法及表现手法改动原文；原书专名（人名、地名、术语）及译名与今不统一者，亦不作改动。如确系作者笔误、排印舛误、数据计算与外文拼写错误等，则予径改。

五、原书为直（横）排繁体者，除个别特殊情况，均改作横排简体。其中原书无标点或仅有简单断句者，一律改为新式标点，专名号从略。

六、除特殊情况外，原书篇后注移作脚注，双行夹注改为单行夹注。文献著录则从其原貌，稍加统一。

七、原书因年代久远而字迹模糊或纸页残缺者，据所缺字数用“□”表示；字数难以确定者，则用“（下缺）”表示。

目　　次

自　　序

中国战后经济问题之解决，必自解决通货问题始，盖通货问题，乃各种经济问题之根本所在，如救济难民，遣散军队，修理已破坏之路线，重建已毁灭之房屋，诸如此类，非钱莫办。至于心理，伦理，社会，政治与经济种种建设，根本无从着手。若徒靠发行纸币，则通货益乱。故欲谈建设，非单靠自身之能力所能奏效，势非借用外资不可。环顾世界，其能大量投资于我国者，其惟美国乎！英国自顾不暇，遑论投资。顾美国愿否投资，必视中国之通货稳定与否以为衡。欲求通货之稳定自以调整为当务之急，即政府欲举内债，亦必自调整始。可知中国战后，无论对内对外，不言建设则已，如言建设，必以通货为第一着。调整之方法甚多，而第一次欧洲大战后，各国调整币制之方策，足供吾人之参考者，皆于本书中加以检讨。不特此也，第一次欧战之前为金本位全盛时代，欧战之后为纸本位试行时代。昔日若干货币学说有适合于金本位而不适用于纸本位者，如金银之自动调节作用之说；亦有于金本位时代已存在而无人加以讨论，直至纸本位时代始风行一时者，如购买力平价之说；亦有在金本位之下博得多数学者之颂扬，而在纸本位之下大受批评者，如货币数量说；亦有在金本位时期尚未孕育而在纸本位时期应运而生者，如外汇平准基金之说。此种基金，顾名思义，系一种平准外汇价格的基金，目的在使英国金本位放弃后的纸币之对外价值(即所谓外价)稳定于某种水准,短期中不致发生大变化。故外汇平准基金之学说产生于纸本位时期,为第一次大战前所未闻者。

又今日论坛上所讨论之稳定汇价与稳定物价,亦为第一次大战后所发生之问题。有一派学者以为二者不能同时兼顾。为国家经济着想,与其牺牲国内物价之安定,不如牺牲汇价之安定。现在中国亦有此二派思想,孰是孰非,亦当加以检讨。即与稳定汇价连带发生之期货汇兑(Forward Exchange)为今日英美各大银行所锐意经营而为利润之一大来源者,其在战后发展之速,远非战前可比。此外各国整理货币之方法与步骤,亦当认为战后之新发明,可为我国将来调整币制之借鉴。本书之用意,在将第一次大战后所发明之各种新学说,凡可为中国将来整理通货之理论的根据,与大战后各国调整通货之种种方法与步骤,凡可为中国整理通货之经验的根据者,著成专书,对于当前的大时代,作一涓埃的贡献,庶几日后之政治家、国民大会代表、立法院委员、经济学者,以及工商界领袖、金融界巨子,凡对于通货问题有兴趣者,或与通货问题有利害之关系者,皆可以此书作参考之资料,而青年学生以及服务于工商业者,亦可从此书得一最基本之知识。至于我国法币自七七以来之一切经过情形,一般人士皆已明了,本书不加以详细讨论。至法币政策成立时之理论与经过,可参考拙著《新金融政策》。此书脱稿后,曾请重庆大学商学院院长刘大钧先生评阅,兹遵照其所指示,将原第二十三章"第一次大战后马克何以崩溃"删去,将第二十四章改为第二十三章,第二十五章改为第二十四章,特志数语致谢。本书行文简括,理论主明晰,惟限于篇幅,挂一漏万,在所不免,希望海内贤达不吝指教。

民国三十三年二月马寅初序于重庆歌乐山

第一章　中国之银本位问题

一、银之金价高与银之金价低

1. 何谓银之金价(The gold price of silver)

吾人常有银价高低之语句,其意乃指银之金价高或低;因我国无银市,世界最大之银市在伦敦与纽约,而从前两国皆用金本位,其视白金如普通货物,普通货物皆以金币表示其价格,故白金之价格亦以金币表示之,如美国银价 1 盎司(Ounce) 4 角,英国银价 1 盎司 19 便士,犹美国某经济学书定价 5 元,英国某货币学书定价 12 先令,皆指金价而言。纽约银价如自 4 角涨至 8 角,或伦敦银价自 19 便士涨至 38 便士,即银价涨高 1 倍。反之,纽约银价自 4 角跌至 2 角,或伦敦银价自 10 便士跌至 9 便士 5,即银价低落一半,所指皆为银之金价。中国银价,则由金汇兑间接可以算得,故吾国所谓银价,亦指银之金价。依同理,金本位国家本无所谓金价,吾人固不能说金之金价,犹在银本位国家,吾人不能说银之银价。

吾国过去以银为本位,视金如货物,故有金价,如标金市价每两几百银元。金价与银价相反,银贵则金贱,银贱则金贵。试一观银价之历史，当可了然。中国自采用银本位以来，银贵银贱问题更迭发生，成为中国经济发展之重大障碍。世人屡屡创议解决办法，迄无成果。直至二十四年十一月四日实行法币政策，银币问题之纠纷，始暂告一段落。何以银价之贵贱，引起如此严重之纠纷，何以此种纠纷问题绵延至数十年之久，始得解决，吾人皆有研究之必要。

2. 银价趋贱之结果（利的方面）

银价趋贱，则曰物价格腾贵；物价腾贵之结果，有利亦有弊。利者如下：

甲、工商业家获利　现代之生产以物价为中心，以利润为目标，工业家之制造货物，一视其货物价格之高低而定。物价继续高涨，即其生产品之价格继续高涨，而其成本如利息工资地租等往往因契约关系，势难立刻比例提高。故工业家之利益，必因物价之腾贵而增加，工业家之生产必随之扩大。商业亦然，当物价继续高涨，货物买进时价低，卖出时价高，获利倍蓰；故物价腾贵之时，商业亦最活跃。

乙、工人失业少　物价腾贵，工商业既发达，不但旧企业扩大生产，新企业亦接踵兴起，工人之雇用必多，故工人失业大为减少。

丙、债务人负担减轻　债务人之偿债自多以本位货币为标准。然货币之购买力则常常变动。当债务发生时，物价低，货币之购买力大。假定以米代表物价，每担 10 元，百元之债，无异借米十担。迨偿债时，物价腾贵，米价亦自 10 元涨至 20 元，即货币之购买力减半。债务人名义上仍还本金百元，若以实物论，只还米五担，则不啻减轻负担一半也。

丁、输出贸易增加　银价趋贱，中国之货币价值必跌，而其最初表现银价之跌落者，厥为银之汇价。当其他物价尚未涨高之先，银汇已立刻缩小。如平时中美汇兑为华币1元等于美金半圆，银价跌落十分之五时，美汇即将缩小至美金2角5分。中国出口货物如照旧输出，在美国亦照旧价出售，出口商将售得之款，汇回中国，每半圆可得华币2元。是于寻常之利益外，尚可得汇兑上百分之百的利益，必踊跃输出矣。

凡此种种，皆为银价趋贱，物价趋贵时，有利方面之荦荦大者，惟因物价趋贵，其不利之处亦甚多：

甲、固定收入者损失　凡以劳力或劳心雇用于人，而获得收入者，其收入之数额多因契约关系，不能随物价之腾贵而增加；纵有增加，其增加之时间，必远在物价腾贵之后。其增加之数量亦决不能与物价之腾贵成比例。故此种人损失甚大。凡劳动者，学校教员，以及公务人员皆属之。

乙、债权人损失　债权人与债务人之利害，在货币购买力变动上比较言之，二者往往相反。债务人之得，即为债权人之失。

就债票持有人而言，则公债利率常有一定，当物价腾贵，企业欣欣向荣，资金之需要激增，利率必涨高。市场利率涨高，债券之利率不增，依资本化（Capitalization）之原则言，债券之市价必跌。故债券持有人损失。且收益不增（因利率固定），而物价高涨，其所受之损失更大。

丙、投机盛行　物价腾贵，获利既大，人心不免过分乐观，往往不察市场实际情形，盲目进行，对于各项成本，出价过分提高。一旦卖价不能如预期的腾贵，不但不能获得预期之利润，资本反有亏损之虞，经济恐慌，势将爆发，终使经济界蒙受极大之损失。最近重庆物价之变迁，可为殷鉴。盛极必衰，理有固然，英文之 Boom 一字，即指类此经济界过度繁荣所生之反动也。

3. 银价趋贵之结果

银价趋贵，即物价趋贱，则其利弊与银价趋贱，物价腾贵时之影响相反。其重要者略举如下：

利的方面

甲、债权人得利　因其货币贷出时之购买力小，收回时之购买力大。

乙、固定收入者得利　因货币之购买力加大，足以增进其生活程度。得利最多者当然是劳心劳力者。

银价趋贵物价跌落之害：

甲、工厂亏本　当币值趋涨时，成本（如工资、原料）跌落，常在售价跌落之后，工厂势必亏本。其平日经营稳健者，缩小范围，尚可勉强渡过难关，基础不固者必至倒闭。

乙、股票跌价　股票之价值全视其分得股息及红利之多寡为转移；收益多，则股票之价格高，反之则小。当银价腾贵，物价下落，企业家惟兢兢于损失之减少，已属不易，尚有何收益之可言，故股票之价格亦必大跌。

丙、工人失业　工厂既因亏本纷纷缩小范围或倒闭，则工人失业自必加多。

丁、政府税收减少　关税国产税所得税等均为政府之重要财源。今因商业萧条，生产减少，国民所得大减，政府税收亦随之大减。

戊、公债本息无着　商业萧条时期，往往为利率低落时期，依理公债本应涨价。但因政府税收短绌，或至公债本息无着，则债价不但不涨，反因而下落矣。

己、债务人负担加重　因银价腾贵，物价下落，货币之购买力加大，债务人表面虽偿还同量之本金，就实物论，则加重矣。

凡此种种又皆为银价趋贵之影响。

由此观之，银价之或贵或贱，各有利弊，未可一概而论。就货币之本质言，价值务以稳定为贵；币价稳定，即物价相对稳定，不应有之利益，固不可想望；不必要之损失，亦可免去，务使投资者减少投机之风险为最佳。但欲银价稳定，势不可能，因金银之生产既不成比例，金银之用途亦各不相同，二者之关系势难固定。故欲求银价之稳定，势不可能。当世界各国多已用金，独中国用银，无论银价之或高或低，中国皆蒙其不利影响。中国采行银本位制之40年间之扰攘，其损失实不可胜计，终于取消，亦势所不得不然。

二、中国于银价趋贱时之纠纷

中国施行法币政策，系在民国二十四年十一月四日。何以扰攘三四十年之银币制，到此时始能取消，法币政策始能顺利推行，必有其故。当时实遭银贵之影响。银何以贵，因美国政府收买白银故也。但当美国实行收买白银之前二年，世界银价甚低，中国甚感恐慌，因中国银贵，世界银贱，英美等国之白银，纷纷向中国流注，非至彼此银价达到平衡之点，其势不止。中国白银既因流入日多，银价日贱，即物价日高，小民生计，日陷困境。尤其劳动阶级，艰困万分。故有许多学者或政治实行家群起研究救济之道，补救办法之重要者，大体可分为三种：

1. 禁银进口

我国国内物价之所以高，因银贱故。银所以贱，因外国白银进口日多。倘我能禁银进口，则银不加多，银不加多，则中国银价必能高于世界银价，中国物价不至腾贵。

要知吾人不维持银本位则已，倘欲维持银本位，必须维持银本位之要件。银本位之要件若何，一曰自由铸造。即凡有生银者，需用银币时可自由按照法定标准送请国立之造币厂铸造，并非人人可以自由铸造银币也。若银币过多时，亦得自由销毁。如是银币与生银之价值常相等。若生银进口极旺之时，而银币不能自由铸造，则生银多而银币少，银币之价值必高于生银矣。欲使两者相等，非自由铸造不可。二曰自由兑现。银币每为钞票之准备金，钞票之价值，系于银币之价值。钞票可以自由兑现，即可维持钞票与银币之等价。三曰自由输出入。白银可以自由输出，亦可自由输入。外国银贱，中国银贵，世界白银必流进中国，至彼此价格相平而后止。反之，中国银贱，世界银贵，则中国白银必流往外国，终至与外国银价相平。如是即中国银价与世界银价相等，亦即中国钞票之价值与世界银价相等，方无亏于银本位之名实。中国货币法律名义上虽允许自由铸造，事实上多由各大银行包办。小银行与钱庄及个人之请求铸造者则绝鲜，已为识者所讥。惟法律既许金融界自由请求铸造，当币贵银贱时，仍得以银铸币，平衡其值，尚不失银本位之作用。今若禁银进口，中国银价将永与世界银价脱离关系，银本位之条件已缺其一，犹得称为银本位乎？且中国情形特殊，租界林立，日本尤与中国相接近。如果中国禁银进口，维持国内高银价，则私运白银进口，势将无法阻抑，非至焦头烂额不止。故此议未能成立。

2. 征收白银进口税

其次主张征收白银进口税。主是说者，咸谓白银之所以进口，以外国银贱，中国银贵，输银进口，有利可图故也。今我国若能对输银进口者征收进口税，其数额适与中外银价之差额相等，如是输银者无利可图，其迹自绝。

征税办法，其维持中外银价之差别与禁银进口无异，故其缺点亦相同。惟就排斥白银进口一点言，则不及前法之彻底，故此法亦不足采。

3. 有限银本位

又有主张有限银本位者。其意不在维持中外银价之差别，乃在限制银币之自由铸造，以维持银币之价值与白银价格之差别。换言之，使银币价值不受白银价格跌落之影响。

外国输入中国之白银，普通多为砖形之长条，每条重约 1 千盎司。进口之后，多由银行吸收。外国银行吸收最多者，为汇丰银行，中华银行吸收最多者在从前首推中国银行，因当时中央银行尚未设立，或已设立而势力不大。中国银行在北京政府本来指定为国家银行,其地位与中央银行相同,国内银钱业者皆信任中国银行,而与之往来。故中国银行无异为事实上之中央银行,故进口之白银亦多由中国银行吸进。若市面银多洋少,洋厘(洋价)涨高时,则由中国银行送银交中央造币厂请求铸造银币,洋厘自落,故银价与币值常能维持等价。若汇丰银行虽拥有多量白银,但不请求铸造,因洋商用银子者多,用银币者极少故也。主张有限银本位者虽不赞成禁止白银进口,或征收白银进口税,只限制银币之自由铸造,以维持银币价值。白银进口虽多,价格下跌,币价仍可不受影响。要知自由铸造为银本位币主要条件之一。银币铸造既不自由,尚何银本位之可言?且因币值过高,银币之伪造必盛,其流弊将与禁银进口或征收白银进口税固无二致也。故亦难采用。

当时银贱之对策虽多,要以上述三种为最有力。终因窒碍难行,一筹莫展,世界白银如潮涌入,币值大跌,物价腾贵,莫可如何。

三、美国何以收买白银与黄金

银价低落之情形既如上述,中国经济固受极大影响,美国虽为世界第二产银国,然世界银矿矿权三分之二均为美国人所有,故银价之跌落,与美国银矿商有密切利害关系,故美国政府时有购银之举,直接维持银价,间接即在维持银矿生产者之利益。银价跌落,美国自不能坐视,此为美国收买白银之理由一也。世界银价之贱,非白银独有现象,因世界经济恐慌之结果,一般物价均猛烈下跌,白银亦不能免此厄运。美政府之收买白银,不仅为提高银价,亦有救济世界经济恐慌之作用在焉。此其二。依美国有力者之观察,世界经济恐慌之根本原因，在于黄金之生产不足应付需要，以致物价跌落。倘能金银并用，金虽不足，银则有余。故提倡复本位制，颇可克服此种困难。历史上金银复本位制乃重重失败之币制，美国人非不知之，而仍不畏艰险以求之者，乃深知过去复本位制之失败，由施行之范围太狭。单独一国若美若法，或少数国家之集团，如拉丁货币同盟等，先后失败，皆坐此故。今后之复本位，必须为世界的，至少世界重要国家必须罗致在内，方能免蹈覆辙。今美国欲以美元之势力造成之，故于购买白银之外，同时购买黄金，使世界黄金四分之三，白银之大部分，皆入美国掌握中。一旦时机成熟，美国可以提议创行世界金银复本位制。各国如不赞同，欲单独恢复金本位或单独恢复银本位，势皆不可。因白银或黄金皆已空虚，不得不仰望美国之援助。届时美国处独裁者之地位，实行复本位之目的，庶可达到。就富力论，美国自世界第一次大战后，一变债务国而为大债权国，世界黄金已源源向美国输送。据 1931 年国际联盟财政委员会金代表之报告（Report of Gold Delegation of Financial Committee of the League of Nations），截至 1930 年年底止，世界金准备及货币金存量总值 11,715 百万美元，美国占 4,593 百万金元，超过全额百分之四十。倘美政府继之以收买，达到四分之三之目的，亦有可能。此美国于收买白银之外，所以更收买黄金也。据 1943 年 3 月美国政府发表统计，美国现在储存黄金，达美金 230 万万元（$22,576,000,000），约占世界总数四分之三有余。

美国欲操纵世界金融之处心积虑，可于 1943 年美国财政部发表之国际货币合作计划中见之。该计划是怀特（Harry D. White）所主持，由许多专家共同研究的结果，称为怀特计划。其机构称为

"联合国与附合国稳定基金"(United and Associated Nations Stabilization Fund)。成立之初,至少要有值美金50万万元($5,000,000,000)的资本,各会员国都派得一个定额(quota),交付基金以黄金,国币,及政府证券。国际记账单位,称为"联合币"(Unites),其黄金含量,确定为一三七又七分之一克兰($137\frac{1}{7}$ Grains),等于现行美金10元。各会员国之定额,数目变动,须得基金董事会五分之四票权之赞同。各会员国国币汇价,以黄金或联合币确定,非得董事会五分之四票权的赞同,不得更动汇价。至票权的分配,约等于定额的分配。每会员国得100票权,每10万联合币(即美金100万元)的定额,即多得一票权,但一国所得票权,不得多出票权总数四分之一。据美国财政部负责人估计,美国所占定额,约为美金20万万元,适为美国汇兑平衡基金之数。但此数怀特计划中没有提起。计划中规定许多重要事项,必须有五分之四票权之同意,方可发生效力。据财政部长毛根韬向国会议员陈述,美国打算得票权四分之一(即百分之二十五),该董事会议决重要事项,只须有五分之一(百分之二十)票权反对,即不能通过。毛根韬说美国的用意,在使他国货币政策,凡为美国所反对者,即不能实行,因美国可得票权百分之二十五,有权否决任何重要案件。由此可知美国虽未提出金银复本位制,但其处心积虑,欲操纵各国之货币政策,而自己处于独裁者地位之野心,固昭然若揭。

欲知美国如何收买白银,须先知美国如何收买黄金。美国以黄金贵,物价跌,故收买白银,加入货币之范围,以减轻黄金之责任,补充其不足,自是切合逻辑。至黄金如何收买,有说明之必要。

查美国之国际贸易,年年均处出超,按国际收支平衡之原则,倘无其他无形收支以抵消之，则其差额必输入现金以为补偿。但美国每年贸易出超不过四五万万美元，美国所欲吸收者将达30万万元，非经过六七年不为功。任其自然，实嫌过慢，急不及待。故其吸收黄金之政策，除奖励出超外，继之以收买黄金。其收买方法，即在贬低美元之含金量，以提高生金之纸币价格。按美国货币法律，每盎司纯金可造金元20元6角7分2（$20.672）。1934年2月1日变更法律，以一盎司等于美币35元，即每元之含金量减少百分之四十强。此之谓减低币值（Devaluation）。如是依旧标准，倘有金准备1万万盎司，可有20.67万万元之通货。若依新标准，则可增加至35万万元，几多出15万万元，物价势将为之腾贵。故金贵实无法使之贱，今贬低金币之含金量，则效果与币值跌落无异，故物价高涨。惟金币贬值之后，金币之对外汇价立刻比例的跌落，而物价之腾高，则无如是迅速。故此时美币有较大的购买力，英国或其他各国人士无不愿将现金售与美国，美国乃可乘机收买。吾人须知此时美国收买黄金之代价，非金币，乃减值后之纸币。若以金币买黄金，则毫无意义可言矣。因美国政府以纸币购买黄金，市场通货逐渐膨胀，物价随之逐渐腾贵，工厂扩大生产，工人失业减少，为救济当时经济恐慌之重要政策。

美国既有推行国际复本位制之计划，同时进行收买黄金与白银，定其比例为金三银一。黄金之收买既如上述，美政府白银存有量甚少，据1934年3月末统计，约值14万万5千万美元。依当时金三银一的比例，美政府尚须收买白银14万万1千余万元，约合11万万盎司，为数颇有可观。至对白银如何收买，可参看拙著中国之《新金融政策》，恕不赘述。

四、中国所受美国购银政策之影响

美国既收买白银，世界银价遂逐渐上腾，中国银价则犹比较低贱。中国白银遂开始向外流出。正当进口商人，以运银出口，偿付货价，比较合算，因而输出者固不乏其例。然大部分白银之输出，则多为投机的。日本人更从中取巧，始则吸收市面之银币输出，继则吸收中中交各银行钞票，兑现输往美国出售，其后更不惜加价收买银币，虽经我政府严申禁令，彼乃以武力为后盾，悍然不顾。上海海关在日本码头之前，无如之何。其在苏州输出者，由日本领事馆贴一封条，我国宪兵虽经目睹，束手无策，致使当时市面银币之钞票价格，自 1 元而 1 元 1 角，1 元 2 角，以至 1 元三四角，向上飞腾。如是银币与钞票之面值不等，银本位制已经为之破坏矣。据财政部布告，自民国二十三年七月至十月中旬，3 个半月之间，白银流出凡达 2 万万元以上。故中国经济遂受币值双重提高的影响，大受打击，所谓双重打击者何？

（甲）银价提高，即币值提高，物价下落。

（乙）钞票兑现，筹码短绌，银价更高，物价更落。

当时三年前，我国经济正受银贱之害；三年后，又受银贵之害。故在银本位下之经济，将永无安定之日。企业家经营企业，将负极大风险。稳健者多视为畏途，裹足不前，经济事业，尚有发展之希望耶？

凡数学公式，必须已知因数多、未知因数少，则有把握可以求得其结果。若未知因数多，已知因数少，则结果仍不能得知。今经营企业者亦然。凡价格之高低,成本之多寡,均能前定,则结果稳有所得,人民之企业心必强,否则必弱,欲求经济发展不可得也。故中国之银本位制,至是不得不取消矣。当时中国白银之流出既多,自抗战军兴,白银收为国有,悉数运往美国出售。今政府存银恐已罄尽,据财政部报告,运往美国者已达十几万万元,民间窖藏者,当亦大减。故将来银本位不但无恢复必要,且亦无恢复之可能矣。

中国为世界用银最大之国。一旦放弃银本位,大量白银向外倾售,世界银价未有不为之跌落者。今能依稳定之价格,售与美国,实为美国对中国抗战中之最大帮忙处。假定美国不买银,故与中国捣乱,银市必然惨跌,中国损失更不可胜计。故美国对中国抗战,只就白银一端而论,帮忙者有二点:

(甲)收买白银;

(乙)以适当价格收买白银。

五、通货紧缩与通货膨胀害处孰大?

通货膨胀,即币值跌落之害,与通货紧缩,即币值提高之害,既列举如前,然则两害孰大,有讨论之必要。

通货膨胀之害:

1. 固定收入者吃亏(工人在内)。

2. 收取利息者吃亏。

3. 农民吃亏。因农产品之生产缺乏伸缩性,其生产以一年为周期,视天时之顺逆而定,非若工业品之供给可以随时伸缩。当通货膨胀,交通不便,工业品来源减少,价格立刻上涨。农产品涨价最迟,故相对以农产品为最吃亏。

4. 债权人吃亏。

5. 储蓄存款者吃亏。

6. 保险单所有人吃亏。

至于紧缩之害:

1. 工商亏本。

2. 工人失业。

3. 股票跌价。

4. 政府税收减少。

5. 债务人负担加重。

6. 公债本息无着。

今比较二者之结果在极和缓及极有限的膨胀情形之下,一部分人固不免损失,然就整个经济情形论,尚能发荣滋长。若在紧缩情形之下,一部分人固然获利,整个经济情形则日陷萧条,损失更大。故膨胀不好,紧缩更不好。两害相权取其轻,故吾人与其受通货紧缩之害,不如受和缓的及有限的膨胀之害为小也。然膨胀至于无限止,则其害不可胜言也。

六、美国收买白银对中国提出之理由

美国收买白银,提高银价,其对中国所持之理由,谓可以增进中国之购买力。中国人以同量之货币,可以多购美国货物。如银贱时,美国汽车一辆,须华币1万元,银贵一倍,则同样之车,5千元即可买得，有 1 万元者，可买 2 辆，岂非与中国人有利乎？

此种理论，骤视之，似颇有理由，实则仅一偏之见。因中国在银本位制度之下，中国白银输入多于输出。据世界银产统计，截至 1930 年止，每年生产额达 258,000,000 盎司。其中输往中国及印度者达 2 万万盎司。此种生银输入之代价，无非皆为中国印度两国之货物。银价贵，即中印两国须以更多之货物，方可取得同量之银，利于何有？美国人之所谓利者，乃指中国个人而言，非对中国整个国家而言。至中国放弃银本位后，生银已成无用之物，美国犹能以高价收买，俾中国能多买军需品，诚为中国之利。此则例外情形，不可以常理论矣。

第二章　世界各国之金本位问题

银本位之不适用于中国已如前章所述，骤视之，中国似亟应采用金本位以替代之。然金本位之不适用于今日之大工商业国家，一如银本位之不适用于中国。本章之目的在说明此点。尝考欧战以前世界各国几均陆续采用金本位，其无力改用金本位者，可改用金汇兑本位，以沐金本位之余泽，故可称为金本位之极盛时代。当时金本位，何以能盛极一时，兹分述如下：

一、金本位之条件

实行金本位之条件，亦犹银本位之条件，最要者厥有三点，即

1. 金币之自由铸造与销毁；
2. 金币之自由兑现；
3. 金币之自由输出入。

盖为维持金本位币之实值与面值相等，非具备此三个条件不可。倘金币不能自由铸造，则金币与生金之价值，将生差别。金币不能自由兑现，则金币与纸币之价值，将生差别。金币不能自由输出入，则金币之国内价值与国外价值，将生差别。苟缺其一，均足使金本位之名实不相符也。

现代经济进步,国家信用,均甚发达,金币仅为通货中之一小部分,其大部分则皆以信用工具代之。信用工具之最要者,为钞票与支票。德法等国盛行钞票,英美二国则盛行支票。有钞票者,无条件可以使用;用支票则必须先在银行有往来存款,故往来存款亦为通货之一部分。无论钞票或存款,皆为银行之负债。银行为维持信用,无论对于钞票或存款,均须有相当之准备金,以备钞票之兑现,或存户之提现。各国对于钞票之准备率,法律皆有明文规定,多数国家均在百分之四十左右。低者若荷兰等国为百分之二十,如澳洲更低,为百分之十五。高者如南美各国,有达百分之五十者。其他对于存款准备率,除美国外,大都不加规定,听银行之自由斟酌,盖受英国存款银行之传统的习惯之影响。钞票所以必须规定准备率者,所以使钞票持有人较存户有更确实之保障,减少无辜受累之痛苦。就一般言,无论为钞票或存款,准备率之高低,须视一国信用发达之程度而定。信用程度高者,准备率可低,反之则高,无非为保全金本位之条件,不得不然也。

二、金本位与物价之关系(由单一国家看)

1. 准备率减低之场合

今假定英国英兰银行之习惯准备率,为其负债之二成五。若有现金 1 万万镑,即可支持存款 4 万万镑。其余 3 万万镑之准备,则以有价证券充之。其贷借对照表如下所示:

现　金	£100,000,000	活期存款	£400,000,000
有价证券	300,000,000		

此表中之准备率假定为准备率之最低点。倘有存户提取2千万镑,其贷借对照表将变如下式:

现　金	£80,000,000	活期存款	£380,000,000
有价证券	300,000,000		

如是现金准备率仅为百分之二十一强,降至最低准备率以下,危险殊甚,盖深恐存户继续提取,以至存金罄尽,超过现金数目之3万万镑活期存款,将无法应付也。故英兰银行,每不待准备率降至最低点时,即行设法救济。救济方法之最要者,即为提高贴现率,可得下列四种之结果:

(1)将运金出口者,为贪得高利,不再运出。

(2)外国现金且将输入英国,以图厚利。

(3)平日人民之窖藏现金者,为高利所诱,亦将提出存储。

(4)贴现票据减少。票据往往向贴现率低处流去,因此可以减少贴现之损失也。如商业汇票金额美金1万元,3个月到期。假定伦敦贴现率为5%,纽约贴现率为4%,此票据如向伦敦贴现,须扣去利息125元;若向纽约贴现,仅须扣去100元足矣,则此票据持有人将向纽约贴现无疑。贴现之结果,或改作存款,或提取现款,皆是减低准备率。今英兰银行提高贴现率,使若干单据不向伦敦贴现,故减低准备率之可能性亦小。凡此皆由正面观察,可使现金停止流出,准备率不至减低。

再由反面看:

(1)贴现期票陆续到期者,均将向银行偿款;直接间接,皆由银行中之存款抵付。如是银行之负债额,可以减低。

(2) 利率提高,请求贴现或借款者减少。欠款者偿还银行,存款减少,金融渐趋紧缩。

(3) 利率提高,债券等市价将跌落。

(4) 企业家因利率提高,成本加重,每不愿续借,不惜将存货削价出售,以偿债务。

诸如此类,皆足使物价跌落。考银行之所以提高贴现率,直接无非为维持信用,间接无非为维持金本位。然贴现率提高之结果,足使一般物价跌落,使经济陷于恐慌之危机,是为维持金本位而牺牲物价之一例。

2. 准备率增加之场合

今试再由准备率增加之结果观之,则何如?

仍如前例,假定英国自南非联邦运进黄金价值1万万镑。此大量黄金皆由英兰银行收进,作为金矿商之存款,则其贷借对照表如下:

现　金	£200,000,000	存　款	£500,000,000
有价证券	300,000,000		

此时现金准备率达百分之四十,高出最低准备率甚多,银行大有放款余力,故必尽量设法推广放款。结果,借款者往往仍然以所借之款存入银行作为活期存款,以备不时之需。故放款之增加,亦即存款之增加。银行推广放款之法,与前例适相反,减低贴现率以广招徕。其所增放款之最大限度,可达3万万镑,合以原有存款,

可达8万万镑,仍不低过百分二十五之准备率也。贴现率减低之结果,即减低企业成本,足以鼓励企业,膨胀通货,提高物价,各业皆欣欣向荣。于是人工缺乏,工资大涨,无非因工厂发达,吸收大量之工人所致。其他情形,可以类推。此为和缓的与有限的通货膨胀之足以增加物价鼓励企业之实例。在金本位之下,因金准备增加,依自然之趋势,必招致通货膨胀。然则和缓的与有限的通货膨胀,固有相当益处,然有一极大之危险性,即投机盛行是也。因利率低,借钱易,昔日所视为不经济之事业,此时将不惜牺牲以图幸得。一旦失败,影响所及,将不堪言矣。如开金矿,即属此类事业。世人往往眩于黄金之价值,多方探采。据统计家之研究,探采金之失败者,远多于成功者。盖探采金矿,乃一极富有投机性之事业也。其他如证券投机,亦必盛行;因证券投机,以利率为唯一之成本。利率低,虽价格之变动小者,亦可成为投机之目标。故此类投机,亦必盛行。投机过盛,一旦发生破产,则经济恐慌,即将随之而起。穷原竟委,由于金本位制度下金准备之增加,此又为维持金本位牺牲物价之一例。

故在金本位制度之下,物价之忽高忽低,乃一不可免之现象。夫物价以稳定为贵,忽高忽低,皆所不宜,故维持金本位,即将牺牲物价之安定。

三、金本位与物价之关系(续)(由多数国家看)

一国采用金本位,其不能安定国内之物价,既如上述;然则由世界多数金本位国之整体观察,则何如?世界各国采用金本位者,以英国为最早，已有百余年之历史。如德国，于普法战争后，得有大量赔款，故于1837年改用金本位。日本于1894年中日战争后，榨取中国赔款以为改革金本位之需。至欧洲大战前为止，世界重要国家，几无一不采金本位者。故由金本位之系统言，世界各国已联成一体，其相互间之关系，述之于下：

如上述英国之例，当南非金产输入英国，由英兰银行吸收后，英兰银行以准备充实，降低贴现率，扩大放款，增加存款，于是通货逐渐膨胀，物价趋于腾贵。然此物价之腾贵，有一自然限制，即输出减少，输入增加，现金外流，金融紧缩，物价仍将回落，不能长期的无限的上涨也。因英国既因通货膨胀，物价上腾，较其他各国为高，则英国货物输出，必比较困难。反之，各国货物，必竟向英国运进，图获两地价格差别之利益。如是英国之国外贸易，必自优势转为逆势，变出超为入超，入超之差额，必须输出现金以资抵补。英国现金输出，即准备金减少，必须提高贴现率以维持之。准备金少，放款必收缩，放款收缩，则存款亦将减少，于是金融紧缩，物价回落矣。其因物价低廉增加输出于英国之国家则有出超，盖英国之入超，即其他各国之出超，故其他各国将输入现金，增加准备，减低贴现率，扩加放款，增加存款，膨胀通货，物价腾贵，至与英国相平而后已。其影响将及于世界全体之金本位国家，即世界全体金本位国家之物价，均将趋向平衡（Equilibrium）任何一国，不能永久拥有过量之黄金，与独高之物价水准。

反之，倘一国因现金流出过多，准备大减，利率高涨，金融紧缩，物价跌落，则该国之输出，将逐渐有利，输入逐渐不利，贸易将自逆势转为优势，入超转为出超，现金逐渐流回，终能使国内物价水准与世界各国之物价水准相平而后已。

故在世界金本位制度之下,虽各国物价时有涨跌,因黄金之为自由输出入,调节其间,物价之涨落,不至甚巨。此为金本位下自然势力之自动作用。

于此有须注意者一点。所谓各国物价水准之平衡者,非指各国物价之相等,因各国物价之成本,由于天时地利与夫人力之不同,绝难相等,如美国物价高,法国物价低,绝不能相等。此其一。所谓世界物价之平衡,仅为一种趋势(Tendency),并非真能平衡。因平衡必须于静止状态之下,方可得到。经济势力之作用,则无时不在动荡中。故平衡状态,仅能抽象的存在,犹如海洋之水平面,事实上不可得到;而想像上,则未尝不可存在也。此其二。

四、金本位与国际汇兑之关系

各国维持金本位,牺牲物价,及金本位之自动调节作用,既如上述。尚有一点为金本位之优长,必须说明者,即国际汇兑之安定是。因各国既皆用金为本位,其单位虽大小不同,其相互间固定之关系则同。即金本位币之纯金含量,有固定比例。如英金1镑之纯金含量,在美金未贬值之前,与美金4.8665元之纯金含量相等,即为英美两国本位货币之平价。两国间之汇兑,以此平价为标准,虽由于供求关系稍有涨落,但相差不远,比较上甚为安定也。假定美国对英国之贸易收支相等,则美国对英国汇兑之供需相等,其实际汇兑率当等于平价。若美国对英贸易为出超,即对英汇兑之供给,将多于需要。换言之,取于英国者多,付于英国者少。英汇必跌,当由4.8665之比率,缩至4.8465,相差之数,约等于运送英币1

镑至美国之费用，为英汇跌落之最低限度。跌至此限度以前，美国输出商人，均愿将其汇票在市场出售，为汇票之供给者。倘汇价跌低至4.8465以下，此出口商与其将汇票出售，不如直接向英国进口商收取现款，运回美国为有利。如是，则汇票之供给减少，现金源源向美国流进矣。此汇价之最低限度，称为现金输入点（Import point of specie）。汇价跌落至限度以后，汇票之供给必减少，足以限制汇价之更跌。现金源源流入美国，足以增加美国银行之准备金，于是扩大信用，膨胀通货，提高物价，减少输出，又可减少汇票之供给，故跌落之汇价，不能低于现金输入点，不久且能经自然之调节，渐渐向平价回复。反之，若美国对英国之贸易为入超，即美国英汇之需要多于其供给，换言之，付于英国者多，取于英国者少，英汇必涨，将自4.8665之平价，渐涨至4.8865。其相差之数，约等于美金4.8665元输送至英国之费用，为英汇之最高限度。在英汇未超过此限度之前，美国进口商人皆愿购买汇票以偿付英货之价。一旦英汇超过此限度，此进口商人与其购买汇票偿付货价，不如输出现金偿付货价为有利，则现金必自美国输往英国。如是，英汇之需要必减少。故英汇不能高过此点。此为现金输出点（Export point of specie）。因现金输出，银行准备金减少，信用紧缩，物价跌落，利于输出，不利于输入。美国之国外贸易，必将由入超趋于平衡。故汇价亦必由现金输出点趋向于平价。如是，美金对英汇兑变动之范围，不过百分之一，为数之微，直不足道。故外汇极为稳定。所以稳定者，因两国皆采用金本位，有汇兑平价为中心，有现金输送点（Import and Export points）为限制也。英美之汇兑如此，其他金本位国间之汇兑，亦莫不如此。若金本位国与银本位国或纸本位国间之汇兑，无固定之平价，无现金输送点之限制，故汇价之变动，毫无限制。如我国法币之对美汇价,自美元1元等于法币3元3角3之平价,继续下跌,至今日之20元官价之低衡。以百分数计,竟跌去原价六分之五,与金本位国间汇价之变动不过百分之一,相形之下,不啻天渊。

当举世盛行金本位之日,有一国焉,无论为工资为原料,皆较他国为低,故物价亦较他国为低,则该国货物之出口必多,各国货物之进口于该国者必少。其国外贸易必出超甚巨,各国现金必向该国输送。试问该国对于此项巨额流入之黄金,将作何用?藏之则资金呆滞。且各国因现金减少,信用紧缩,物价跌落,经济萧条,国民购买力减少,对该国货物之需要亦必大减,于人于己,两无益处,愚孰甚焉。用之则通货膨胀,物价腾贵,国外贸易必自出超变为入超,现金必仍将流出,当初又何必多此一举?在昔重商主义(Mercantilism)时代,各国咸视聚积黄金为致富之道,故有不惜资金之呆滞,而努力设法以吸收之者。在自由贸易盛行之时代,各国皆恍然于聚敛金属之害,拜金思想得以解放,对于此后百余年间世界经济发展大与有力焉。夫国犹个人,假定一人特富,环其四周者皆穷无聊赖,试问此富人之感觉如何?世界一国独富,其余国家皆贫,此富国之国外贸易,将等于零,又有何益?故一国之内,国民富力能平均发展,为一国之利。世界各国之富力,倘能平均发展,实为世界之利。故一国单独积聚黄金,固无益处;即使一国物价独高,其他各国物价均低,则货物必向该国汇集,该国现金终至流出,不独该国之不利,亦世界之不利。故在金本位制度之下,现金有自动调节作用,使各国保有之现金供给,与其国之需要适可而止,不过多亦不过少,使相互间之汇价,近于平价。此实为金本位之最大益处。因汇价稳定,故国际信用发达,各国游资,均肯向国外投放;

因深信其能于必要之时，可以收回，不受丝毫损失；国际经济，更赖以发展。故金本位能稳定汇价而牺牲物价，吾人观于上述，可以了然矣。如上所述，两国间之汇价异常稳定，而国内之物价则忽高忽低，金多则高，金少则低。故金本位之好处在稳定外价，而其不好处则在牺牲内价。

五、稳定内价与稳定外价可得兼乎?

在金本位之下，内价与外价之稳定，亦有法可以使之兼得乎?曰理论上可有一兼善之法。其法为何?即利用国际清算银行是也。现在世界各国，皆有中央银行以为国内银行之银行，负调节国内金融之全责。现金丰裕，资金松动时，恐物价过分提高，投机盛行，则提高贴现率以限制之。反之，现金缺乏，金融紧缩，恐物价过跌，经济发生恐慌，则降低贴现率以扩张信用，务使金融趋于稳定，物价亦不至有剧变，颇收相当成效。今可仿而行之，于各国中央银行之上，设立一个国际银行，使成为各国中央银行之银行。凡各国中央银行，皆应存储现金若干于此国际银行，以为清算各国相互间债务之基金。如是，各国收支，苟有差额，则由国际银行在各国中央银行账户中划转即可，不必彼此输送现金。各国既无输送现金之必要，即金融之松紧，不致更迭发生，物价亦可以比较稳定，不致忽高忽低矣。岂非于外价稳定之外，又得内价稳定之利益乎?惟国际间利害关系，过于复杂，事实上难得有一致拥护之国际组织。欧战后，为解决德国赔款之划付问题，已设一个国际清算银行，但不为各国所信任，并无实权，可为明证。且国际纠纷迭出不已，如现在中美英苏与轴心国宣战，试问此国际银行，对于交战国间债务之清理，将如何解决乎？凡此种种，皆为设立国际银行事实上之艰难，不易获得圆满之解决办法也。

近来英美两国财政部各发表其国际货币合作计划，其用意无非为组织一个国际清算机构，省却现金之往来输送，以免扰乱一切经济企图及进行。英国之计划，著者认为比较美国之计划，高出一筹。此计划是出于英国著名经济学者凯恩斯氏（John Maynard Keynes）之手，其内容是组织一个国际清算同盟（International Clearing Union）。同盟成立，不必有什么资本，只要会员国的中央银行，在同盟开立户头，清算国际收支账项。一切账项的计账单位，是一种新的国际货币，称为班柯（Bancor）。班柯不过是一种记账单位，并不流通市面。班柯应值多少黄金，由同盟行政局（Governing Board）决定。盖班柯与黄金之间，并无一定比率，与昔日英金1盎司铸成3镑17先令10便士半之有一定比率者，大不相同。在金本位之下，1盎司黄金之法定价格为3镑17先令10便士半，但英兰银行买金时，只付3镑17先令9便士。现在英国之金本位已经放弃，故黄金失掉其本位币之威权，只成为一种商品而已。商品无法定价格，故黄金在凯恩斯计划中亦无法定价格，由行政局决定，并可由行政局改动。会员国的货币，其汇价均依班柯计算。国际间债务，以班柯清理。

以上所述，是英国财政部的计划，美国的计划从略。英美两国政府，不过把这两个计划，当做讨论的起点，政府本身并不受其拘束，故希望各国提出各项建议，逐渐形成一个最后的方案。这问题牵涉极广，现在美国的银行界与学者反对美国的计划，已不遗余力。至国际间的纠纷更形复杂，其前途未可乐观。

六、金本位之崩溃

欧战以后，情形大变，现金流通之自由，遽然失去。战前金本位之自动调节作用，使各国黄金分配均匀，各得其所，不怕黄金缺乏，亦不喜黄金堆积，并使汇价像水准趋于均衡之势力，破坏无余。黄金过多者，物价可以不涨。黄金缺乏者，物价亦可不跌，实非崇拜金本位者梦想之所及者。

考多数国家黄金流出，物价不跌之原因，约有数点：

1．工党势力澎湃，反对工资之低减。工资为成本之一，工资不减，物价如何能减？

2．契约或习惯关系。现在大规模生产制度之下，货物之定购，往往在半年或一年之前，价格皆已约定。又有许多价格，消费者已习以为常，企业家均觉无减低之必要。

3．独占价格。若干产业成为独占，其价格依企业家能得最大之利润为标准，不必因黄金之流出而减低。

4．贸易限制。各国对于国内货物之输出虽多方奖励，对于国外货物之输入则限制綦严，或提高关税，或直接禁止输入，或设立定额分配制（Quota System），国际贸易，遂完全不能自由。夫国际贸易，以以货易货为原则。既拒绝外国货物之进口，本国货物之输出，如何可以增加？流出之黄金，亦无法可以流回矣。

诸如此类，均为金本位崩溃之原因。今更就美英两国事实上维持物价之方法，可益信金本位已成为无用之长物。

甲、美国　美国对于第一次欧战，参加最迟，在欧战将结束之

1918年，故牺牲少而得益多，使战前之债务国地位，一变而为战后之最大债权国，遂因战债及继续出超之故，世界黄金滚滚流入。假定此巨额流入之黄金，任其流用于市场，国内物价将无限腾贵，危险孰甚。加以金本位制之自然调节作用，已不可能，故金子流入之后，不复流出。流入之黄金皆存入国家库中，以杀其势，使不发生恶影响。虽美金之对外汇价变动剧烈，在所不顾。良以美国之国内贸易额，占全体贸易额十分之九；国外贸易额，不过十分之一。与其遭受国内物价剧变之害，不如受外汇剧变之害为轻。此之谓维持内价，牺牲外价，果收良好效果。虽死藏大量黄金，毫无用处，愚者之讥，甘心忍受，固别有作用，不可与重商主义者相提并论也。

乙、英国　英国黄金，逐渐流尽，物价跌落，影响所及，经济恐慌堪虞。1925年，英国犹恋恋金镑之国际信用，则不惜任何牺牲，求金本位制之恢复。可知当时英国人士，尚未明了战后金本位制之大势。及至1931年，始恍然大悟金本位之不复适用，再度放弃。为防止物价之跌落，则命令中央银行实行公开市场之运用（Open Market Operation），买进有价证券，扩大信用，则物价可以不跌矣。按现代各国中央银行统制金融之方法有二：一、伸缩贴现率，二、公开市场运用。贴现率伸缩之效果，已如前述。公开市场之运用，似尚有阐述之必要。所谓公开市场，非有一特别市场。凡大众可以买卖证券之交易所及银行，皆包括在内。普通商业银行，在中央银行皆有存款，为商业银行准备金之一部分。商业银行放款能力之大小，一视其在中央银行存款之多寡以为衡。存款多则放款能力大，故信用可以扩张。存款小，即放款能力小，信用必须收缩。今中央银行向公开市场收买有价证券，苟卖券者为银行，即以券价所得，改作存款，以增加其准备金，其放款能力即可扩大。倘卖券者为个人,其券价所得,亦必存入其往来之银行。此往来银行,又将其转入中央银行之存款账中,间接亦可扩大其放款能力。故中央银行向公开市场买进有价证券,直接间接皆将增加商业银行之准备金,以扩大其放款能力,膨胀信用,维持物价,使不至因现金缺乏,金融紧缩,而物价跌落。倘市场信用过于扩张,有收缩之必要时,中央银行又可在公开市场卖出有价证券,以吸收游资。其作用与上述适相反。英国近年物价所以能得安定之效果,皆借此公开市场运用以管理通货之功绩。

由此观之,黄金过多之美国,可以“去势”之方法(Sterilized),减杀其恶影响。黄金缺乏之英国,又可以管理通货之方法,避免其恶果,则国际现金自由流动之调节作用,已无必要。金本位之崩溃,自为必然之形势矣。

假使现在各国犹固守金本位,同时对于货物之进口,则多方限制,金本位之自动调节作用,决难实现。徒见美国物价惊人的腾贵,英国物价永久低落,国际经济益形萧索而已。

今举世既已放弃金本位,故亦无恢复之必要。且因各国国内物价,均能维持相当稳定,故最近之将来,金本位恢复与否,实成问题。至于中国已经放弃银本位,将来无恢复之必要。亦无恢复之可能,已如第一章所述。

由此观之,世界货币本位之趋势,今昔异观。欧战以前,各国竞相采用金本位。与其牺牲外价,不如牺牲内价。现在则竞相放弃金本位,管理通货。与其牺牲内价,不如牺牲外价。我国中央储备银行法,犹固守英国战前之旧说,维持外价,牺牲内价,实大有研究之余地。

第三章　金本位与银本位之基础

一、脆弱之基础

第二章对于金本位崩溃之原因,已多所论述。惟大部皆为金本位崩溃之外部原因,如当黄金流出,金融紧缩时,物价不易跌落,其故由于1.工党势力大,工资易加不易减;2.独占企业生产物之价格不因金融紧缩而减低;3.契约与习惯之关系;4.贸易限制等。凡此种种皆足使贸易逆势而流出之黄金,不能由自动调节之作用而流回。本章所欲论者,则注重金本位崩溃之内在的原因,即金本位脆弱之基础是也。

1. 信用膨胀与紧缩

信用与货币(Credit and Money)本属不同。最狭义之货币,指实值与面值相等之本位货币而言。金本位国家惟金币为货币,银本位国家则视银本位币为货币,辅币已略带信用成分。钞票与存款通货皆视为信用工具。在英美信用发达之社会,则钞票多视为货币,货币之意义较之前说已略为扩充。存款通货则仍视为信用范畴。惟无论如何,货币与信用显然不同,固可得而言也。普通信用制度之下,必须有准备,如对钞票则有法定准备率,对存款大都均有习惯上之安全准备率。今撇开准备率不谈,在纯粹信用媒介状态之下,对于物价之作用,将有何种效果,颇可助吾人了解金本位之作用也。

甲　消费与生产之连锁关系

吾人皆为消费者,同时亦多为生产者。因消费之财源,多由于工作。工作即生产行为。盖有工作,方有所得;有所得,即有购买力。消费者购买力大,物品或劳役之销路亦大,价格将趋高。生产者将扩充范围,增加生产,工人工作之机会愈多,购买力愈大。如是循环不息,物质日进文明矣。此为消费与生产连锁关系之大概。

消费者购买物品时,必向商人(Merchant)买进,因商人能致远方之物,以便消费者之购用。消费者购买力增大时,商人存货易于销售,故物价有趋涨之势。所谓趋涨,非必涨高之意。因一般零售商人,除非有不得已原因,对于售价不愿多所更动,以烦扰消费者。消费者之心理,对于物价跌落,固甚欢迎,对于物价提高,则颇感不快。故零售商每于商业关系确定后,为维持信用计,务以价格稳定为主。一般零售物价指数每较批发物价指数变动为小,可资证明。零售商人对于其货物销路畅达时,获利已多,未必加价,自限销路。只因存货不多,向生产者多多定购,以应需求。生产者以定货加多,自愿扩大生产。既须扩大生产,必须添雇工人,添购原料及燃料等。需要工人多,为工人之利,购买原料多,如糖厂必多买甘蔗,纺织厂多买棉花,绸厂多买丝茧,豆油厂多买豆,诸如此类,皆为农民之利。购买燃料多,则为煤矿商之利。如是层层推演,通国之人,无不各有其业。兴高采烈,皆大欢喜。

乙　信用膨胀之流弊

惟如是螺旋式的向前扩展，终有止境。或因人工缺乏，无法添雇，或因机器生产，已达生产力之最大限度等，生产之供给仍不足应付需要，于是价格不得不涨。生产者涨价、零售商亦不得不涨价。货物售价高，工厂亦肯出高价雇用工人，购买原料等等。惟当此物价继涨增高之际，万一有某种原因，使价格不能再涨，甚且使之下跌（如有外国廉价货物竞争），则此等工厂生产品之销路必大塞。若减价出售，势将亏本，以至倒闭，工人失业，恐慌以起。此为在信用制度下信用膨胀之结果。

丙　信用紧缩之危险

今再假定经济不景气时，如外国经济发生恐慌，对于中国原料需要大减。中国大宗货物如猪鬃茶毛皮丝茧桐油等之出口亦大减。物价跌落，生产不得不减少。工人失业，购买力减少。工厂存货山积，定货者少，原料燃料及工人之需要亦小。其程序与膨胀时适相反，而其遗祸之烈，则远在膨胀之上。

当工厂添雇工人时，工人之工资大多皆由工厂垫付。工厂则多借自银行，银行或给与钞票，或准用支票支用，通货日多。故足演成通货膨胀之结果。信用之扩大，可无限境，故通货之膨胀，亦无止境。反之，信用可以无限收缩，故通货亦可无限紧缩。此为信用之流弊。

2. 金本位可以救济信用之流弊

纯信用之流弊既如上述。今有金本位焉，出而为之保障。其道维何？曰对内兑现。凡钞票皆可无限制兑现。对外则现金可以自由输出。因须以现金为钞票之准备，随时可以兑现，并可输出国外。故对于信用必须保持相当之成数，最低不得少过某限度，以防危险。今假定有现金 3 万万元，信用 12 万万元。其准备比率为 25%，尚称安全。若因经济繁荣，生产扩大，依前节所述，苟无限制，则信用扩大至 36 万万元，非不可能。但在金本位制之下，信用之扩张，必须与现金保持相当比例。假定现金不增加，信用扩大至 36 万万元，其准备率降至百分之十以下，危险实甚。故往往不待其膨胀至此程度，早经设法加以限制，如提高贴现率，限制放款，维持兑现，即为有效方法之一。

又假定信用缩小，自 12 万万元减至 9 万万元，准备额如旧，则准备率提高，银行可以减低贴现率，奖励放款，信用亦可扩充。

由此观之，金本位在信用制度中之功能甚大。自 19 世纪以来，世界经济之发展，金本位大与有力焉。

二、金本位之致命伤

自入 20 世纪后，世界经济之发展，较 19 世纪为尤速。金本位之潜在的缺点，遂无法掩盖，实为金本位崩溃之基因。例如当经济繁荣时期，某纱厂扩大生产，将向其往来银行商借资金。假定该厂原有纱锭 10 万枚，现拟加至 20 万枚，或就原厂扩充，或添设新厂，效果相同，均无不可。银行知其原有相当资力，同时考量本行之贷款能力，皆属可行，毅然贷出。此为银行所已知，认为绝无问题者。不知现代之经济组织，极为微妙。各业间均有连带关系。如纱厂多则需要棉花多，纱厂多又由于布厂多，布厂多则染色厂化学工业等皆不得不多。纺织工业发达，则运输业仓库业以及重工业等之业务与工作，无不需要加多，皆需要银行融通，以资周转。当纱厂向银行融通资金时，其需要为银行所已知者，而其他各业之连带需要，则为当时银行之所不知。故称为潜在的需要（Latent Demand），或称隐藏的需要。如煤隐藏热力，可以燃烧。当燃烧时，其热力为吾人所可见。未燃烧时，则潜伏不见。苟吾人忽视煤之潜伏能力，而致燃烧，势可燎原，施救困难。潜在的信用需要亦犹此也。在金融当局未发觉以前，犹无问题。一经发觉，势已汹汹，银行将艰于应付，危险孰甚。如银行存款12万万元，现金3万万元，准备率合5%。今银行因纱厂之需要，增放1万万元，改作活期存款，合计达13万万元，尚可勉强应付，徐图补救。但隐藏之需要无可预计。假定需要5万万元，银行为应付此大量之需要，必须设法增加现金1万万余元，方可维持安全之准备率。然当此经济繁荣时期，银行不但不能增加现金，原有现金且有减少之势。

吾人皆知金本位时代，黄金之用途可分艺术的与货币的两种。货币的用途又可分为准备的与流通的两种。当经济繁荣，信用扩大，货币流通之需要亦大。故准备中之金币必流出一部分，以应需要。假定流出1万万元，则准备额将自3万万元减至2万万元。因信用隐藏需要性大，金币流通之隐藏需要性亦大。一经银行觉察，信用需要扩大，须增加准备金时，准备金不但不能增加，反将大量流出。银行之信用准备率，将受双重的打击矣。即一面信用扩大，一面现金减少，准备率不将加速降低乎？虽于此时，银行可以提高贴现率，以紧缩信用，吸收国内外之现金，维持准备率，然利率忽然提高，信用紧缩，工商业又将蒙如何严重之打击乎？如通行利率为4%，企业家皆依此利率计算成本，订定价格。今忽将利率提高至

8%，若干企业家正经营至半途，忽受此高利率之压迫。在不以利息为主要之生产业，利率忽然提高，影响尚少。如布厂以原料工资为其成本之大部，为害犹浅。至于商人所用，多系流动资本，利率为成本中之主要部分。忽然提高，影响非浅。商人成本加重，将减少定货，工厂必因此减少工作，少买原料与燃料。工人失业，农矿业者所得亦少。购买力减少，营业愈少，遂至激成大变，恐慌以起，其害不可胜言。美国1929—1933年间之长期经济恐慌，原有资产几千万元者，因其所有股票价值大跌，无人顾问，生活致成问题。吾人闻之，不将为之咋舌乎！那时，美国在中国之青年会、教会、医院、及大学经费问题，间接均受极大影响，几难维持。虽1929年之大恐慌，尚有其他原因，然金本位实难辞其咎。故在20世纪经济迅速发展之过程中，金本位因不能迅速适应其需要，致利率忽涨忽落，实为金本位基础脆弱之基因。金本位之外来的弱点，未尝不可纠正，而内在的弱点，则无法救济，实为金本位之致命打击。

三、应付办法——改用纸本位

金本位既具有不可救药之内在弱点，吾人应付办法，不外二端：

1. 听任严重恐慌之延续。

2. 放弃金本位，采用纸本位。

在金本位制之下，如信用自12万万元扩张至36万万元，现金准备必须自3万万元加至9万万元，方可维持最低准备率。假定世界各国均尚采用金本位，又假定美国将关闭之资金尽数放出，恐仍不足应付此剧变之现象。况美国更无放手之机会，而各国遭遇经济恐慌损失之程度，又至不可忍受。此金本位之所以终于相继放弃也。

或谓金有实值，有保障，纸币则否，如何可以继金本位而握金融之枢纽乎？要知在信用发展之今日，信用制度必靠黄金而始能维持乎？抑黄金之价值赖信用制度而始能维持乎？已成为讨论之问题。吾人皆知黄金可以维持信用制度，鲜知信用制度亦足以维持黄金之价值。金本位时代，黄金之所以有价值，因黄金在信用制度上有大量之需要。假定纯粹信用制度一旦确立，使黄金在货币上之需要全然消失，仅有艺术上之用途，其价值吾知必为之大减，其不低于白银之价值者几希。在举世放弃金本位之今日，黄金之价值所以尚未坠地者，一因美国之大量封存，一因放弃本位者之观念尚未彻底也。惟无论如何，金本位与恐慌已成二位一体之物。欲维持金本位，经济难免恐慌。欲铲除经济恐慌，不得不放弃金本位。

金本位放弃后，黄金已退居于货物之地位，不复为价值之尺度。为价值之尺度者，乃纯然有独立价值之纸币。黄金价格之大小，亦将用纸币价值为之尺度，与百物无异。金本位时期，或通货膨胀，百物腾贵，惟黄金不贵，因黄金1元仍等于钞票1元。黄金价值是否涨高或跌落，不易测知，放弃金本位以后，通货膨胀，物价腾贵，金价亦必腾贵。如金与米布等价格同程度的涨高，米价自5元一石涨至10元一石，布价自5元一匹涨至10元一匹，金价亦必自1百元一两涨至2百元一两。是金价之涨极为明显易晓。如此金价趋贵，即可反映通货膨胀之象征，政府可设法紧缩通货。且可慢慢紧缩，较在金本位时通货膨胀之不易预知，及不易预防者，已大有进步矣。

或谓欲知通货之是否膨胀，或通货价值之是否跌落，不必放弃金本位，亦不必视金价之高低为标准，实可采用汇兑率（Exchange Rate）为标准。因汇兑率受通货价值变动感应最灵之物，如英美之现金平价为 \$4.8665 = £1，当美金价值低，物价高，贸易入超，美汇必跌，将自平价跌至 \$4.8465 = £1，现金势将流出。美国即可知道本国通货膨胀，亟行收缩，不必待准备率之减低，始起而救济。因准备率麻木不灵，与汇兑率之灵敏（Sensitive），相形之下，不啻天渊。且准备率仅能测量国内通货之涨缩。汇兑率与各国皆有关系。从内部不易察觉，从外部则比较易看。古语说旁观者清，确具真理。

此说固有相当理由，一因现代各国中央银行多系官僚化，准备之真实状况，往往不易为外人所知，使世人无从测知通货之是否膨胀；一因汇兑率与投机商人更有密切关系。汇兑投机家，对于金融状况极为熟识机警，不易受当局之蒙蔽，致受亏损。故金融真相一有变动，汇兑率即受影响，颇可视为通货涨缩之指标。但此种变动，必须以其他各国通货状况不变为前提。假定其他各国同时变动，则本国通货膨胀之真相亦无从测知矣。如假定美国通货膨胀一倍，英国通货不变，则美币对英之汇兑跌落一半，即可推知美国通货膨胀之程度。倘英国通货亦膨胀一倍，则英美汇兑率不变。美币膨胀之程度如何可以测知乎？故当各国竞相贬低币值，以奖励本国货物之输出，欲借汇兑率之变动，以测知一国通货之膨胀程度，诚非易事。反不如放弃金本位、视黄金之纸币价格为标准之为愈也。

四、纸本位下之通货控制法

金本位既有内在弱点，不得不放弃，纸本位既取而代之。纸币则可伸缩自由，不受金准备之牵制。市场需要资金多时多发，少时少发，供需无时不可适合，则利率亦无忽涨忽跌之必要。惟其重要关键，须有健全之金融控制机关，务使通货之伸缩确能适合市场之需要。换言之，必须有适当之管理，方能有利无弊。故纸本位制亦称管理通货制。管理之最要机关为中央银行。中央银行管理通货之手段有二：

1. 贴现率之运用。

2. 公开市场之运用。

分别说明于下：

现代金融机构，多以中央银行为银行之银行。凡商业银行资金陷于周转不灵时，必赖中央银行为后盾。故中央银行有控制商业银行之权力。市场资金需要之大小，则由商业银行负责调节；商业银行多余资金，大多皆存入中央银行作为准备金。今假定一中央准备银行及全体商业银行之资产负债表于下，以觇其交易之作用：

中央银行资产负债表

现　金	500,000,000	商业银行存款	100,000,000
重贴现	50,000,000	发　行	1,000,000,000
库　券	550,000,000		

商业银行资产负债表

纸币	100,000,000	存款	800,000,000
中央银行存款	100,000,000		
贴现	600,000,000		

观上表,商业银行之存款准备,已经很低(25%)。倘市场上再需要2万万元,持票据向商业银行请求贴现,商业银行为应付需要,不可不接收。惟本身存款准备率已经很低,欲加强资金之流通性,一面贴进票据2万万元,同时向中央银行请求重贴现1万万元。此贴现与重贴现收入,皆改作存款,则两表将变如下式:

中 央 银 行

现金	500,000,000	商业银行存款	200,000,000
重贴现	150,000,000	发行	1,000,000,000
库券	550,000,000		

商 业 银 行

纸币	100,000,000	存款	1,000,000,000
中央银行存款	200,000,000		
贴现	700,000,000		

如是,商业银行仍可维持资金之适当流动状态。此时中央银行如感觉通货膨胀,有紧缩必要时,可逐渐提高贴现率,以示限制。非如金本位下之急骤提高,故影响自小。如提高贴现率尚不见效时,可将库券向公开市场出售。假定价值1万万元,购券者为商业银行之存户,开给支票1万万元,交与中央银行。中央银行可将支票付给商业银行,同时在商业银行存户之存款项下取消存款1万

万元，同时商业银行在中央银行之存款亦减少1万万元，则其资产负债表，又变如下式：

中 央 银 行

现　金	500,000,000	商业银行存款	100,000,000
重贴现	150,000,000	发　行	1,000,000,000
库　券	450,000,000		

商 业 银 行

纸　币	100,000,000	存　款	900,000,000
中央银行存款	100,000,000		
贴　现	700,000,000		

如是，商业银行准备率又感不敷，不得不追随中央银行，提高贴现率，以限制膨胀。如商业银行仍不紧缩，继续以所贴票据向中央银行重贴现，中央银行可继续公开市场之运用以抵消之，终使商业银行受其拘束而后已。

在昔公开市场之运用，常为贴现率之补助手段，即中央银行必先提高贴现率，以限制通货膨胀。如不生效时，始进行公开市场之运用。现在则往往独立运用。公开市场之买卖，不复视为贴现率之补助手段。如是，真可无须运用贴现率，以达到稳定金融之目的。谅贴现率之高低，影响全般经济甚大，避而不用故也。

第四章 从收支均衡说到金本位与纸本位之异同

一、支付均衡之意义

现处国际交通时代，国与国间往来频繁，经济上的收支亦日益复杂，大体可分作下列九项：

收支平衡(Balance of Payments)(数目假定)

收　　方	金　额	支　　方	金　额
1. 货物出口	800,000,000	1. 货物进口	1,100,000,000
2. 金银出口	200,000,000	2. 金银进口	100,000,000
3. 服务(为外人服务)	100,000,000	3. 外人为中国服务	
4. 游览费(外人在中国)	20,000,000	4. 中国人在外国游览费	
5. 赠与(外人所给)	40,000,000	5. 赠与(中国所给)	
6. 华人在外国投资之利息		6. 外人在中国投资之利息	
7. 贡物赔款等类(外人付中国)		7. 贡物赔款等类(中国付给外国者)	
8. 外人在中国之投资	40,000,000	8. 中国在外国之投资	
9. 外人偿付中国之欠款		9. 中国偿付外国之欠款	

凡中外各项收支,大体皆可归纳于此9项之中,而货物之进出口为收支中之最大项目。就收方论,第一、二两项,中国运输货物出口或金银出口,皆可收得外国之代价,自不待言。第三项之服务,为华侨对外国之贡献劳役,得到外国酬报,可称中国输出劳务之报酬。第四项游览费为中国风景优美,招致外人来华游历。衣食住行之所耗,无一非中国人之收入。外人所得者,为风景之赏玩与印象。此项可称为中国输出风景之代价。第五项外人赠与中国之物资,为外人自动的片面的给与中国之收入。凡在中国设立之教会、医院、学校、青年会等,往往年耗巨额资金,皆由外国捐募而得。第六项中国在外投资之利息,亦当作为收入之一种。第七项贡物在昔日为中国之一笔收入,惟其意义不在价值之多寡,乃在表示四夷内向之殷情。朝鲜台湾未被日本强占之前,皆臣服中国,对中国例有贡献,现在已经没有。中国受外国之赔款,现代亦鲜其例;今所以特列一项者,乃为对照支出方面之用,因中国对外国曾有巨额赔款故也。第八项外人在华投资,虽所有权仍属于外人,然就中国收支立场而论,在外人未收回前,不啻为中国之收入。譬之个人贷借,甲向乙借入百元,对此百元即可视为收入,与外人在华之投资视为收入,意无二致。第九项中国现亦没有。再就支出论,第一、二两项当然明白,无庸多赘。第三项外人为中国服务者,如外国轮船运输中国货物,外国银行汇兑中国资金,外国保险公司受保中国人物,皆属之,中国必须予以酬报。第四项中国在外国之游览者,因中国人贫穷,自无足论。但中国留学外国者,每年所费尚有相当数目,可归入此项。第五项赠与亦属鲜见。第六项外人在华投资之利息,数目相当可观,由收入方面第八项可推想而得。中国付外国之赔款,如庚子赔款,可以列入第七项,为中国财政上之重负。第八项中国在外国之投资过去甚少,近年则日渐发达。闻某富翁投资福特汽车公司股票二三千万美元,可以概见。第九项之欠款,除私人所欠者外,政府对外亦有巨额欠款,如英德借款,善后大借款等,统观上述,可知中外之收支,无论其渊源若何,均可分属于此九项中之一项。此收入方面九项之总额,与支出方面九项之总额,必能相等。故称收支平衡。何以收支能平衡,似尚有一说之必要。

今假定中国出口 8 万万元,进口 11 万万元,两数相差 3 万万元,通常称为贸易差额(Balance of trade)。因入超 3 万万元,中国须多付货价,处于不利地位,故又称为不利贸易差额(Unfavorable balance of trade)。反之,倘为出超,则称为有利的贸易差额(Favorable balance of trade)。此种所谓利与不利,仅为重商时代所遗留之观念,真实是否不利,乃另一问题,兹暂可不论。同时假定中国金银出口 4 万万元,进口 1 万万元,则此 3 万万元之多余输出,适可抵付贸易入超额,收支趋于平衡矣。或问金银既有输入,又有输出,何不将出入抵消,仅输出其差额,岂不省事?故上述输出 4 万万元与输入 1 万万元抵消后,仅输出 3 万万元可矣。不知金银之有输出与输入,与货物之有输出与输入,同样不可免除者。吾人皆知美国为世界生产汽车最多之国,输出国外者必多,自不待言。然美国人亦有嗜好英国式之汽车,因而输入者。吾人固不能谓美国人不应输入英国汽车。今中国有金银输出,亦有金银输入,因运输之主体各异,进出之时期不同,故互有进出。惟例中所述出超 3 万万元,仅系一种假定。在民国二十四年以前,中国金银多为入超,除特殊原因外,中国金银净出超决无如是之多。今假定金银输出 2 万万元,输入 1 万万元,则净输出 1 万万元。华侨汇款 1 万万元,此亦系假定数。因实际华侨汇款,据专家统计,多时年达4万万元,少时亦有2万万5千万元,平均每年3万万元,因闽广华侨在外约有1千万人,假定每人年汇30元,即可达此平均数额。如是,收方自第一项至第五项合计11万万6千万元,支方第一、二两项合计12万万元。假定支出方面其他各项均不存在,二数相抵,尚不足4千万元。此种差额称为经常往来差额(Balance of current Items)。此应支之4千万元,外人即以之投放中国,共余收支两方,均付缺如,则两方之收支已经均衡矣。倘外国货物进口额更多,应付外国赔款及欠款均大大加多,则我国应支付于外人者更多,即外人之投资于我国者必更多。反之,倘支出方面不增,收入方面如华侨汇款或金银输出均大为增加,总数超过支出时,则借方余额,我国亦必投放外国,以孳生息。故投资一项,往往为调节国际收支之最重要项目,国际收支所以必然平衡者,端在于此。

以上为说明贸易差额,经常往来差额,及支付均衡之三个概念。

二、假定中国采用金本位

1. 贸易差额与输出现金

假定世界各国金本位未放弃前,中国亦采用金本位,国际收支除贸易一项外,其他各项均平衡。贸易入超如逐渐加大,将发生如何之结果乎?国际贸易之支付,通常皆用汇票。今假定美国某汇兑商(Exchange Dealer)经营中美之汇兑,在中美两地均有通汇机关,在中国有华币存款,在美国有美币存款,以为买卖汇票之用。

华币存款额 10 万万元，美金存款额 5 万万元，华币 1 元等于美金 5 角。其两地汇兑基金于开始营业时，如下列账目所示：

美国汇兑商中美两地之汇兑账

Dr.　中国方面华币账　Cr.	Dr.　美国方面美金账　Cr.
$2,000,000,000 (1)	$100,000,000 (1)
200,000,000 (2)	100,000,000 (2)
200,000,000 (3)	100,000,000 (3)
200,000,000 (4)	100,000,000 (4)

假定中国进口商向美国订购价值华币 1 万万元之美国货，此中国进口商须向此美国汇兑商购买美金汇票 5 千万元，偿付货价。此汇兑商将在中国方面收进华币 1 万万元，在美国方面付出美金 5 千万元。又假定中国出口商输出美国货物价值华币 1 万万元，亦将汇票卖给此汇兑商。此汇兑商将在中国方面付出华币 1 万万元，在美国方面收进美金 5 千万元。如是，两方面金融状态，毫无变更。再假定中国输出不增，进口增加华币 2 万万元，即中国须多买美金汇票 1 万万元。此汇兑商将一面收进华币 2 万万元，一面付出美金 1 万万元。倘中国进口货继续增加，自 2 万万元而 4 万万元，而 6 万万元，甚至 8 万万元，则此汇兑商之华币存款将逐渐增加，美金存款将逐渐减少，如前账所示。此时汇兑商原无损失，不过将其美金存款换作中国货币存款而已。就国家论，中国货物入超加多，贸易不平衡愈甚。但在收支方面，一面有 4 万万元美金之货进口，同时又有 8 万万元价值之中国货币投放于中国，故贸易虽不平衡，而收支则必平衡。惟长此继续下去，不加调整，汇兑商之

美金存款势必罄尽，华币则累积愈多，势不能照旧供给美汇，必须提高美金之汇价，以示限制。假定至自1元等于5角提高至1元等于4角，美金汇价既涨，中国进口商人如觉购买汇票太不合算，不如输送现金出口为有利，则中国现金必源源流出。此即所谓汇兑已达现金输出点也。

2. 现金输出之结果

既假定中国采用金本位，现金输出，影响不小。因现金为信用之准备，现金输出，信用势将紧缩，经济界将发生重大变化。试举例说明之：

按一般金融市场机构，有中央银行与普通商业银行。中央银行为银行之银行，故一国现金多集中于中央银行。普通商业银行在中央银行有相当存款，作为准备金。中央银行对此种商业银行之存款，则以现金为准备。无论中央银行或普通商业银行，其准备与存款每有一定比率。今假定某金融市场全体银行及中央银行之准备存款率如下表所示：

全体商业银行资产负债表

中央银行存款	250,000,000	客户存款	850,000,000
其他资产	600,000,000		

中央银行资产负债表

现金	100,000,000	银行存款	250,000,000
其他资产	150,000,000		

在此状况之下，本国某进口商人买进美国货物价值美金2千5百万元，合计华币5千万元，需要输出现金偿付，将向往来银行支取存款5千万元。往来银行即给中央银行支票5千万元，中央银行将凭票付出现金5千万元，以备此进口商输出之用，中央银行及普通银行之资产负债表将变如下式：

中　央　银　行

现　　金	50,000,000	银行存款	200,000,000
其他资产	150,000,000		

商　业　银　行

中央银行存款	200,000,000	客户存款	800,000,000
其他资产	600,000,000		

如上表，银行存款准备率与中央银行存款准备率皆将自29%及40%跌至25%，视为危险限界，必迅速设法补救。其最常用者，为提高贴现率。贴现率一经提高，许多商人欲扩充营业或新设商号者，均将裹足不前。商业票据之请求贴现者亦必大减，同时已经负债之企业家，又感于高利率之负担太重，必设法廉价售商品，以便清偿债务。如是，银行不但不增加放款及增加存款，反能收缩放款，减少存款。故准备率可不至再减少，且可增加，又因利率提高，本国人民及外国人之有现金者，为贪图厚利，皆愿存入银行生息，则准备率更能积极提高，当可回复原状。

惟在提高利率以恢复准备率之过程中，国内经济界已起不少之扰动。因利率提高，物价跌落，工商企业实行紧缩，工人失业，购买力减少，物价将愈跌落，经济已陷入恐慌状态，国民损失不堪设想矣。故为维持国际汇价，输出现金，维持收支平衡，国内物价已受剧烈之变动矣。

三、金本位崩溃之原因

金本位之长处，在能发生自动作用，已如第二章第四节所述。所谓自动作用者，假如中美两国之贸易，当中国入超过巨时，美汇之需要超过供给，美汇必涨。若涨高至现金输出点时，中国现金必输往美国。中国银行以现金减少，准备力薄弱，为救济计，必提高利率。利率高，物价跌落，所得减少，工人失业，经济萧条。再观美国现金流入，银行准备增加，减低贴现率以推广信用。于是物价上升，企业发达，欣欣向荣。物价贵，输出将减少，输入增加；而中国物价跌，输出将增加，输入减少。中美贸易之顺逆，必然相反。中国将自入超变为出超，美国则自出超变为入超。美金汇票必跌落。跌至现金输入点时，中国出口商人与其售卖美金汇票，反不若输送现金为有利，则现金必流回中国。中国金融物价经济均将恢复原状。如此循环往复，即成所谓自动调节作用。虽当调节作用之过程中，物价不能安定，经济社会波动不已，咸认为大利中之小害而已。然欧战后情形大变。美国因现金流入，深感扩充信用，物价提高之害，乃将现金悉数窖藏，使不起作用，信用无从扩张，物价不至提高，国外贸易亦不至受不利影响，流入之黄金，遂不再流出，金本位之自动调节作用已经失去。

故在金本位制盛行时期，已觉其牺牲物价，因有调节作用，尚可留恋。今则即此物价之调节作用亦已失去。试问金本位尚有何点足取。此世界各国金本位之所以相继放弃。

四、假定中国采用纸本位则外汇将何如？

在实行纸本位之国家，其目的在安定国内物价，以管理通货为手段，外汇涨落则全然不顾。故外汇之涨跌范围甚大。若假定中国采用纸本位，仍以本章第二节入超为例。假定因中国继续入超，美汇之需要常超过供给，美国汇兑商为避免资金集中中国，将提高美金汇价，自 5 角至 4 角。中国在纸本位之下，进口商人不能因美汇贵而输出现金，仍不得不买汇票偿付。美汇既贵，中国市场之美国货价上涨，美国市场之中国货价则下跌。例如美汇未涨前，美国手表 2 元一只，中国市价合 4 元。今美汇涨至 4 角，则原来价格 2 元之美国手表，中国市价将提高至 5 元，此其例一。再如中国茶杯原价 1 元，在美国市价 5 角，今则仅合 4 角，此其例二。如是，美国人买中国货便宜，中国人买美国货吃亏。倘中国入超尚不能纠正，美汇将更腾贵，至于 3 角亦有可能。中国市场之美国货价更贵，美国市场之中国货价更贱。中国人因美国货价贵，而收入不增加，惟有减少消费，降低生活程度，美国货之进口必减。反之，中国货贱，美国人必能加多消费，增进生活程度，中国货之出口必加。如是，美汇则需要逐渐减少，而供给则逐渐增加，其汇价亦必自 3 角回复至 4 角而 5 角。可知在纸本位之下，汇价虽可借贸易之自动调节，恢复常态，然其调节过程中，汇率变动之可能性甚大，因无现金输送点之限制也。至国内一般物价，除进口货外，则因通货管理得法，甚为安定。国内物价既能安定，无剧变之忧，企业家可以专心致志,以发达实业,将在金本位制度下因现金之输出入,利息忽高忽低等不定状态之恐惧,一扫而空,故纸本位制度下之汇兑,亦称自由汇兑(Free Exchange),盖一任其自由涨跌也。

综上所述,金本位制度变动内部,维持外部。纸本位制度变动外部,维持内部。换言之,一则牺牲内价,维持外汇;一则牺牲外价,维持内价。

第五章　内价与外价如何可以同时稳定?

一、内价与外价难以同时稳定之理由

前章所述,大要以内价与外价同时稳定不可兼得时,与其牺牲内价维持外价,反不如牺牲外价维持内价之为愈。因内价稳定,利率无忽涨忽落之必要,企业家无所顾虑,可专心致志于国内事业之发展。在维持内价之前提下,非物价绝无变动之谓,特变动之程度与变动之次数皆甚小与少,直不足道也。当经济发展之时,商业必首先活跃;商业活跃,则向生产者定货必多,生产者必因此扩大生产,多用工人,多用原料与燃料。于是各方所得必多,购买力必大,经济必愈繁荣。此种经济发展之程序,余已屡屡言之。经济既繁荣,需要通货必多,在金本位之下,通货数量受现金准备率之牵制,不能尽量扩充,以应需要。且为防止现金外流,不得不急急提高贴现率以限制之。因贴现率之提高过于急骤,最易引起经济之恐慌。若在管理通货制之下,通货数量既能尽量应付需要,管理机关如认为有过度膨胀之虞,可以渐渐提高贴现率,以资限制。且不虞现金流出,故可从容处理。如是,不但利率变动程度小,即变动次数亦少,物价自能得到稳定之效。

所谓通货膨胀,系对一般物价而言。物价指数为表示一般物价者。物价指数上升,则知货币价值贱,即为通货膨胀之象征,有收缩之必要。反之,物价指数下降,则知货币价值提高,为通货紧缩之象征,有松动金融之必要。今假定中美两国物价为例。如有人焉,住中国旅馆一天,旅馆账单合计法币 10 元,内中包括房金早点饭食咖啡牛油电话费等一切消耗。再假定美国同样旅馆,同样账单,即可包括各项开支与中国旅馆完全相同,其价额则为美元 5 元。此种账单,假定代表中美两国之物价指数,依购买力平价说,中美两国汇兑应为法币 10 元等于美元 5 元,即为中美汇兑之平价。假定两国实际汇兑与平价相等,此时中美之内价与外价均平衡矣。

再假定中国物价上升,上述之旅馆账单不复为 10 元,而升至 20 元。美国物价不变,则中国货币 20 元之价值,方与美元 5 元相等。外国游历家如往中国住一天,可抵美国二天之用,必多舍中国而往美国。美元汇兑之需要加多,美汇必贵,将升至法币 20 元与美元 5 元之汇率而始止。如是,中美之内价与外价又趋平衡矣。惟外价视内价为转移,二者之平衡,必就长期趋势(In the long run)观察。若在短期间则殊难达到。

假定中国抗战,物价腾贵,此旅馆账单,如自 10 元逐渐上升而 20 元、30 元、40 元,以至于 50 元,即中国货币 50 元之价值与美元 5 元相等。中美汇兑势必放长至 50 元法币 = 5 元美元。此时欲使中美汇兑回复 10 元法币 = 5 美元之旧平价,必须将法币收缩,降低旅馆账单至 10 元之原状不可。此之谓紧缩(Deflation)。惟骤然降低物价,企业家损失不堪,断不可行。其次则可减低法币之价值,以维持高物价。如原定法币 10 元等于美元 5 元,今同样美元 5 元,须 50 元法币方可买到,即确认现在法币 1 元之价值,仅等于原值五分之一,或 2 角。此之谓贬值(Devaluation)。吾人如不欲物价降低,惟有实行贬值。如欲维持法币之原价值,则物价必须降低至五分之一。二者必居其一。

今中国物价腾贵,无可否认,即法币价值跌落,亦系事实。将来抗战结束后,对法币价值应如何稳定,实为一大问题。在抗战期内,政府发行战时公债为数不少,如救国公债,如建设公债,军需公债,以及各省零星省债,将来尚待续发。此项公债收入,均在物价腾贵,法币购买力大减之后。将来如恢复法币之原来价值而收回公债,不但物价大跌,企业家损失綦重,即政府之负担亦将加重数倍,岂得谓平?盖收进者是购买力大减之法币,而付出者是原价恢复后之法币。故余对于恢复法币原价绝不赞同。法币恢复原价既不可,则一任其自然汇价之所止而定之乎?倘不幸而自然汇价低至美元1元等于法币1千元,吾人即以1千元为新币之价值标准乎?余亦未敢赞同。苟如此,人民损失太大故也。余之意见,必须折衷办理,使政府与人民分担战时之损失,未尝非持平之道。

今日美国已参战,假定美国物价腾贵,其旅馆账单自5元而10元,而中国物价不变。中国将维持汇价之稳定乎?抑将维持物价之稳定乎?假定稳定物价,仍使10元法币值美元5元,必须使中国物价为同程度的增加,使中国旅馆账单自10元升至20元方可。此即所谓维持外价牺牲内价,乃绝不可为者。如必维持内价,则惟有任外价之变动。中美汇兑必至法币10元等于美元10元,即法币1元等于美元1元。此为外价与内价同时稳定不可得兼之理由。

二、欧战后印度维持物价之效果

英国现代货币学大家凯恩斯(Keynes)著《货币改革》(Monetary

Reform)一书,驰名于世。书系1922年出版,其中151页至163页说明印度战后维持物价之效果。其大意,当1919年至1920年之间,为世界经济最景气(Boom)时期,物价大涨。及至1921年,恐慌爆发,物价又大跌。当此时也,印度当局竭力求国内物价之安定,外汇则任其变动,颇能收良好效果。试一比较同期间内印度与其母国英国物价之差异,可以知之。印度1920年最高物价比1919年平均物价只高出12%,英国那时则高出29%,1921年印度物价比1920年仅跌16%,英国则跌50%。二者大小相去甚远。印度所以能比较稳定者,即在其能牺牲外价,以维持内价。查印度于采行虚金本位后,规定印币1卢比(Rupee)合英金16便士,即15卢比等于1镑。故卢比价值约与中国旧银元相等。1920年卢比汇价竟涨至32便士,适较战前增加一倍。1921年始逐渐跌落。假定1920年印度仍维持外汇,使卢比价值随英镑跌落,印度之物价必大贵。反之,1921年印度如维持1920年之高汇价,则1921年之印度物价亦必大跌,而事实上所以能使涨跌不至甚剧者,即为牺牲外价之效果。

三、英国财政部发表之国际货币合作计划对于外汇之规定

1943年英国财政部发表之国际货币合作计划(即凯恩斯计划)对于汇兑有极详密之规定。这个计划的内容,是组织一个国际清算同盟,不必有什么资本,只要会员国的中央银行,在同盟内开立户头,以备清算国际收支账项之用。一切账项的记账单位是一种新的国际货币,称为班柯(Bancor)。班柯是一种记账单位,并不

流通市面。班柯应值多少黄金,由同盟行政局决定,行政局亦有权改动。会员国的国币,其汇价均依班柯计算。做了会员国以后,不得行政局同意,不许单方更动外汇汇价。他国以班柯清理债务,必须接受。会员国与同盟来往账项,各国均有定额(Quota),定额多少,由大家商量决定。最重要的决定方法,为进出口贸易数量。例如同盟成立之初,各会员国的定额,依战前三年该国进出口的平均数,或此项平均数的三分之二。经过相当时期以后,定额逐年修改。本计划最重要的部分,是关于会员国之存款(Vcredit Balance)与欠款(Debit Balance)。我们必须注意,一个国家的国际收支,包括商品的进口与出口,利息的收付,旅费的支付,轮船的运费,保险费,银行手续费及佣金,一切国外投资,侨民汇款,使领经费,慈善事业的捐赠,项目繁多,真是数不胜数,但可分为有形贸易与无形贸易两种。货物进出口,必须经过海关,是有形贸易。侨胞汇款,无须经过海关,不易看见,故称无形贸易。影响国际收支最大者,当然为有形贸易。譬如一国出口超过进口,则该国在国际同盟的存款增加。如进口超过出口,则在同盟的欠款增加。但从有形贸易发生之欠款,可以从无形贸易发生之存款抵消之。如英国每年进口超过出口,但海外投资极大,其无形贸易的收入,超过有形贸易的支出,所以英国在国际同盟的存款,就逐年增加了。

前面已经说明,各个会员国,在同盟内都有一个以班柯计算的定额。会员国对同盟的欠款,非得行政局同意,一年之内,不得超过该国定额四分之一。如其欠款以二年以上的平均数计算,超过其定额四分之一,则该国毋须得行政局同意,其国币的班柯汇价,可以贬值百分之五(注意),但可贬值一次。以后如有变动,须得行政局同意,不准单独行动(注意)。夫汇价变动可以达百分之五,必要时，得行政局之同意，又可变动百分之几，这种变动，在金本位时代，未尝有之。足见这个计划之基本目的，与其说在牺牲内价，毋宁说在牺牲外价。在可能范围内，内价与外价须同时维持，务使国际间收支可以平衡。但于万不得已二者不可兼得时，只有牺牲外价。

四、时人何以往往惊视外汇之剧变？

第二节所述印度政府牺牲外价维持内价之举，虽于印度大有利益，然颇受一般人士之攻击。此盖由于传统之习惯与世人之通病，对于国内物价之涨跌，往往熟视无睹；对于外汇之剧变，则惊异非常。实则内价之重要，远较外价为甚。即如以国外贸易为生命线之英国，据统计，其生产品之输出额仅占国内总生产额百分之二十三（1913 年至 1914 年之平均数）。轻重程度如何，不难推想，而观察者往往惊视外汇之剧变，远较内价为甚。究其理由，可得四点：

1. 习惯　各国习用金本位已久，金本位国间之汇兑均甚稳定，已如前述。如有剧变，必有非常原因，无怪其然。

2. 外汇变动容易察觉　因外汇仅有一种东西比较，即货币与货币之比较，不但变动容易，且甚敏捷，易为人所注意。物价变动缓慢，且个别物价有涨有跌，人不易觉。

3. 稳定外汇比较容易　如甲国欲与乙国稳定汇兑，即钉定（Pegging）其外汇率可矣。若欲使两国物价平衡，不但其事缓慢，且不易准确。普通物价，皆借指数来测验。物价指数之编制方法，非常复杂。基年(Base year)之选择,物品之种类与多寡,平均之方法,加权之大小等等,皆有影响。据费雪氏(Irving Fisher)所著《指数编制法》(Method of Index Number Making),单就编制指数公式一项而论,即有134种之多。欲得一准确之物价指数,已甚为难。若欲使中美两国得一相同之指数更难。中国人吃米饮茶,故对米价与茶价应加权。美国人吃麦饮咖啡,故对麦价与咖啡价应加权。然麦与米,茶与咖啡,已非同样之物,其余两国所用物品不同者甚多,且时须变动。故欲借指数之功用,以平衡两国之物价,理论上已甚困难,事实上必须加甚,而外汇则概易稳定。此亦为世人注意物价稳定之程度不及外汇之一因乎。中国于二十四年十一月四日施行法币政策,即钉定其对英汇价为14个半便士,其故亦不外此。

4. 外汇变动救济迅速　金本位之自动调节作用,以黄金之自由流通为前提。物价高,贸易入超,现金流出,中央银行固可提高贴现率;希望紧缩通货,压低物价,阻止入超,变成出超,使现金流回。但当银行提高贴现率,物价跌落甚慢,及其发生效力时,现金已经流出甚多。此在金本位时自动调节物价作用之缺点。今若以外汇调节物价,外汇一变,物价立时发生影响,救济迅速。如中美汇兑本为法币10元等于5元美元,美国汽车一辆,价格美元10000元时,值中国法币20000元。倘法币汇价跌落一半,10元等于美元2元半,此价格万元之汽车,非法币40000元不办,汽身之需要必立即减少。其他有国际性之物品,如铜铁棉花小麦等,其价格非一国单独所能定者,受各国汇价变动之影响甚为迅速。中国在二十八年之西药西书等价格与外汇之变动有形影相随之势。有时价格提高之速率,且较外汇之跌落为甚。盖因商人深恐发卖时之外汇又已下跌，故更提高卖价以资自卫。是又外汇之变动更引人注意之理由四也。

五、费雪氏(Prof. Fisher)稳定物价之理论及其批评

在凯恩斯主张维持物价重于维持汇价之前，比较主张有力者为美国费雪氏，即《物价指数编制法》之著者。氏亦著《货币购买力》(The Purchasing Power of Money)一书，脍炙人口。氏并提倡补充金元(The Compensated Dollar)，特著《稳定金元》(Stabilizing the Dollar)一书。其大要以物价指数之高低，反映货币价值之低昂，因而增减美元之含金量，务使物价不至有过大之升降，外汇变动则在所不顾。例如美国政府每月编制物价指数一次，如指数涨高百分之一时，反映货币价值跌落百分之一，政府即宣布将美元含金量增加百分之一，物价指数自能恢复平衡。倘次月物价指数跌百分之一时，即反映货币价值提高百分之一，政府即应宣布将美元含金量减少百分之一，则物价亦能回高至原价。此时流通之货币，当然为有十足金准备之纸币，但现金则悉数充作准备，金币亦无铸造之必要。凡持钞票请求兑现，可按照当月政府所宣布之含金量，予以相当之生金可矣。如此办理，国内物价可以避免忽涨忽跌之现象。

凯恩斯氏批评费雪氏之学说，谓彼之用意与费雪相同，惟方法不同。费雪氏仅知过去之物价，然后予以救济，未免太慢。此乃事后之补救办法。彼则观察将来，防患于未然，若使物价已变，始谋救济，则受其害者已无法挽回矣。故费雪氏救济于已然之后，须靠

事实为根据,凯恩斯则预防于未然之前,须靠判断(Judgement),惟其判断亦必须以事实为依据。其重要者如下:

1. 物价指数之趋势;

2. 工人从业之多寡;

3. 生产指数之升降;

4. 国内长期利率之低昂;

5. 国外贸易之消长。

诸如此类,皆可参考,不独以物价指数为限,作综合之观察,然后加以判断,而谋预防。此二氏方法之不同处,亦为费雪氏计划之一缺点。

按照费雪氏办法,尚有一大缺点,即必招致美元之投机是也。美元之含金量既定期公布,迭有增减。当其增加之时,投机家必用大量钞票向中央银行兑现。如以钞票万元兑取现金或金券(Gold Certificate)。迨下期物价跌落,公布减少美元含量时,此投机家即以原数之黄金或金券,向银行兑回钞票,所得必超过万元。如是,美元含金量高时,人人皆将用钞票兑取黄金,钞票流通额骤形减少,物价必跌。反之,美元含金量少时,人人又将钞票尽量用出,物价高涨,不但不能稳定物价,且足增加物价之变动。费雪氏自知投机亦所难免。此其缺点二。

在费雪氏计划之下,因金币含金量时有变动,故外汇时时变动,使国外贸易商人无所适从,怨尤必多。在自然的汇兑之涨落,各听天命,莫可谁怪。今在政府的操纵之下,波动不已,招人怨尤,谁曰不宜。此其缺点三。

费雪氏之计划有此三缺点,故凯恩斯氏谓其不易实行。

六、管理货币制下救济外汇变动之方法

内价与外价同时稳定,既不可兼得时,与其牺牲内价,不如牺牲外价,既屡述如上。故能稳定内价固好,若能兼容外价则更好。惟内价之稳定,权操自我,其事易行。若欲外价亦能稳定,必须以外国之内价亦能稳定为前提,其权在人,故不易行。假定中国将来富强,可与美国协商,为促进两国相互间之贸易,希望彼此皆能稳定内价,然后可得稳定外价,实为双方之利益。吾意美国未有不赞成者。现在英美间之汇兑即系如此。美国货币既已贬值,英国完全采用管理货币制,因两国均努力于内价之稳定,故其外价亦甚稳定。中国实行法币政策时,一面公布法币与英币之联系,同时亦公布法币与美币之法定汇率者,正因英美汇率安定,故我之法币能与两国汇率同时规定。

各国内价均已稳定矣,其外价微小之变动,势所难免。国外贸易商人之风险,亦不能完全免除,则可以其他方法予以补救。实行管理货币制,以英国为先导,故研究外汇变动之救济法者,亦以英国为最多。兹将重要方法略述于下:

1. 期货外汇(Forward Exchange)

如美元5元=法币10元为中美两国之汇兑平价。然有时可涨至美元5.5元=法币10元,有时亦可降至美元4.5元=法币10元。今当外汇平衡时,有中国匹头商人向美国定买呢绒一万匹,三

个月后该项货物可运到中国交货。届时中国商人必须付款。倘美汇跌至5.5元,中国商人固然可得意外利益,若美汇涨至4.5元,则此中国之匹头商又受意外损失矣。投资变为投机,殊非所宜。此匹头商为防止意外损失,向银行求得一预购权(Claim),须于三个月后交款,以便付给美国出口商人,或照美元5元或5.1之汇价皆可。总期成本得以确定,汇兑风险,即可免除。

中美平价既假定为美元5元=法币10元,期汇何以可加至5.1,或更多之数,则视两地利率之差别而定。如美国通行利率为6%,中国通行利率3%,每百元法币存中国一年,本息合计仅有103元,汇存美国一年,可得106元。两地利率相差3元,即每元相差3分,美币半元可多得一分五,合计0.515元。故商人向银行购买美汇期货,假定期限一年,银行最高额法币1元可给0.515。今若给0.51,于商人已有利益,于银行亦稍占便宜。若欲银行给以0.516,银行势将亏本,交易必不能成。普通期汇多为三个月,则利息之差益必须比例减少。故知此种汇价之差别乃受利率之差别所统制。英国金融家阿爱基轧(Paul Einzig)著有《期货外汇》(Forward Exchange)一书,言之颇详。称期货外汇,为避免汇兑风险之最妥方法,当于下章详论之。

2. 设立外汇平准基金(Exchange Equalization Fund)

如我国设定外汇平准基金,当美汇跌至0.51元时,政府使用基金,买进美汇,美汇不至再跌,且可回涨。反之,美汇如涨至0.49时,政府又可使用外汇基金,卖出美汇,则美汇不至续涨,且可回跌矣。外汇变动不至过大。英人霍尔氏(Hall)著有《汇兑平准账》

(Exchange Equalization Account)一书，颇可供参考。

3. 政府协助

购买汇兑期货，系人民之私行为，然政府亦可从旁协助。因政府在外汇市场上，往往为一大主顾。如外债本息之偿付，留学经费之拨付等，皆须购买外汇。当外汇趋贵时，政府应暂时退出市场，不与商人竞买。迨外汇趋跌时，政府始参加购买，不失为协助人民参加外汇之一法。

第六章　内价与外价之关系

一个国家的国币，如其内价上涨，则外价亦必上涨，跌落则外价亦必随之而跌落。然则内价与外价究有如何之关系乎？内价先变而后影响及于外价欤？抑外价先变而后影响及于内价欤？谁因谁果，吾人必须研究明白，然后可以讲求救济方法。如外价影响内价，则必外汇先变，而后物价随之而变。因一国国币外价跌，外汇立涨。外汇涨，进口货之价格必比例上涨，其他物价亦将逐渐上涨。欲图补救，必自充实外汇基金始。倘内价先跌，必国内物价先涨，即法币之购买力减少，影响乃及于外汇。欲图补救，又必须从紧缩通货着手。故为研究救济并整理一国国币将来之恶果，吾人必须能先明了跌价之原因何在。对症下药，道固宜是。

一、欧战后马克内价外价之分离

中外历史上货币跌价之最大者莫如欧战后德国之马克。马克何以跌价，聚讼纷纷。Bresciani Turroni 氏著《通货膨胀经济学》

(Economics of Inflation)一书,[①]对于当时一般学者讨论马克跌价之原因,详征博引,颇足供吾人之参考。兹就该书第三章“马克内价外价之分离”摘其大要述之于后:

当时学者对于马克内价与外价之关系,可综括为三说:一说谓马克内价先跌,然后影响及于外价。一说谓外价先跌,然后影响及于内价。第三说则谓内价与外价有相互之影响。今分别胪举之:

1. 货币内价影响外价之理由又分二点

甲　补偿说(Compensation Theory)

试以中美汇兑为例。假定原来汇兑平价为法币5元等于美币1元。今因中国通货膨胀,物价腾贵,昔日5元可购得之货物,今日须费15元,即法币之内价跌落3倍。倘法币外价不动,美汇仍为5元,法币等于美币1元,则美国人欲买同样中国货,非费3倍之美币不可(即美币3元),即中国货之美币价格大涨。美国人从前以美币1元可以购得之中国货,今日非费3元不可。非必不可省之物,决不愿购买。即有购买者,数量亦必大减,欲增加购买力,惟有将中国法币汇价降低至每1美元合15元法币,始能与从前之购买力相平。此为内价影响外价理由之一,称为补偿说。盖惟有提高美元之汇价,方可得相当之补偿也。

乙　价格制度说(Price System Theory)

此说谓只有内价影响外价,而外价不能影响内价,因一国之

① Economics of Inflation, by Costantino Bresciani-Turroni, Professor of Economics in the Universities Milan and Cairo, 1937, London, George Allen and Unwin Ltd..

内，有整个之价格制度（Price System），各物价格互有关联，牵一发而动全身。如吾人每日吃鸡，鸡价每斤1元，今后如不吃鸡，改吃青菜或鱼类，则鸡价必跌，青菜或鱼类之价格必涨。故一物价格变动，他物价格不能不变，整个价格制度因之亦变。故一国货币价值之变动，必先表现于物价之变动，然后影响及于外价。倘内价不起变动，外价虽变动，亦无大妨碍，因物价制度有抵抗力，不致受外价之影响。此为外价不致影响内价之理由。

比较观之，前说理由甚为充分，后说颇觉勉强。

2. 货币外价影响及于内价之理由

此说谓外价先变，内价后变。如甲国对乙国抗战，一经发动，甲国政府必须增发纸币，以应急需。外汇为感应最灵之物，外汇商人终日探听甲乙两国货币数量盈虚消长之消息。故一国国币增加时，他人均未知觉，而汇兑商人早经感到，外汇必即时上涨，物价则逐步上升。例如甲国所用汽油，多系舶来品，假定甲国汽油由丙国而来，而丙国汽油价格原为丙币1元一听，按甲丙汇兑平价，丙币1元等于甲币5元为计算之标准，则甲国汽油价格每听应为甲币5元。今甲币外价跌落3倍，同样汽油价格每听非涨55*元不够成本。此即外价影响内价之证明。其他进口货物之价格，大率类此。此项物品之价格与货币外价有形影相随之势。但一国流通之货物种类万千，非尽为外国货，国产货物常居多数。其价格受货币外价之影响常不甚显著。此又何故？二十九年二三月间，中国洋货价

* 疑为10。——编者注

格虽腾贵甚速，而其他物价则高低不一。邮票价格一仍旧贯，平信就是5分一封。理发室剃头每次2角5分至5角，航空票价自重庆至香港，亦只五六百元，所涨均甚少，多不与外价密切联系。此盖由于此等物价有独立性，或称堕性。堕性不仅物理有之，人情亦所不免。吾人在居一地，生活日久，安土重迁，即由此故。本人未到四川前，深以生活不惯为虑。今居住五六年，习惯渐成，处之若素。假定再令余前往广东居住，亦将望而却步，莫非堕性使然？故国产物价之感应不灵，由有堕性。然必逐渐受外价之影响，则不可否认。

至外价影响内价之情形，其先后次序，大抵如下：交战国国币之外价既跌，其国内之物价遂逐层受其影响。

甲、最先受影响者为进口货物之价格。进口货以出口国之货币定价，故其在交战国国内之卖价，至低须与外汇之涨落成正比例。

乙、其次为外国原料机器等所制成之物品。因原料贵，故所制之物品，亦因之而贵。钢铁贵，故机器贵。机器贵，故机制物品贵。此自然之理。不过其价格之腾贵，较纯粹进口货为缓慢耳。

丙、工业代用品。如外国书籍输入不易，势必多用翻印本或本国书籍。外国布进口少，本国布因之畅销。其价格亦必逐渐上腾。

丁、农产品，如柴米油盐肉类等涨价程度最慢。各种物价，既直接间接因外汇飞涨而腾贵，政府预算自感不敷，原有货币数量不敷周转，不得不增发纸币。纸币增发，各方感觉加深，逃资者愈多，外汇愈贵，物价复受其影响。如是循环不已。

3. 货币内价与外价相互影响之理由

第三说为折衷上叙二说。有时内价影响外价，有时外价亦影响内价,即交互影响,彼此实互相依赖(Interdependence)。例如以上海与重庆两地之物价而言,因两地环境绝然不同,故物价之起因亦不同。上海为中国最大之海口,商品进出口频繁,其价格受外汇之影响自甚密切。重庆深处腹地,物价腾涨之原因,比较复杂。交通不便,商人囤积,皆为重要原因。故战争开始之初,上海物价之变动,可说由外汇影响内价。重庆物价之变动,固不免起因于外价,然多由内部发生。故就当时物价高涨之原因而言,有起于外价者,亦有起于内价者。

第一次大战后,德国学者讨论德国马克内价与外价关系之意见,大要不外出于上述三说。

二、战时外汇何以有剧烈之变动?

今从交战国之外汇跌落说起。外汇为感应最灵之物,其余物价均为麻木不仁者。试就抗战后之情形观之,益可了然。当战争爆发,交战国之外汇,不免逐步跌落,其原因最要者有三点:

甲、战争发生,人心浮动,政府因税收太慢,增发纸币以应急需。人民对于纸币信用不免怀疑,而以汇兑商人感觉最早,外汇看涨,大量买进。

乙、银行存户深恐战争延长,资金受损,竞买外汇,暂图逃避。

丙、政府为供应战争需要,须买大批外汇。

基此三因,外汇求多供少。假定其供给为1百万元。此种外汇供给之来源,当以出口货为主。如国货输出价值1百万元,即可构成汇兑市场中之供给。上述三者之需求,假定合计2百万元,即供给缺少1百万元,将无法弥补。普通货物之供求,藉价格为之调节,适应不难。价格略为提高,则四方辐辏,立能满足。但出口货物之增加生产,必须相当时间。故外汇之供给,亦非短时间内可以增加,而需要者则一时齐集,致供求相差过巨,外汇因之大涨。原来外汇平价为1∶5者,不难涨至1∶6或1∶7,即国币之外价跌落百分之二十或四十。此种外价暴落,显然不足以代表该交战国之经济力下降之程度。因战事方才开始,谁谓一国当时经济力即降低百分之二十或四十乎?可知当时该国外价跌落之程度,不足为测量国内经济力之标准。外价跌落所以如此之速,乃由短期内外汇供求失调所致。求过于供,价格虚抬。故战事开始后,外汇逐步上涨,为汇兑商人,银行存户,以及政府三方面之需要凑合所演成,不足为交战国国币购买力比例降落之证据。但若战事延长至五六年之久,则外汇之上升,亦可视为一国经济力量薄弱之标识。

但20世纪之战争,富于耗费力。交战国从外国得来之军需品,并不全以外汇得之。如美国对于同盟国予以租借法案中所规定之种种利益,有时交战国可以向他国借款购买得之,或另用约定办法,非局外人所得知,其不单靠外汇购买则可断言,否则交战国国币之外价,或比牌示之汇价必更恶劣。

三、外价与内价间之空隙

外汇既涨,物价随高。惟两者之间程度不同,致使外价与内价之间发生空隙。消费者所受利益影响不同,因而发生选择住址之问题。试问外国人之拥有资金者,住居外国为有利乎?抑住居交战国为有利乎？如交战国物价之腾贵(指一般物价指数而言)不及外汇高涨之速,拥有外国货币者,自以移住交战国为合算。如外汇涨高4倍,而交战国物价指数涨高3倍,则握有外币之消费者,如移住交战国,维持同等之生活程度,只须原用资金四分之三已足。若全数消费,生活程度大为提高。倘交战国物价上涨之程度与外汇相等,则两国货币购买力相等,彼此居住,无分轩轾矣。

然则此种空隙,亦有填塞之时乎？倘依交战国过去之经验,外汇继续涨高,物价亦继续涨高,但物价涨高之程度,常不及汇价之速,如外价跌落为15,其内价跌落为10,外价为30,其内价为20。故两者间之空隙,始终存在。非至人民对于国币信仰完全失坠,纷纷以外国货币代替国币时,两者间之空隙终不会填塞。请以德国马克为例,可知梗概。当马克信用完全失坠时,德国国内物价不复以马克独立标示,乃援用外汇指数乘基期物价,以标示百物之价格。如书一本,1920年定价100马克,同时外汇指数亦为100。倘1923年某月某日马克外价自1:5跌至1:10,即德国外汇指数涨高1倍,变为百分之二百。此书价格即以$\frac{200}{100}\times 100$(马克)=200马克。若外汇指数再高至百分之四百,此书之价格为$\frac{400}{100}\times 100$(马克)=400马克。如此马克之内价,完全失其独立性,一视其外价之高低以定内价之高低。于是内价与外价完全一致,毫无空隙。故德国当时人民终日惟外汇指数是视,方知马克内价之大小,不亦太劳乎？欧战自1914年爆发,至1919年告终,马克跌价尚少。其崩溃则在战后五年。1923年下半年跌风始劲。试观下述两日美元之马克汇价,可知其崩溃之速矣。

1923年7月3日　　　　1个金马克=38,095纸马克

1923年12月27日

1个金马克=1,000,000,000,000纸马克①

四、战时之外价何以不易回复原状?

采用纸本位的国家,实行自由汇兑政策时,其汇价有自动调节之作用。例如中美汇兑平价原为1:5(1美元等于5元法币)。倘法币外价跌落至1:6时,中国输出货物至美国者将加多,即美元之供给将加多;美国货物输入至中国者将减少,即美元之需要将减少,中美汇价必能回复至1:5。再假定法币外价上涨,美元跌落,为1:4时,中国出口货将减少,进口货将增加,即美元之需要增加而供给减少,自能回复至1:5。故在纸本位自由汇兑之下,汇价有自动调节之作用。

今日之情形不同矣。中国之货物,因国际路线断绝,不易输出,故外价不能回复。试与第一次大战时德国马克汇价之情形,加以比较,颇足供吾人之深省。欧战时,德国马克外价之跌落,不能回复者,亦因进口货增加,出口货减少,不能得调节作用之故也。但出口货所以减少,与进口货所以增加之理由,则与中国不同。德国平时输出以机械及化学产品为大宗,战时则为国家所必需,自给犹感不足,焉能与人。且此种必需品,与其向外贱卖,不如留供自用,故输出大为减少。中国则不然。输出物品以羊毛、茶叶、桐油、

① 前书第137页。即第66页所引之《通货膨胀经济学》。——编者注

黑白猪鬃、矿砂等为大宗。此类货物，除矿砂外，国内均少用处，输出不嫌其多。惟因限于交通，无法增加输出。政府统制茶叶、猪鬃、桐油、矿砂之输出，无非欲增加其便利耳。对于私人输出所得外汇，售给政府，亦予以种种优待。如于挂牌汇率外，加给平衡费等是。终以运输不便，危险性大，收效亦微。故政府又办陆地兵险，冀以免除输出商人之风险，而奖励其输出，但收效亦少耳。逗积居奇之货物，当然不得享受此种保险之利益，否则囤积者有利可图矣。不但国货不易输出，在外汇继续上涨之环境下，商人输入洋货愈早愈有利益。此亦为中国输入不能减少之理由。例如英汇平价为1先令2便士半。假定有甲商人依此汇价买进10万元外货，逗积不售。其后英汇涨高1倍，乙商人买进同样之货，照黑市费去20万元，亦逗积不售。又有丙商人于英汇涨高3倍时，以30万元照黑市买进同量之外汇，逗积居奇。迨英汇涨至4倍，各以其逗积之货物抛出。假定各得40万元，以甲进货最早，获利30万元，乙次之，获利20万元，丙又次之，故仅获利10万元。可知进货愈早，获利愈多，后之视今，亦犹今之视昔。急起直追，犹为未晚。此又为进口货源之不绝之故。

五、外价内价与货币数量说

依货币数量说之公式 $P=\frac{mv+m'v'}{T}$ 物价（P）常随货币数量（m 及 m'）（m 指硬币，m'指信用工具如支票）或其周转速率（v 及 v'）（v 指硬币之速率，v'指信用工具之速率）成正比例变化。其他情形不变,倘货币数量增加,或其周转速率加大,则物价上升。反之,则下跌。贸易数量(T)与物价成反比例变化。其他情形不变,倘贸易数量加多,物价下跌。反之,则上升,故物价常为一被动之物,毫无能力。换言之,货币数量为因,物价为果。

然外价跌落,影响及于内价,既如上述。内价跌,即物价高。物价高则需要货币之数量多。是则物价为因,货币数量为果,与货币数量说适相反矣。若更进一步问曰,外价何以跌?由于人民之感觉。人民感觉何由发生?由于纸币之多发。是仍以货币数量为因,物价为果。孰因孰果,极难论断。盖互为因果,未可执一以非其他。

第七章　外汇变动之风险如何免除

由前数章观察，世界各国相继放弃金本位后，均努力于内价之维持，外价变动听其自然。惟外汇波动不已，经营国外贸易者感觉风险太大，裹足不前，影响国外贸易关系不浅，不可不讲求防卫方法，已于第五章第六节中略示梗概。兹复举其要者，可得三点：

一、买卖期货外汇(Forward Exchange)

期货外汇(Forward Exchange)即先期买卖外汇之意。因进出口商人货物之买卖与货价之收付，往往相隔若干时日。大都由出口商人先装运货物出口，迨他方进口商收到货物后，始肯付款。故当货物依一定价格出卖时，必须经过若干时期，方可取得代价。假定此项代价，概以本国货币计算，毫无问题，因货币数量不因时间之前后而有差异。惟多数国外贸易，往往以外币计算。外币之收付，必须经汇兑方式折合为国币。因汇兑率时时变动，虽一定量之外币，在两个不同时间折合国币，其数量可以相差甚巨，或多或少，不能前定。多虽商人可获意外利益，少则商人将受意外损失，投资等于投机，风险实大，殊所不宜。倘商人能将应收货款，依装货出口时之汇兑率，预行卖出，则将来可收若干国币，早已确定，不复有任何风险矣。外汇行市中除现货行市外,又有期货行市,即为应付此种商人之需要。此种汇兑买卖,双方均须俟期满时交付款项,故称期货外汇。如有中国出口商人甲,售货与美国进口商乙,价值美币1万元,1个月后方可取款。

吾人分析此期货汇兑率与现货汇兑率差异之直接的可能的要素,约有三点:

1. 中美货币价值之涨落;

2. 美汇供需之消长;

3. 中美两地利率之差异。

倘中国货币价值跌落,或美国货币价值涨高,美汇之需要多于供给。美国利率高于中国利率时,则美币汇价必然上腾。反之,中国货币价值涨高,或美国货币价值跌落,美汇之供给多于需要。中国之利息大于美国之利息时,则美汇必然下落。美汇现货与期货价额之差异,胥视此三者差异之程度而定。倘中美货币价值均甚稳定,美汇之供需,及中美之利率均相等,则美汇现货与期货之汇价,当无差异之可能。

此三个要素中,关系最重大的,要算第一个要素。故当中国法币之法价未放弃前,美汇期货仅视美汇供需之大小与中美市场利息之差异而有差异,变动范围甚小,仅足引起投机家之注意,与正当进出口商人无大关系。自我政府放弃原定法价之维持后,法币之汇价变动骤剧,贸易进出口商人遂不可不注意防卫之方法。上述出口商人所售货价万元之美币,既一月到期,故可以一个月之期货预行卖出。承买之机关有二种,一为银行,一为投机家。请分别四个场合,说明于下:

1．第一场合

假定银行买进此期货美汇。出口商人虽可预知其一个月后可得之法币若干，不再遭任何外汇变动之风险；然承购之银行，仍不能确知其交易能否不受损失。故此汇兑风险之本质依然存在，不过其负担由商人移转于银行而已。银行为避免风险，不可不另筹办法。银行普通防卫之方法，在买进美币外汇时，同时借入同数之美币，即行卖出，收回法币，即可免去货币价值变动之风险。倘此银行当向甲出口商买进一个月之美币汇兑时，依1元美币合法币5元计算（原定法价美币1元等于法币2元，现既放弃，则假定跌至5元），此银行于一个月期满时，可在美国收进美币1万元，同时在中国应付甲出口商法币5万元。倘一个月后之现货美汇仅合法币4元5角，此时银行所收美币万元，依现货汇价卖出，仅能收回法币4万5千元，蒙受损失5千元矣。此即汇兑风险之负担，由商人转移于银行之意。倘此银行于买进期货美汇万元时，同时向美国往来银行借进同数之美币，则可依现货汇价卖得法币5万元，储以待用。如是，一月期满，以在美所收货款万元，偿付借款；在华一月前所已收之法币5万元，付与甲出口商人，两可了结，毫无吃亏。此为银行避免汇兑风险之方法。当其借进同数之美币现货，以备抵充所买之美币期货时，称为补进（Cover）。

银行补进外汇时，虽可免去币值变动之风险，于此尚有利息问题，不可不知。假定中国与美国利息相等，则无问题。如此银行向美国借入美币1万元，以一个月为期，利率4厘。所卖得之法币5万元，存储一个月，利率亦4厘，则法币所得之利息，足以偿付美币借款之利息，自无损益可言。倘中国利息2分8厘，美国利息仍为4厘，则银行对于美币借款仅付百分四之利息，对法币运用可得利息2分8厘，两数相抵，尚得余利2分4厘，即每元法币，每年得利2角4分，5元法币得年利1元2角，一个月得利1角。此银行于一个月前，因卖出所借美币现货而得之法币5万元，一月期满后，可有5万1千元，除付给出口商5万元外，可得利息1千元，称为套利。此为中国利息较美国为高时之情形。反之，倘美国利息高于中国，假定美国2分8厘，中国4厘，则银行对交易不将损失利息1千元乎？银行必将分摊此利息损失于汇价上。假定中美贸易，中国输美10万万元，美国输华8万万元，合计18万万元。中国出超2万万元。银行除以供给进口商之8万万元可与所买出口商之10万万元期货抵充外，所需补进之期汇不过2万万元。以2万万元之利息损失，分摊于18万万元之汇兑交易，每元所分担之数额甚为微小。故汇兑期货与汇兑现货因利息差异不能无差异，但其差异甚少。故期货与现货之汇价甚近。

此种交易，在银行方面，尚有两种困难。1. 当银行向美国借进同数之美币，必须在市场卖出，收回法币。如此，足以压低美元之汇价，美国人不大乐意。美国对于此项借款，势将加重利息，或使手续重，均足增加借款之困难。2. 银行于买进汇兑期货后，同时即借入同数之美币，所谓“同时”非绝对相同。如上午8时买进期货，借款告成，则在10时。故将此借款卖出最速亦须在10时以后。宽泛言之，同日内8时与10时，未尝不可称同时。然严格言之，金融市场瞬息万变，此2小时间之汇兑行市，未必不起重大变化。故银行在此期间内，仍有相当风险，惟眼光远大之银行家，对于此短期内之行情，必早有所见，预为防范。如知有损失危险，不妨多收手续费,以资弥补。至美国借款利息加重等等,不过加重负担,可以分摊法消除之,无大影响。故此两种困难,均非不可克服者。

2. 第二场合

汇兑市场之买卖者,除银行外,投机家亦甚活动:如上述中美贸易输出商人为外汇之供给者,输入商人为外汇之需要者。中国既出超 2 万万元,即中国美汇之供给大于需要,美元贱,法币贵,如每 1 美元之仅合法币 4 元 9 角。因法币贵之结果,中国输出贸易将减少,输入贸易将增加,故中国之国外贸易将自优势趋于逆势,美汇势将趋涨。或中国政府将于下月偿付大批赔款,或中国大批外债本息下月将到期,均须购买外汇偿付,美汇亦必趋贵,将回复至 5 元。投机家知其然也,凡有法币者,皆愿以 4 元 9 角行市买进美汇现货,同时以 5 元行市卖出同数之一个月美汇期货。期满时,将前所买进之美元现货付与到期之期货购买者,每元美币可得套利法币 1 角。再假定中国进口美货 10 万万元,出口货 8 万万元,即美汇之需要大于供给,美汇必贵。美汇现货涨为 5 元 1 角。美汇上涨之结果,中国对美国输出将增加,美货输入中国者将减少,中国对美贸易必将自逆势转为优势。即美汇有回跌之趋势,将自 5 元1 角回至 5 元。投机家逆知其然,倘有美元时,即卖出美汇现货,每元得法币 5 元 1 角,同时买进同数之美汇期货,到期应付法币 5 元,则此投机家于一个月内,每 1 美元,稳可获得 1 角法币之套利。此种套利,皆由汇兑供需之差异而发生者。

故投机家看涨,一面买进现货,同时卖出期货。投机家看跌,一面卖出现货,同时买进期货。其为谋获得两种价格差额之利益则同。所不同者,投机家看涨时,买进美元现货,稳固可靠。投机家看跌时,买进美元期货,虽鲜有失误,然不如现货之有把握,则无可否认。

当美汇趋涨时,投机家买进现货,卖出期货,现货之价格,因投机家之竞买而提高。原合4元9角者,或能涨高至4元9角5分。同时一月后趋涨之美汇,因投机家预卖期货,增加其供给,原将涨至5元者,或止涨至4元9角5分。如是,本期汇价与下期汇价之差额由大而小,渐相接近,或至于无差别。再如美汇趋跌时,投机家买进期货,卖出现货。现货之价格,因投机家之增加供给,或可自5元1角跌至5元5分。一月后美汇之价格,原将跌至5元者。因投机家之预为买进,增加其需要,汇价或仅跌至5元5分。如是,本期汇价与下期汇价之差额,亦藉投机家之从中调剂,渐趋于接近。故投机家为平衡汇兑之供需,多时则买进,少时则卖出,使汇价不至变动过剧,其功不浅。或谓自由汇兑之下,外汇将剧烈变动,殊足阻碍国际贸易之发展。孰知正因汇兑之自由,投机家得以从中调剂,而得稳定汇价之实效哉。

吾意此种调节责任,可由政府提倡,令商业银行积极经营。商业银行如感觉资力不足,中央银行可为后盾。如商业银行出卖外汇而没有外币时,可转向中央银行买进。中央银行固不必直接与商人交易。中央银行为应付此种需要,可划拨若干资金,作为基金。此项基金与法币基金不同。法币基金须与法币发行额保持相当成数,汇兑基金可定期周转(revolvigg)。如今日贷出外币现货10万元与银行,银行于一月期满,收进所买外币期货,即可偿还中央银行。故中央银行无须多额基金,1万万元或足周转矣,而所得利益则甚大。

3. 第三场合

由第一场合看,假定各月汇兑之供需相等,因中美两地利率之差别,中国之银行可从套汇中得利息上之差益。

由第二场合看,假定中美之利息相等,因汇兑之供需不等,投机家可从买贱卖贵之套汇上,得若干之差益。

由上所述以观,短期间外汇变动风险之负担,由商人转移于银行或投机家。银行或投机家则藉套汇方式,以避免之。假定中国利息大于美国,外汇现货与期货之汇价相等,则经营套汇,卖出现货,买进期货之银行或投机家,可得两地利息上之差益。

再如美汇期货甚贱,现货甚贵,则卖出现货买进期货之套利更大。若美汇期货稍贵,现货稍贱,则买进期货,卖出现货汇兑之交易利益将减少。其减少最大可能限度以卖出现货所得之利息差益之数量为准。过此限度将受损失,自不愿乐于交易也。

以上所述三个场合,皆就银行买卖外汇期货如何可以避免损失而言。虽无损失,亦无利益,则银行亦鲜肯经营。此时银行为获得相当利益,不妨略取若干手续费。如卖出外汇时,市价略为提高;买进外汇时,市价略为低减,则利在其中矣。

4. 第四场合

现从美国方面看。假定中国与美国广义的进出口每月均相等,即包括有形与无形两者而言,则法币5元永远等于美元1元,无所谓套利。但因中国利息高于美国2分4厘,故美国人如汇美元至中国投放,每法币5元,一个月后可得5元1角,汇回美国合美元1元2分,即每月有2分利益,全年可得2角4分,合利率2分4厘。故在美国人心目中,倘中国利息高于美国,两地之汇兑率稳固时,美国人皆愿将游资汇往中国投放,以得厚利,对中国法币则加以折扣,即1元法币不值美元之五分之一也。

倘美币对法币汇兑期货(一个日期),每1元非为5元,而为5元1角,则此美国人当在一个月前汇款至中国,合法币5元,虽经一个月后,连利息可得5元1角,但届时5元1角仅能汇回美币1元,刚刚够本。故其利息之差益,为汇兑之风险所抵消矣。

中国利息虽高,足以引诱外资之流入,但必以政治安定,经济繁荣为前提。否则时有政变或战争,或施行管理汇兑,或停付对外欠款(Moratorium)等,外人资金汇进中国容易,汇回本国即毫无把握。故纵无汇兑风险,美国人亦不愿将资金投入中国。

故在美国之立场观之,(A)最好无汇兑上之风险,因中国利息高于美国2分4厘,每月每5元稳可得利息1角。(B)苟有风险,倘少于1角,均有相当利益。若等于1角,则为白做,一无所得。(C)但若有前段所述情形,即使全无汇兑上之风险,亦不敢做。

凡此皆就专门经营汇兑者之计算而言。

此种套汇方法,中国一般商民均不明白,故多不知利用,报纸上亦少公开讨论。在法币与先令联系时,外汇甚为安定,无所用之,故亦无人注意及此,即银行家亦恐不认此种交易为重要业务,深恐引起投机也。直至外汇法价打破,自然汇兑之风险太大,套汇方法始为各方所注意矣。

二、长期风险之免除

第一节所讨论的为短期间汇兑风险之免除方法。如一个月二个月或三个月期间之汇兑，皆可利用期货外汇，以资保障。至于长期建设所需之资金，其期间往往达数年之久，此法无能为力。如某电车公司募集资本5百万元，须向美国购买材料价款美币3百万元，三年交清。即该项电车可于三年后完成。在定货之时，美元汇兑每元合法币5元，该项材料共计法币1千5百万元，倘三年后美汇涨高1倍，同量之美币，折合法币3千万元。公司如不事先预防，危险孰甚。预防之法为何？曰在定货之前，先发行公司债，以其收入购买足数之美币，储以待付。如是债额已经确定，不复有汇兑风险，损失者惟少数利息。公司不妨将美币存放于美国以为补偿。公司债募足1千5百万元后，即向美国定货3百万元，同时买进3百万元美元，自能按期付款，不至吃亏。

二十八年十月三十一日财政部通告外币定期储蓄存款办法二种于下：

（一）外币定期储蓄存款：（甲）此项存款存户得以英美法及其他经政府核准之外币存入银行，到期时照原存外币支付本息。（乙）此项存款利率如下：

年限	2年	3年	4年	5年
利率	4厘	5厘	6厘	7厘

（二）法币折合外币定期储蓄存款：（甲）此项存款存户得以法币按照政府银行商汇牌价折购外币，存入银行，作为外币储蓄存

款，到期时应向原存款地点之原银行支取本息。（乙）此项存款利率如下：

年限	3年	4年	5年
利率	2厘	2厘半	3厘

（丙）此项存款最高额，每户以法币2万元折购存储为限。

该通告内并有下述一段："……近据各地报告，旅外华侨及国内商民，或以业务关系，或为筹办经济事业，恒欲于国内银行预存外币，以备将来按期支付，而减少汇价随时上落之危险。本部据此情形，既属正当之需求，自可特予便利……。"此为颁行外币定期储蓄理由之一。

依余观察，尚有两种重大理由，而为通告中所不提者。一为吸收市场上多余之法币，可减少通货膨胀之危险。二可吸收国内外资金，免为洋商银行所独占，其中有须说明者一点：即法币折购外币之折合率如何。中央银行为银行之银行，既须按法价买卖外汇，不便又有第二种价格向外公布，自堕信用。惟可按法币卖结外汇者范围至狭，为数有限。如政府对使领馆经费必须购买外汇，汇给驻外各使领馆，政府自应依法价如数供给。一般商民则绝难买到。故另由中交两行酌量黑市行情，挂牌出售，以应商民需要。所谓商汇牌价者指此。当时（二十八年）此项牌价法币1元合7便士，不及法价之一半，然较黑市则略为提高。

我政府既公布外币定期储蓄存款，期限最短者为3年，例中所述之电车公司，如货价将在3年后付清者，正可利用。然在3年以内，3个月以外之期间者，则不能享受此项便利，就政府通告之目的论，办法尚不能谓为彻底。二十八年十一月四日大公报社评除说明政府创办外币之定期储蓄存款办法之意义外，并贡献意见二点：

(1)期限缩短为2年,(2)活期外币存款有举办必要。余亦认为颇有充分理由。但在政府方面,所以不举办活期外币存款,亦有其故。盖深恐一时挤提,难于应付。盖吸收此项资金之目的,在于供给长期经济建设之用。若吸收活期存款,则不能尽数利用,徒供投机家之利用。当外汇跌落时,则大量存入;迨外汇涨高,则又尽数提出。如是,政府未得利用之实,投机之风将勃然兴起,此岂政府举办外币储蓄存款之本意哉?

三、外人对华投资之保障

中国抗战结束后,百废待举,需资甚亟。开发富源,尤非赖外资不可。今日美国深恶日本之侵略中国,对中国抗战深表同情者,以中国为一极有希望之投资地,一旦被日本独占,彼等即无插足余地。倘中国将来货币政策,维持内价,牺牲外价,论者深恐外人投资,势必裹足不前,足为中国发展经济之大障碍。余意不然。外人对华投资,其最先注意者,不在外汇之风险,而在(1)投资事业成功之希望及中美两国之利益,(2)中国政府是否不移用。倘所投事业无成功希望,如开发必不可得之金矿,或投资于美国无利益,如扩充军备,建设国防等,则纵使中国维持外价,牺牲内价,以广招徕,外人未必贸然肯来。反之,倘有大利可获,本金又有保障,纵外汇变动剧烈,外人欲避免汇兑风险,只须将其本金各以本国货币计算可矣。汇兑风险悉由中国任之。中国过去外币借款,其例甚多,固不足为利用外资之障碍也。

到那时,倘中国法币对外汇价跌落,如美汇每元美币自5元跌至6元时，中国出口贸易加多，其收入可作偿付外债之用。中国因出口畅旺，国内产业发达，交通收入大增，其利益均可拨充偿债基金之用。故谓美国人对华投资，怕法币跌价，因之裹足不前者，但观上述，无异杞人之忧，实少根据。

总观上述，反对中国牺牲外价，维持内价者，往往以（1）进出口贸易商人风险太大，（2）国内长期经济建设困难，（3）对华投资裹足不前为理由。实则此三种缺点，皆有救济办法：（1）可用期汇，（2）可发行债券，预买外币，（3）可以投资国之货币计算，汇兑风险，均可免除。反对者之疑虑，可一扫而空。

第八章　外汇平准基金

一、外汇投机之流弊

外汇平准基金设立之目的，在避免外汇之变动。外汇何以变动，有贸易的原因，有金融的原因，亦有投机的原因。外汇平准基金设置之目的，尤着重于对抗外汇之投机的变动。今请先说明外汇投机之恶影响，而后可知外汇平准基金之效用。

今假定中美汇兑根据两国购买力平价为美元1元等于法币5元，又假定美国方面下月经济有不景气（Slump）象征。（不景气与萧条Depression不同，萧条常指经济恐慌爆发后之长期的衰落现象，不景气则指通常短期的经济衰退状态而言。）投机家预测美国物价必将趋跌，故美国汇兑亦必步涨。如美国茶杯一只（代表一般物品），售价美元1元，在中国售价为法币5元。中美汇兑为美币1元等于法币5元，物价与汇价平衡。倘美国经济有不景气象征，一月之后，一般物价有跌落百分二十之可能，即茶杯价格将跌至8角，中国情形如旧，则下月之美国汇兑，依购买力平价之自然趋势，有缩至8角可能。一月之后，美国物价果然跌落百分之二十，美汇亦缩小百分之二十，则中美之汇价与物价仍然平衡。今有投机家逆料其然，遂依现在1:5之汇价，大量买进美汇，冀于一个月后，得依0.8∶5(即1∶6.25)之汇价卖出,每1美元可得法币1.25元之利益。然美汇因投机家之购买,不待物价跌落而立时上涨,汇价与物价遂失去平衡。如美国物价尚未跌落,因投机家之故,美汇已暴涨至6.25,同样之美国茶杯定价1元,送至中国卖法币5元,汇回美国,仅得美元8角,故美国输出将减少,而输入必加多,实大不利于美国。此投机家促进美汇腾贵之恶影响一也。

纵令投机家预测不差,美国物价固将跌落,美汇趋涨,但美国物价跌落与美汇趋涨之程度或不如投机家预测之甚。如美国一般物价将自1元跌至9角,而投机家预测为8角,故竞相购买美汇,非使美汇缩至8角,其势不止。如是,亦足使中美汇价与物价失去平衡。虽美国茶杯价格自1元跌至9角,而美汇则缩至8角,美商输出茶杯至中国,每只合美币9角,在中国仍卖5元。然5元法币仅能汇回8角美币。故美国输出商人仍然居于不利地位。若美国出口商欲不亏本,非提高其茶杯之法币卖价至5元6角2分5厘不可。因此时5.625元法币方能汇得美币9角。美国货卖价高,不利于竞争。此投机家预测过度,致使美汇涨高,超过物价跌落程度之恶影响二也。

故投机家对于汇兑投机所发生之可能流弊有二:

1. 促进外汇之先涨先跌。

2. 预测外汇涨跌之程度超过应有之程度。

二者皆足使中美汇价与物价失去平衡。假定中国投机家有一于此,使美国货之市价涨高,中国国内一般薪金与工资不因美国货之涨高而增加,则劳心劳力者之真实薪资必因消费美国货而减少。生活程度降低,国内有关系工业之生产品必因之减少,致引起工厂关闭,工人失业等等现象。是投机仅谋个人之利益,影响所及,竟可动摇一国之经济组织,可不惧耶?

二、设立汇兑平准基金之必要

假定美国物价尚未跌落，美国汇兑偶然涨高，失去平衡。如物价仍为 1 元，汇兑则缩至 8 角。在此状况之下，中国货物输出美国者必多。因每 5 元货物，在美卖 1 元，汇回中国可得 6.25 元也。输进美国货物必少，美汇之供给多于需要，美汇势必回跌，终至美元 1 元之标准而后止。此乃借贸易之调节，以达中美两国物价与汇价之平衡。中国国内一般物价则甚稳定，非如金本位之下，因贸易之顺逆，须输送现金，或升降贴现率以调节之，致引起价格之变动者可比。故此时中国之国内物价，仍能安定。企业家正可安心尽量利用资本与人工，发展国民经济。虽外汇时有变动，亦能自动调节。今投机家参加其间，则此种自动调节作用将失去。美汇势难回落，即能回落，势亦甚慢。因投机家之买卖，往往非由贸易之需要故也。如因中国对美出超，美汇供给 1 万万元，需要 8 千万元，依供需法则之作用，美汇自能回落。今投机家加购 2 千万元，则美汇之供需相等，美汇即无由回落矣。假使投机家逐渐卖出所购之美汇，足以减低汇价，其回落之势较纯然因贸易关系而回落者，缓慢多矣。如此将使中美之物价与汇价陷于长期的不平衡之常态，于中美两国经济显然皆有不利。故可以人为之方法以抵抗之。其法为何？即设立汇兑平准基金是也。

汇兑平准基金一经设立，如中美汇兑本来平衡，每 1 美元合法币 5 元。投机家如看涨，大量购买美汇，促其上涨，俾于上涨后卖出，图获厚利时，汇兑平准基金可以尽量供给，使美汇无从涨起，投机家目的遂无法达到。反之,如投机家看跌,大量卖出美币,买进法币,促其下跌,则汇兑平准基金可以尽数收买,美汇又无从跌落,投机家之目的又不能达到矣。此汇兑平准基金命名之由来。惟此项基金之能力,必须严守秘密,不可为外界得知。因力量如不雄厚,倘为投机家所窥知,将以更大之力量,从事投机,汇兑平准基金遂无能为力矣。如中国在美汇兑平准基金仅有美元1百万元,合法币5百万元,为局外人所知悉,投机家可以乘机购买美汇2百万元,政府必穷于应付。故汇兑平准基金必严守秘密,使投机家不能测知政府之力量,则对于投机必多所顾虑,不敢轻试。此汇兑平准基金与法币准备金性质不同。法币准备金为保障法币价值之条件。准备金愈充足,愈足维持法币之价值,故愈应公开,以坚信用。若秘而不宣,反易引起外人之疑虑,大于法币不利。故外汇平准基金与法币准备金应分别设立,不可混同。在今日之中国,尤觉有分别设立必要。因今日中国法币之对外汇价,不但受投机家投机影响,且受日本人之有计划的捣乱,尤非严守秘密不可。

苟如是,则法币不但因管理得法,对内价值可以稳定,且对外亦借平准基金得到稳定。在金本位之下,稳定外价,不能稳定内价。在纸本位之下,稳定内价,而不能稳定外价。今于管理货币制之下,复设立外汇平准基金,则内价外价俱能稳定。由此可知汇兑平准基金之重要。

三、美国之希望

以上就中国立场观之,有设立外汇平准基金之必要。再就美国之立场言，亦希望中国能有平准基金，以收相互合作之效果。何以故？试仍引用前例。假定美国经济将有不景气之象征，美汇将自美元1元等于法币5元，缩至美元8角等于法币5元。若听投机家之自由操纵，必大量买进美元现货，促进美汇之暴涨。如是，美国货物输进中国者，货价必相对的高。如中美物价平价尚为1:5，而汇价已为8角比5元，美元价值1元之货物，原来仅卖法币5元，已够本者，此时非卖6.25元，必至亏本，则美国货在中国市场，势不能与英法等国货物竞争。此美国之不利一。再如中国货物原值法币5元，在美须卖1元方可够本。今仍按1元卖出，则可汇回法币6.25元。出口商人于寻常利润之外，尚可得到汇兑上之差益法币1.25元，必踊跃输出，即使贱卖至美币8角，尚不亏本。若卖9角，已足为美国货之劲敌，而汇兑利益尚有法币0.625元。是美国货物在国内市场上之不利二也。故在此状况之下，美国货物将受双重的打击，不景气现象必加速的与加剧的前进。至于中国因此时已有内部货币政策使物价稳定，工商业已可尽量发展，何必打击美国经济，以扩张自己之势力乎？故吾人设定外汇平准基金，以打击投机家，亦甚为美国所欢迎。否则中美两国皆将为投机家所打击。故美国不但希望中国有外汇平准基金，即美国自己亦设有外汇平准基金，其英文名称为Exchange Stabilization Fund，英国则称为Exchange Equalization Fund，意义相同。中国外汇平准基金系取法英国，故与英国同名。当投机家看涨，大买美币，卖出法币，中国政府固尽量以平准基金卖出美币，买进法币，美国亦由其平准基金卖出美币，买进法币，双方夹攻，投机家纵多诡计，亦难胜此重大之压力矣。

四、投机未必一定有害无利

虽然，投机未必有害而无利。上所举例，特就其有害者言之。然其利处亦有。如中美汇兑本来与物价平衡，偶因两国贸易之不平衡，中国对美如出超，美汇之供给大于需要，汇价必跌，因有投机家出而购买美汇，其跌势可大减。反之，如中国对美入超，美汇之需要大于供给，汇价必涨，因有投机家出而供给，则美汇的涨势亦可大减。此其一。再如投机家之套汇交易，买进现货，卖出期货，或买进期货，卖出现货，则可使现货与期货汇价之差额，日渐接近。此其二。故投机家有平衡外汇供需与安定汇价之功劳，未可尽非。上述投机家之害，为投机之流弊。吾人固不可以其有流弊，尽忘却其功绩。故吾人对于投机，只应加以节制，存其利而去其弊可矣。不可予以禁止，故遭矫枉过正，因噎废食之讥也。惟节制必须有实力，则又彰彰明甚。

五、平准基金不能应付长期之贸易差额

外汇平准基金为应付投机家之用，虽仅一二万万元已绰有余裕。至于国外贸易长期入超，则汇兑平准基金决难为力。譬如中国今日抗战，物价高涨，假定增加一倍，依上例，中美汇兑每 1 美元应自法币 5 元涨至 10 元，则汇价与物价平衡，为自然之势。今若不从抑低物价着想，硬将汇价压低，如是，中国进口货物必多，出口货

物必少。假定今年入超 2 万万元,准备金即少 2 万万元。明年入超 3 万万元,准备金又少 3 万万元。如此继续下去,纵有极大平准基金,终有罄尽之一日。故汇兑平准基金,只在对付投机家,对于国外贸易之不平衡,决无能为力。

六、中国平准基金设立之因素及其停顿之原因

自抗战军兴,至二十七年二月,因政府无限制买卖外汇,故能维持汇率于 $14\frac{1}{2}$便士左右。自二十七年三月,日人在华北设立伪联合准备银行,发行纸币,吸收我法币,套买外汇。当时我国外汇状态勉强支持 $14\frac{1}{2}$便士之比率。但因政府限制买卖,外汇黑市已开始上涨。至八月中旬,英汇已涨至 $8\frac{1}{2}$便士。直至二十八年六月,英汇始终盘旋于 $8\frac{1}{4}$至 $8\frac{1}{2}$之间。盖由中交各银行暗中维持,共同筹集一大批资金,如法币外汇跌至 8 便士以下,则卖出先令。法币外价涨至 9 便士以上时,则买进英汇。故能维持至 7 个月之久。自二十八年三月,英国金融顾问罗杰士(Rogers)(为英兰银行派来起草中央储蓄银行法者)回国时,向英国政府建议,中国可仿照英国设立汇兑平准基金,总额英币 1 千万镑,中英各担任 5 百万镑。中国方面由中交两行各出 250 万镑,英国方面由汇丰麦加利银行共同担任 5 百万镑。汇丰麦加利均为英国私立银行,苟有亏损,英国政府予以担保。若赚钱亦归英国政府。此外又设立外汇

平准委员会，由出资四银行各推派代表一人，再由中英两方公推代表一人，即 Rogers，共为 5 人组织之。又公开实行无限制买卖外汇，维持 $8\frac{1}{4}$便士之汇率。不料自三月至六月，仅仅 3 个月期间，基金即已用罄，终至放弃维持政策，听其自然。何以中交各银行暗中维持，倒有 7 个月之久，而汇兑平准基金公开维持，3 个月即陷于危险。推原其故，可得三点：

1. 日本人套汇

伪华北联合准备银行即发行伪币于前，伪华兴银行复发行伪币于后，皆图积极吸收我国法币，套取外汇。

2. 商人竞买

商人深恐法币汇价将来更跌，故竞买外汇，尽量输进货物。如上海纱厂必须购买棉花。平日华北棉花为一主要来源，自被敌人掠取后，厂商不得不向国外购买，故趁此机会，大量购进。

3. 投机盛行

上海游资充斥，缺乏投资机会，遂大做投机。

故维持外汇，可分两个时期，第一时期为暗中维持，从二十七年八月中旬至二十八年三月。第二时期，自二十八年三月正式成立汇兑平准基金，公开维持，仅至六月即无法继续。英汇一经停止维持，遂缩至 $6\frac{1}{2}$ 便士。当时政府尚有支持之意，但大势已去，无法挽回。盖根本原因，在物价已高涨，硬将汇价压低，势已不可能。故七月间全然放弃，外汇遂一泻而下，一度冲破 4 便士之低价。

何以暗中维持能达 7 个月之久，而公开维持则只及 3 个月？其故即暗中进行，投机家不知政府之力量，不敢冒险大做。一经公开，明示基金 1 千万镑，投机家无所畏惧，故不易维持。况英国汇丰麦加利二银行皆系私家银行，亏蚀须由英政府负责赔偿，英政府亦不愿多所负担。故至该年七月，完全放弃矣。七月以后，称为调整时期。故禁止 234 种货物进口，鱼翅、海参、金钩、干贝、烟酒等奢侈品，皆在禁止之列。其余货物之进口，亦必先行请核外汇。同时又奖励输出，商人出口所得外汇，不再照法定汇率折算，乃按 7 便士折算。从前输出货物值 14 个半便士者，仅可得法币 1 元，今则可得 2 元，故出口商乐于输出矣。

由此观之，国内物价已经高涨，外汇必须比例高涨，势所使然。若欲外汇不涨，必须压低物价，二者必居一于此。但骤然压低物价，生产者均将蒙极大损失。只得待战事胜利之后，货物流通，而外货亦可输入，物价自然逐步降低。

届时外汇自亦随之而跌落，盖物价与外汇之联系，真如形影之相随，涨落趋于一致。

七、中英两国外汇平准基金之异同

中国之外汇平准基金，与英国之平准基金，稍有不同。后者之目的在维持一种适合于英国国内经济状况之平衡汇价，并使国际间资金之移动对于国内经济活动不发生任何影响。外汇上涨时则抑制之，下落时则提高之，务使其稳定于某一水准。中国外汇平准基金之目的，则不在维持平衡汇价（因我国无所谓平衡汇价），亦不在维持法定汇价（法定汇价为14个便士半），乃在维持尔时之挂牌汇价，即8便士四分之一的汇价。换言之，其目的在使此挂牌汇价不致再缩而已。战事结束后，法币必须调整，势必利用平准基金以任调整之责。至是否采用涨时卖出落时买进的英国方式，则当视该时财政当局之政策如何而定。如当局专心致志于恢复14个便士半的法定汇价，则当于外汇上涨时卖出外汇而于外汇下跌时不必买进，任其下跌，直跌至法币1元合英汇14个便士半而已。但一旦内价与外价趋于平衡，则所谓平衡价亦可找到。届时平衡基金之运用方式当与英美一致，外汇涨则压低之，落则提高之。

又中国之平准基金，为抗战期中之产物，而英国之平准基金，仅运用于平时而不运用于战时。盖战时人心骚动，投机狂盛，资金逃避，殊非平准基金之运用所能限制。故英国自对德宣战后，即实施外汇管制，平准基金，暂告终止。我国情形特殊，一面实施外汇管制，一面又以平准基金维持黑市，其目的无非为维持沦陷区人民对法币之信心与对外之信用。

第九章　所谓新金本位

一、再述金本位放弃之原因

世界大战以前，各国几全采用金本位制。虽经欧战一度剧变，交战国几皆停止钞票之兑现，但至 1929 年止，则各国又多已回复至金本位，然与战前之金本位已略有不同。盖战前金本位钞票之自由兑换悉无限制，战后钞票之兑现，则多有最少之限度。所兑者非铸币，乃生金（Bullion）。故有称为金块本位者。非到一定数量，不得兑现，则在兑现之数量上，加以限制。5 元 10 元百元之零星兑现皆已停止。惟行之未久，到 1931 年，英日放弃金本位，1933 年美国放弃金本位。凡与英美货币有连带关系之国家，亦多于此期间追随英美而放弃矣。若英镑系统之斯堪的纳维亚各国如瑞典、挪威、芬兰等，美元系统之加拿大、南美诸国，莫不皆然。即维持金本位最有决心之金本位集团诸国，如法兰西、意大利等，至 1936 年，亦不得不被迫放弃金本位。至是世界各国已不复有金本位之形影矣。

硕果仅存之金本位集团，何以终至放弃？盖大势所趋，莫之能御。当世界经济大恐慌勃发后，各国无不兢兢以救济本国经济之恐慌为务，希望增加出口货，减少进口货，以为维持本国产业之不二法门。凡货币价值比较低廉者,在国际贸易上即能处于有利地位。盖必如是,其货物出口乃比较廉贱,而能战胜竞争者。譬如美国货与英国货比较,当英美汇兑平价为£1 = $4.8时,凡英货一镑一件者,在美售卖4元8角,汇回英国仍为一镑。如是,英国对美自无特别加多输出可能。倘英国首先放弃金本位,减低币值四分之一(假定),对美汇兑平价将变为£1 = $3.6。凡同样英国货送往美国,以同一价格出售汇回本国,可得1镑5先令,增加四分之一之汇兑利益。英国商人自乐于输出,即使英货在美减价出售,未减到3元6角以前,英商皆有汇兑上之利益,源源输出,美国货物必难与竞争,美国产业不易维持。此即英国放弃金本位,贬低币值之功效。美国为抵抗计,因亦继之放弃金本位,贬值四分之一(假定),则两国汇兑将恢复旧平价,英国贸易优胜之条件不复存在。倘美国货币贬值一半,则较英国更为有利,英国必不甘心,亦再贬值四分之一,以资对抗。如是一攻一击,继续不已,遂演成所谓货币战矣。再英美货币之贬值,其关系固不限于英美两国。其他与英美有贸易关系而照旧维持货币价值者,无不受不利影响。故在英美等国相继放弃金本位之后,金本位集团各国出口货大减,进口货大增,牺牲甚大。故终于放弃金本位。

二、放弃金本位与国际贸易思想之改变

旧时国际贸易之思想,均着重于出超,称为有利的贸易差额,以其可以招致金银也。夫国际贸易以货易货为原则,欲出口货多者,必须进口货多。欲进口货少者,出口货不得不少。盖甲国之出

口货，即为乙国之进口货，甲国之进口货，即为乙国之出口货。甲国欲进口货少，即乙国之出口货少，甲国欲出口货多，乙国亦必不受，故结果两国之贸易皆将减少而已。且企图出超之国家，其目的原在吸收黄金。今举世皆已放弃金本位，虽出超之国，黄金已无从吸收。且对内在管理货币制之下，务使物价稳定，对外亦无庸吸收黄金，不必专求贸易之出超，只须出入平衡可矣。欲增多输出，必须增多输入。若欲减少输入，则输出亦必减少。贸易输出入平衡，即为两利之道。盖进出货物价值虽相同，而效用则不同。出口货物大抵皆为本国之所余，其效用小。进口货物则为本国所不足者，其效用大。交易之利在此，固不必以出口价值多，进口价值少为有利也，故国际贸易思想为之一变。鼓吹最烈者，为英国后进金融货币学权威凯恩斯（Keynes）。

国际贸易有一最要原则，不可不知者，即为比较成本公例（Law of Comparative Cost）是。所谓比较成本，盖别于绝对成本。如茶杯一只，中国制造成本8角，英国制造成本9角。绝对言之，中国成本较英国为低，似应由中国制造茶杯为合算。实则不然。中国制造茶杯，虽较英国经济，但中国制茶较茶杯为更经济。价值9角之茶叶只须成本6角可以制成。与其制造茶杯，反不如制茶之为合算。以之交换英国造之茶杯，比较自制茶杯为有利。故英国茶杯虽较中国成本高，仍可制造，输进中国。此为比较成本之精意。每一国家，皆有比较成本最经济之产物。中国之茶叶生丝久已闻名于世。数十年来日本锡兰之茶与日本之丝虽蒸蒸日上，已成为中国之大敌，然植物如桐油，矿砂如钨锑，仍不失为中国之特产。英国之橡皮棉毛织品，美国之汽车汽油等，皆可以为各国生产特别经济之物。

三、国际贸易思想变迁所及于国际贷借之影响

国际贸易思想既经变迁，其影响遂及于国际贷借。因昔日国外投资大都皆由于国外贸易出超所造成。如甲国进口10万万元，出口12万万元，其差额2万万元，或输入现金，或即改作投资。故出超金多者，对外投资亦愈多。其欲对外投资者，亦多直接间接以货物输出。如美国迭次对我之棉麦借款，为直接输出货物投资之例。至于普通建设借款，如铁路借款等，亦多以所借之款，向该国购买材料，是为间接输出货物投资之例。故国际投资与贸易差额关系密切。据统计，1933年之前，日本在华投资共计25万万3千万元，与日本对华历年贸易出超额之总数约相等。① 可知一国对外贸易出超，与在外投资关系之密切。今各国既改弦易辙，务求国外贸易进出口额相等，则投资金额将何由发生乎？在需要外资之国家立场观之，在此种经济思想潮流之下，欲借用外资，倍加困难。中国战后百废待举，需资甚巨，必须利用外资，无待多赘。然如何乃能利用外资，将感困难矣。

四、英美法三国货币协定之缔结

在如此潮流中，英美法诸国皆深有感悟。对于货币战明知无

① 见马寅初著《中国经济改造》，第394页。

好结局。故于 1936 年共同开会协议，缔结三国协定（Tripartite Agreement）。评定三国物价水准（Price Level），希冀彼此汇兑价格能与各该国国内一般物价相平衡，则汇兑平价无过高过低之弊。如英美在金本位时代汇兑平价为 £1 = $4.8665，1939 年之汇价约为 £1 = $4.8。虽美元 4.8 元较金元实价已贬低 36%—40%，而英镑价值较战前亦已低落 30%—40% 之谱，故彼此已约略相等，可无问题。在法国 1914 年前约 25.22 法郎值英金 1 镑，1918 年后法郎对英镑汇兑逐渐下跌，自 25 法郎而 40、60、90 以至 100 法郎以外折合 1 镑。1928 年法政府宣布法郎贬值约 124 法郎合 1 英镑，恢复兑现。故此时法郎价值仅及战前法郎约五分之一。在英国之意，以为法郎对英镑估价过低。所谓估价过低者，例如按物价指数假定应以 120 法郎合 1 镑，而法国定为 124 法郎，即过低 4 法郎，对英国不利。故 1936 年法国接受英国之提议，提高法郎平价，乃缔结三角协定。三国货币之汇价既皆根据购买力平价而予以安定，故三国间之贸易遂无人为的偏颇现象。进出口贸易亦能趋于平衡。虽短期间或有差额，长期间或能恢复平衡。如法国本月份出口 10 万万法郎，进口 9 万万法郎，出超 1 万万法郎。下月份或将相反，出口 9 万万法郎，进口 10 万万法郎，入超 1 万万法郎，前后可以相抵。故各无恐惧，任其自然。

五、三国汇兑平准基金之设立及其作用

所惧者为投机家之活动，则足以扰乱因贸易发生之外汇之均衡势力。故各设汇兑平准基金以资控制。卖空买空之投机家，故

意掀起汇市风波,应加镇压。即在金融紧急之际,自私自利者图逃走资金以加重情势之严重者,亦可视为投机行为,同在镇压之列。如美国与法国人士以本国货币价值不稳定,逃往英国。后见英国货币又将跌价,又纷纷提回。在提回时美国存户大卖英镑,买进美元。法国存户亦大卖英镑,买进法郎。倘英国人士亦图逃走资本,大买美元或法郎,大卖英镑,如是,英镑之汇价未有不跌者。其始害之大,较单纯之投机行为尤甚。故此时英美法三国皆可运用汇兑平准基金,使之平衡。美国由汇兑平准基金买进英镑,卖出美元。法国由汇兑平准基金中买进英镑,卖出法郎。英国亦由汇兑平准基金卖出法郎或美元,买进英镑。换言之,即存户卖出英镑之时,平准基金则买进之使之相抵。以三国之力,共同维持英镑,收效必大。美法如有同样情形,英国自亦力为扶持。逃资者深知政府汇兑平准基金势力雄厚,不敢轻率尝试,消患无形。有备无患,此之谓乎。犹日本侵略中国,正欲乘中国之无备,一举而予以扑灭。使其早能了解中国实力,或不至于运用全力,致陷泥足,而不能自拔,岂不惜哉?

六、新金本位之意义与黄金移动之变质

三国汇兑平准基金,既各须买卖彼此之货币,故其汇兑平准基金中亦互有他国之货币。美国汇兑平准基金,除有美元外,亦有英镑与法郎,卖出英镑,即收进美元,买进英镑,即付出美元。英法亦复如是。今试想法国汇兑平准基金中,除法郎外,尚有英美之纸币。假使英国纸币或美国纸币一旦崩溃,法国岂不大受损失?所

以不能无戒惧，英美两国对于法国之纸币亦有同感。故三国协定中各规定可以他国之纸币向各该国兑换黄金。法国基金中可以其英镑纸币向英国照黄金市价兑取黄金，以美国纸币向美国依美国官价兑取黄金（美国以35元换1盎司），以资保障。英美所有之他国纸币亦然。假定各以其基金中外国纸币之半数兑换黄金，即汇兑平准基金中有纸币亦有黄金。此项黄金如有必要，自可运进本国。故在三国间黄金仍得自由流通，与金本位时代原无二致。不过事实上此项黄金无移动必要。如本月存金较多，需要移出，下月或感不足，又需移入。一进一出，所费不少。不如各自留存，加一标记（Ear mark），以资识别可矣。如在英国金库中，标明某部分为美国存金，某部分为法国存金，法美金库亦然。如是表面上虽不见黄金之流动，事实上无异于流通，且更经济的完成其目的。

此种黄金之移动与金本位时代黄金之移动，有至大不同之处。昔日黄金流入，加入中央银行准备中。准备率提高，足以扩充信用，增高物价。现金流出，亦取自中央银行之准备金中。准备率降低，足以紧缩金融，降低物价。物价一高一低，影响经济非浅。再就各国同时观察，现金流入之国，信用膨胀，物价提高，不利于输出。现金流出之国，金融紧缩，物价下跌，利于输出。一利一不利，亦足以引起相互间之敌视。今三国间现金之流动，进出皆由外汇平准基金调节，信用准备金不受影响。盖现金流入时，乃流入于平准基金，而不流入于信用准备金，无扩充信用之可能，现金流出时，乃自平准基金中流出，并不自信用准备金中流出，亦不致信用紧缩。盖现金流入时，商业银行之准备金增加，不免扩充信用，乃由平准基金抛出库券，收进现金以相抵消。反之，若现金流出，商业银行之准备金减少，乃由平准基金买回库券，付出现金以补偿之。

如是，现金出入时，国内物价不受变动。外汇变动，则由外汇平准基金负责调节，此其一。

再从现金由准备金中流出而言，若英兰银行每周均有报告，社会得知政府准备金减少，心理发生恐惧，足以促进利息之提高，增加借贷困难，影响甚大。今日由平准基金中流出，平准基金之实况，无对外宣布之必要。向例严守秘密，局外人无从知道。故人心恐慌可以免去。此其二。此为今日所谓新金本位之真谛，亦新旧金本位之分界线也。不过新金本位一名词，无非各该国之政客在口头上之称呼，在学理上实无根据。与其称新金本位，不如称纸本位，黄金在纸本位下，无非是一种物品而已。

七、信用准备金与汇兑平准基金之关系

信用准备金与汇兑平准基金作用之各异，已如上述。然则两者之关系若何，不可不知。例如英兰银行之准备状况如下：（数目假定）

英兰银行（发行部）

现　金	£100,000,000	钞　票	£200,000,000

其准备比率只达百分之五十，似觉太低，有补充必要，可向汇兑平准基金买进黄金。反之，汇兑平准基金缺少黄金，信用准备金有多余时，亦可向信用准备金中购取。如此彼此皆可互相调剂。惟英兰银行营业非常守旧，虽黄金市场之价格已经腾贵，英兰银行兑买金子，仍须按照造币厂价格计算。按铸币旧制，每纯金一盎司

可铸3镑17先令10 $\frac{1}{2}$便士，计77先令强。故英兰银行向平准基金换取黄金时，每盎司仍照此数付给。但黄金在纸本位下不过是一种商品，倘其市价合154先令，则平准基金所得实值将减少一半，似为基金之损失。倘平准基金向准备金换取黄金，亦照此数兑换，原为相互的。即使英兰银行片面地以77先令兑进，占取便宜，汇兑平准基金显然损失。然二者之得失，同归政府。故以政府立场言，此损彼益，原无所谓。犹甲子财产移于乙子，至有盈绌。就父亲言，固无伤毫末。然平准基金对外计算，则一律以市价为准。英兰银行准备金则照旧估价。此亦为二者不能混合之一因。总括以上所述，可得二个结论：

1. 稳定内价，为信用准备金之责任。

2. 稳定外价，为汇兑平准基金之责任。

读者于此，当知虽举世放弃金本位之今日，黄金仍有用处。但其在国际间之进出，已不影响国内物价。同时可以控制国际汇价，效用大为增进。惟必须以国际合作为前提。英美法三国货币协定，即为国际货币合作之雏形也。

八、以前数章之总括结论

以前数章大意可总括如下：

一国货币之内价，随国内农工商各业之情形而变动。其外价则易受国际情形变迁之影响。故内价与外价最好拆开。拆开之法，莫善于设立外汇平准基金。凡国际间短期资金之流动（如资金逃走投机买卖等类），以及黄金白银之出入，凡其所引起外汇涨落之风险，皆由外汇平准基金负之，使中央银行之准备金不受丝毫影响，则其贴现率亦不致有忽上忽下之变动。国内农工商各业可以安然渡过。不但内价可以稳定，即外价亦不致大有上落，因内价与外价相辅而行也。如是，中央银行之集中准备金与外汇平准基金同时存在，同时活动。前者任维持内价之责任，使一国通货无膨胀与紧缩之危险。后者任维持外价之责，使投机家与逃资者之活动与他国之金融政策，不致加害于本国之经济，真可谓货币 2 元制，诚今日金融界最有价值之新发明。不过外汇平基准金只能用以抵抗小风波，若一国之进出口贸易常居于入超（平时如此，战时入超更巨），又无无形之出超以相抵消，则平准基金之力量决不足以当之。此英国外汇平准基金所以能行之而生效，而中国之外汇平准基金不崇朝而消灭之理由也。信用准备金与汇兑平衡基金之关系，错综复杂，当于下章续论之。

第十章　汇兑平准基金与信用准备金之关系

一、黄金价值不因放弃金本位而失坠

上章所讲汇兑平衡基金之作用，在稳定外价，准备金之作用，则在稳定内价。二者同时设立，对内对外两可稳定，为兼筹并雇之道。金本位时代，仅有准备金，而无汇兑平衡基金。当对外收支有利时，黄金流入，准备金充足，降低利率，以扩充信用，膨胀通货，物价上升，企业家均惑于高物价之利，盲目生产，各守秘密，不相为谋，如甲开纱厂，乙亦开纱厂，彼此各尽量生产，但彼此互不相知道，遂至生产过剩。一业如此，百业皆然，物价因之大跌，故结果造成经济恐慌。经长期之萧条，然后方能逐渐恢复旧观。一盛一衰，使经济界蒙受极大损失。现在各国虽均放弃金本位，于准备金之外，复设立汇兑平衡基金。凡黄金之进出口，一律由汇兑平衡基金负责调节，国内物价不因而高低。国际间收支有积余时，仍须以黄金偿付，故现在国际间黄金仍然彼此流通，尚无比较黄金更好之物，以代替国际间收支差额清偿之工具。故不可谓放弃金本位后，黄金即不复有何功用。此在平时已如此，在战时则更甚。一切军需物品欲向外国购买，除以出口货物抵偿外，不足之数非黄金不可。向外国借款不一定可靠,亦非滥开支票可以救急。交战各国无不亟亟于黄金之国有集中管理,以便换取外汇,购买军火。黄金之价值,依然不坠,良有以也。

二、经济动态之势力

有准备金而无汇兑平衡基金,既因准备金之忽高忽低,利率必因之忽低忽高,通货随之膨胀或紧缩,物价一高一低,诸多不利。夫准备金对内必须以稳定为贵,使不受黄金输出入之影响,故将输出入之黄金划入汇兑平衡基金中办理。惟此所谓稳定,非永远静止(Static)之谓。盖经济生活,本质上乃一动的(Dynamic)生活也。所以致经济生活于动态,可得言者,有五种势力:

1. 人口之繁殖

无论何国之人口,无时不在繁殖生长,出生人数总比死亡人数为多。故每年人口皆在增加,此为自然的增加。人口于自然增加之外,又有乔迁关系。凡经济贫瘠之地,其人民因谋生困难,故多向外移殖。意大利爱尔兰等地人民移往美国者为数甚多,即因于此。又有因宗教关系移住他国者。当欧洲耶稣教与天主教纷争甚烈时,天主教徒被迫移往美国者,视为自由乐土,为数亦不少。又有政治的原因,如苏俄共产党秉政,千百万白俄人民流浪他国。凡此均为变动人口之原因。美国今日人民中大部分皆由各地移殖而来。美国国籍法采属地主义,凡外国人侨居美国者,居住经若干年以上,即可取得美国国籍。其在美国所生之子女,即可视为美国人,与中国之采血统主义者不同。中国户籍法凡父亲为中国人,其所生子女皆视为中国人。故美国人之由外国人归化者成分甚高,凡人口增加,则生产交易分配消费诸项经济行为无不随之而变动,此为经济生活动态之一因。

2. 资本之增加

资本为经济主产之要素。文明人类又富有储蓄观念。故一国资本无时不在继长增高之中。资本增加,生产必由之发展,前已论之。在有限制的资本数量之下,必先择最有利事业经营之,资本逐渐加多,利益较次之事业始依次开发。中国资本缺乏,待经营之事业则甚多。筑铁路,开矿产,为最有利之事业。故中国苟有相当资本,必尽先投放于此。至若百数十层之高楼大厦,虽亦有其价值,然非至资本充裕时,固无须亟亟于此,以其所得利益少也。美国今日高楼大厦遍地皆是,以其资本充足利息低廉故也。中国资本缺乏,利息高昂,高大建筑之收获,难以抵偿。故除上海外,在其他都市不可多得。

资金自利息低处流向高处,为自然之势。如是,各地间之利率,方能达到平衡,使资本得到最大之效用。各地资本利息,何以有高低?现在一般学者都引用资本之边际生产力(Marginal Productivity of Capital)以为解释。凡经济事业,因使用资本,而可得之报酬,千差万别,可分无数等级。各级所用之资本,各视为一单位。假定每级1万万元,第一级所用之资本,获利最大,得20%,第二级次之,得18%,第三级又次之,得6%,第四级更次之,得14%,

以至 n—3 级利息 5%，n—2 级出 4%，n—1 级 3%，第 n 级为最低，出 2%。今假定社会资本只有 1 万万元，必先用于第一级之生产事业。生产者肯出利息最高可至 20%。若有资本 2 万万元，则第二级事业亦有资本可以使用。惟第二级资本之利息，生产者最多仅肯出 18%。依次类推，如尚有资本，可供 n—3 级事业之用，其肯付之利息，以 5% 为最高限度。n—2 级企业家肯出之利息为 4%，n—1 级企业家肯付利息 3%，n 级企业只肯付 2% 利息。故资本之收益，亦受报酬递减律之支配。社会资本之供给愈多，利益愈少之事业，亦可生产。如社会资本仅有 4 万万元，第四级事业尚可从事生产，利息最高为 14%。因而第四级生产事业如有维持必要，资本利率亦不能高过 14%。盖过高，第四等事业即无从生产也。在未投放之前，此 4 万万元资本，彼此相同，皆有充作第四级使用之机会。故全部资本之利率，由第四级可得之利率决定之。故第四个万万元之资本，称为边际单位之资本。其生产力称为边际生产力。其所得报酬为决定全部资本之报酬。第一、二、三级之资本，皆为边际内（Intra-Marginal）之资本，各有 6%、4%、2% 之剩余。故知资本之边际生产力，与资本之数量有相反之关系。资本之数量愈多，则资本之边际生产力愈低，利息亦愈低。但生产总额与利息总额则愈大。资本之膨胀力在此。盖利息愈低，各种事业皆可推行也。美国为现在世界资本供给最富之国，故美国利息最低，事业亦最发达。其国富之巨，世无伦比。中国土地广大，资源丰富，而资本之供给少。故资本必用于最有利之事业，其利息常高，故事业不发达，国贫民穷，一至于此。此为资本边际生产力与国富之关系。中央银行利率政策，不可不符合此原则。当经济不景气，生产利益减少，中央银行如欲维持产业，使资本不至搁置，自应降低利率，以资奖励。反之,各事业利益增加,需要资本增加,中央银行亦可提高利率,以资节制。此为中央银行利率政策与资本边际生产力之关系。

3. 新发明或新发现

新发明(Invention)者,凡世界上本无是种物件,经人类之智力或经验而创造者,皆属之。各种生产技术之进步,皆可谓为新发明之结果。新发见(Discovery)者,如世界上本有此物件,人类特未之前知,而经后来发觉者皆是。探险家之发现新大陆,牛顿之发现地心引力,及科学家之发现新原子,皆可谓为新发现。无论为新发明或新发现,皆足以增进资本或劳动之生产力则同。如机械进步,代替更多之人力,减少生产成本,可以增加企业收益。新大陆发现,移殖过稠密地方之人口,大足增加劳动之生产力。故发明或发现皆能增进资本或劳动之边际生产力,以抵消因资本累积或人口过密而降低之边际生产力。

4. 管理之进步(Management)

就企业组织之进步而言,亦为经济事业之一大动力。20 世纪以来,企业界盛倡科学管理。第一次欧战后,德国为复兴经济,更厉行产业合理化,卓著成绩。学者因谓 18 世纪之产业革命为技术的革命,20 世纪产业革命则为管理的革命,确是的论。

5. 欲望之变迁

人类之欲望,无时不在变动之中。大抵文化愈高,教育愈发达,则人类之欲望愈益向上,当然成为动态社会之极明显的现象。

凡此诸端,是克拉克教授所提出者,皆足使社会经济日新月异,无时能停滞于静止状态。

三、动态经济与准备金之关系

前面所言中央银行准备金在稳定对内物价,使少变动。黄金之进出口则由汇兑平衡基金负责调节。然所谓稳定物价,并非固定准备金之意。当经济动态之势力膨胀极速之时,生产额增加,交易额增加,所借以完成交易之媒介物不可不随之增加,然后可达稳定内价之目的。交易媒介物之需要增加,则为信用工具基础之准备金不可不增加。倘准备金不增加,信用工具亦不能增加,即交易媒介物不能增加,一般物价惟有下跌。是则固定准备金不但不能稳定物价,且足引起物价之剧变。故所谓稳定内价,非固定准备金之谓。观此,当知一国经济之发展,短期间难有盈绌,似不明显。长期观之,则无不向前发展。试就中国国外贸易论,民国初年进出口合计总额不过 10 万万元。至七七事变则超过 20 万万元以外。原有准备金额及原有通货数额,若固定不动,决不足以应付需要,物价必因之大跌。故所谓不动者,非准备金全身不动。准备金本身必须能顺应经济之发展而变动,以达到物价稳定之目的。故准备金必须时有增减。由长期观之，则必有增无减。

如何可以增加准备金，在准备金与汇兑平衡基金划分之今日，第一步自可由汇兑平衡基金中取来，或以钞票与之交换，或以财政库券（Treasury Bill）易之，务使准备金足能应付国内之需要为标准。此为信用准备金与汇兑平衡基金相通之处，而非绝然隔断者。

今中国中央银行之组织，一如英兰银行。英兰银行分发行与营业两部。所以发行准备金，皆集中发行部，为发行之准备。准备金在发行部为资产，钞票在发行部为负债。钞票在营业部则视同资产，因营业部需用钞票时，每以现金向发行部兑换而来也。

今中国之中央银行亦分二部。发行部之准备，规定为现金准备六成，保证准备四成。中央储备银行法对发行现金准备之比率虽已有更改，但尚未实行。故财政部之发行准备检查报告，仍依现行法为根据，即现金准备六成。惟所谓现金准备，已非昔比，非完全以银为准备，因我国政府所有之银，自实行新货币政策，已多售与美国，故今日准备金所有者，白银仅一小部分，大抵皆为外国金币钞票或汇票。依法律白银之成分不得少于百分之二十五而已。

中英两国之准备法有一极不同之处。盖英国之准备法称为一部保证准备，超过保证准备额以外之发行，必须全部以现金为准备。中国则称比例准备法。每增加若干发行，均仅增加现金准备六成已可，其余四成为保证准备，以视英国之呆板，便利多矣。惟六成之现金准备，在任何实行现金比例准备法之国家，比较言之，为最高者，事实上尚可酌量减低。未公布之中央储备银行法之现金准备改为二成五至四成，比较现行法更有伸缩矣。此种准备法，在钞票兑现之制度下，固成为发行之重要拘束力。如中国欲增发钞票千万元，非增加6百万元现金不可。若英国欲增加发行1千万镑，即须增加现金1千万镑。若现金毫不增加，发行即不能增加，虽有正当需要，因格于法律，爱莫能助。故钞票受现金所拘束。今日各国虽多已放弃金本位，钞票多已不兑现，而现金准备之观念则始终未变。现在世界黄金大部分皆在美国人手中，其余各国均感觉黄金之缺乏，为放弃金本位之一因。惟放弃金本位后，各国咸欲保存相当之现金准备，以稳固其不兑现纸币之信用，则今昔无殊。故企求黄金之心理，亦与昔日无异。然世界黄金多在美国，美国如能将积存黄金尽量使其流通，依国际贸易与汇兑之自然趋势，流散至世界各国，虽可解决今日黄金缺乏问题之一部，但不能解决黄金问题之全部。因今日世界各国之国内外贸易较第一次欧战前后之情形已大有进步。纵使美国将存金全部放出，亦不足用。况如何可以使美国放出其存金，尚成为一极大问题乎。故在重视黄金观念未完全消灭之前，事业日益发展之中，必须如何扩充信用，以应需要，大有研究价值。

英国信用称最发达，交易额百分之八十八至百分之九十皆用支票完成之。以钞票为媒介交易者仅占一小部分。普通钞票之额面价值起码为英金5镑，不便小额交易。小额交易多用银币(Silver sovereign)充之。金镑钞票亦多充准备之用，充流通用者则甚少。今假定英国习惯之安全准备本为20%。倘英兰银行发行部增发钞票1千万镑，由营业部以现金换去，无异英兰银行营业部可以扩充信用5千万镑。然则此增发1千万镑之现金准备如何而来？结果势非向汇兑平衡基金中提取不可。故平衡基金一面负调节外汇之责，一面亦为增加准备金之渊源。今若再进一步言，汇兑平衡基金亦感不足时，又将何道以济其穷耶？汇兑平衡基金如无法解决此问题，整个之货币问题，仍未能解决也。

四、黄金不足之救济办法

现在世界黄金以美国所占最多。世界各国固极盼望美国出而援助。但美国如何方能放出其黄金,尚未解决,不得已而求其次。可有下列三法:

1. 增加保证额之成数

中国中央储备银行法对于现金准备额改为自25%到40%,不但富有伸缩,即保证准备成数亦自四成加至60%至75%。

2. 重估金价(Revaluation)

如英国原造币法每英金一盎司可铸造黄金3镑17先令10个半便士,等于77先令10个半便士。今停止英镑兑现,一盎司黄金市价曾涨到144先令,即钞票价值已减去一半。今日英国钞票虽不兑现,黄金市场依然存在。凡需要黄金者,仍可以钞票向市场购买黄金,输送出口。此为钞票停止兑现后与兑现时不同之处。钞票兑现时,可按法定价格兑得黄金。今日则按市价购买黄金。市价高低不定,不若法定价格之可靠耳。然英兰银行之黄金准备,仍照旧时价格计算,即每盎司合77先令10 $\frac{1}{2}$便士,比较市价,黄金实估价过低(Undervaluation)。今英兰银行如欲多发钞票,缺少黄金时，不妨打破守旧习惯，将库存黄金重行估价。原定77先令$10\frac{1}{2}$便士者，今若按市价144先令估计，则准备金额或可加倍，钞票自可多发矣。此为重估之意义。

虽然，重估二字容易误解，不可不防。假定中国现在发行额为26万万元。今即以此数为据，五成现金准备，应合13万万元。若根据重估办法，倘发行额加至52万万元，同数之准备金可重估为26万万元。发行额加至104万万元，准备额亦可重估为52万万元。如是准备重估，随发行额之膨胀而膨胀，水涨船高，永无止境。如是发行部现金准备额，常能维持五成者，非采用重估方法不可。但所谓重估，应按市价重估，不得按发行额重估。按市价重估，无危险，按发行面额重估，则危险甚大。英国钞票发行额已受严格限制，黄金市价自有一定限度，不至无限上涨。若发行额正在继续膨胀中，并无止境，则准备金重估价格亦无止境。18世纪法兰西银行之倾覆，盖即由此，可为殷鉴。今英兰银行所以仍然保守77先令之金价者，盖亦深恐一旦放松至144先令，则何尝不可再放至288先令乎？故不无戒惧。

3. 开掘金矿

黄金市价既贵，开掘金矿利益增加，金产必能加多。

现在各国政府对内务以维持工商业为主，使工商业者均能获利，不外二法：1. 减少成本，如减低工资即是。但工资减低已不容易，因现在工潮膨涨，工党势力强盛，不容企业家随意减少工资。若强行减少，必起而反对。况减少成本，压低价格，政府收入必随之减少,亦不能得政府赞助。故不如2.提高价格为愈。物价提高,工人工资每不能比例增高,固然吃亏。但出于无形,工人均不自觉,阻力较少。故企业家均欢迎后法。物价提高,事业勃兴,通货需要必增加,通货需要增加,又必须增加准备金。欲增加准备金,可先从汇兑平衡基金中提取。故准备金与汇兑平衡基金二者常相通。汇兑平衡基金仍感不足时,则另有救济办法,如增加黄金生产量,今日已颇有成效也。

五、维持汇兑平衡基金之前提

汇兑平衡基金之作用既如上述。故欲维持基金于不坠,必须遵守一前提,即在双方相互的交易(Two ways transaction)之下,有汇出亦有汇进。且往往买进时价贱,卖出时价贵,则基金不但不至减少,且可有大量盈余。反之,如在片面的单一交易(One way transaction)之下,只有汇出,而无汇进,而无论基金如何巨大,终有不能维持之一日。若仅有小额基金,不旋踵而归于罄尽,更无足怪。譬如一国国币外价继续下跌,该国人民竞相逃避资金,购买外汇,故政府只有收进国币,卖出外汇。国币日积日多,外汇则日见减少,况国币之外价日跌,政府未有不亏损者。此其一。假定平衡基金仅有1万万元,投机家与逃资者以2万万元之资力来相倾轧,政府亦决无力应付。此其二。又如中国政府积欠外债及赔款甚巨,外人对中国则并无任何债赔款项。故中国支付外债本息或赔款时,亦为一片面之交易。大战后德国对协约国之赔款,以及协约国欠美国之债款,迄未完全解决者,亦坐片面的交易之弊。此其三。故片面交易只有以国币买外汇,而无以外汇买国币者。汇兑平衡基金决不足以当之。英美各国之平衡基金能收极大效果者,正因其国外收支之汇出与汇进,双方交易数量均略相等。如英国方面须付美币1万万元,英国政府必须卖出美汇1万万元。同时英国官民投资美国者,为数甚巨。此时可收回1万万元以与所卖之美汇抵消。故汇兑交易能够平衡。中国无此项投资,故中国汇兑基金不易维持。

今我国为救济计,在抗战时期,不但统制外汇,且进而统制贸易。其意亦欲矫正外汇之片面的交易,使能达到双面的交易。因仅统制外汇,而不统制贸易,则欲逃资外国者,虽不能直接购买外汇,固可减少外汇之需要,然仍可购买货物,输往外国,所得代价,即存储外国。外汇之供给亦为之减少,片面的外汇交易自若也。今政府不但统制外汇,又统制贸易,对输出货物所得之外汇,必须售与政府,否则货物不准出口。如是图逃资本者之技穷矣。一面因统制汇兑,减少外汇之需要;同时又统制贸易,增加外汇之供给,庶能使我国之外汇达到平衡的双面的交易乎。但在战后建设时期,此项双层统制,是否能继续存在,成一问题。

现今英美各国最怕贷款他国,如美国倘贷中国1万万元,依一比五之标准,需要法币汇兑5万万元,法币汇兑必贵,美汇必相对的低贱,美国人固然不愿,美国方面如设法抵消此1万万元之贷款,将增加出口美货1万万元至中国,要求中国以贷款购买美国货1万万元,美汇始不致受影响。然中国是否需要此价值1万万元之美国货物成一问题。如中国借款之目的,在建设铁路,所需要之材料,以英国或德国货为多,并不需要美国货进口,则美国只有借出款项,而无相对的抵消的款项收回,美汇显处不利。故美国人必不愿，仍有问题。第一次欧洲大战后，德国巨额赔款之不易解决，亦由于片面的汇兑交易之故。今日英国人民对外贷款必须经政府核准，美国不但贷款须经政府核准，即美国人之向外国借款，亦必须经政府核准，因借入之款在当时固有利于美元汇兑。将来偿还外债时，仍将不利于美汇。故美国人之向外国借款，亦必须经政府核准。如是不但国际贷借日渐不易，即英美人民欲购买外国股票等投资，英美政府亦必多方限制。故中国将来利用外资，观乎此，可知其难矣。

六、战后外汇市场应否继续加以管制?

汇兑市场是经济政策神经系统的中枢，在战后的几年中，外汇市场应否继续加以管制，成为探讨战后经济政策的第一个问题。诚然，在外汇管制之下，一切好像都按部就班，可以预见，与自由外汇市场的不安定迥不相同。自由外汇诚然不无陷于"无政府状态"的地方，给投机家以活动的机会，并使国内游资逃亡到外国。不过我们必须注意，这不是自由外汇市场的罪过，汇兑不过是工具而已，罪过应归于战争时期内及战后普遍的不安定。倘能设法消灭不安定的基本因素，并使通货没有内在的毛病，则投机的活动，自当大减其势，国内的资本亦不会逃亡到第二个市场。吾人决不能因有上述的原因而认外汇管制为一种永远的办法。

吾人预料战后的美国是 20 世纪中的大债权国，则在战后紧接着的一段期间，美元的缺少，可以预见，不免有若干投机家与逃资者买进大量的美元，则继续管制外汇的主张，是不可避免的事。但若美国能以20世纪主人翁的资格,负起新的责任,降低关税,使各国货物能在美国市场中多多销售,则美元自不致缺少。若美国予中国以极大的援助,使中国金融健全起来,则已逃的资本或将流回,若中国在战后仍认外汇管制为一种永远的办法,而假定各国所采的政策亦与中国一样,则美国亦可回到经济的孤立主义上去,把战后复兴的机会再度断送。

当然,吾人必须承认战后的外汇不会突然完全恢复其自由。外汇管制,在战后的经济复兴工作中以及种种困乏的情形下,还必须继续存在。而且,在各种主要货币的比率问题未曾获得暂时的解决以前,外汇管制还是必要的。战时所规定的外汇比率,并不能作为平时稳定外汇市场的根据,盖在战时所形成的稳定是强制的和人为的,中间隐藏着很大的差殊。若战后立即任其在自由市场中去找一个自然的水准,是徒然造成紊乱而已。

不过,拐杖对于跛子虽属必需,但当跛子的腿已经恢复常态之后,若说他仍非有拐杖不可,便不合理。对于一个步履如飞的人,拐杖是一种障碍,不是一种帮助。在战后紧接着的时期,外汇管制或许还要存在于一时。但假如国际贸易开始建立起来,国际的支付获得新的平衡,则国际商业和金融便可以抛弃他的拐杖了。但若中国于战后采用极端的计划经济而提出来的战后复兴工作,是根据极端的计划主义而决定的,则战后维持外汇管制自是当然的事。如中国不采用极端的计划主义,则这种管制必须跟着平时生产和贸易的恢复而归于消灭,所以这种管制应该在什么时候消灭或解除,怎样消灭或解除,吾人不能武断,应视中国所将建立的经济制度而定。

此外,不采用极端的计划主义而犹以永远的外汇管制为得计者,还须注意下列几点:(一)为使管制有效,国家对出入的邮件要不断地施行严格的检查,(二)出入国境的人亦须被搜查,(三)一切对外的贸易和金融活动必须获得官方的核准。管制使一些最不应有政治干涉的地方受了政治干涉的影响。他是不能与非常敏感的国际商品市场并行不悖的。国际上种种交易需要迅速的决定和自由的选择,但外汇管制却不能容许这样做。不特此也,他对国际贸易大开歧视之门,不由关税公开地直接地加以调节,乃由于外汇的批准,他并使最惠国条款变成无足轻重。故外汇管制不能当作一种永远的制度。

第十一章　黄金支配通货乎？抑通货支配黄金乎？

一、黄金与通货

金本位时代，钞票与存款皆须以黄金作准备，钞票直接兑取黄金，存款通货(Deposit Currency)则可间接兑取黄金。如存户先以支票支取钞票，再以钞票向中央银行兑取黄金，所以钞票之面值，始能与金币之实值相等。倘钞票停止兑现，钞票之价值立即下跌，存款之价值亦随之下跌。故钞票与存款之价值皆系于黄金，黄金之权威极大，故有比之为王(King)者。今日情形则大变。各国皆已放弃金本位，采用不兑换纸币与支票为流通之工具。黄金则被摈斥于货币本位(Demonetized)范畴之外。黄金之地位与其他货物无异，一切货物之价值皆以通货决定之，黄金之价值亦为通货所决定，并无特异之地位，何昔尊而今卑，地位之相去一至于斯耶！在昔日人人皆视黄金有独立之价值，以其具有种种之美德，如值大体小，光彩夺目，硬度适中，品质均匀，分合自如等，经长期间之试验，而得最后之胜利，成为货币之本位，一若出于自然，独立发展，非人力所能左右。人类惟有坐视其支配，故爱之敬之，惟恐不及。现在人人对于黄金之思想，已大大改观。知黄金之价值非为独立固有者，实为人人需要之结果，其价值实由人类需要反射而来者(Derived)。人人皆欲使用黄金为货币，故黄金之价值日贵。苟人人皆能摈弃黄金而不用，则黄金未尝不可视为粪土。故黄金之价值可由人力左右。在纸本位之下，各国苟能操纵黄金之需要，欲多则多，欲少则少，盈亏消长，全在人为，则黄金昔日之权威，自然堕地矣。故黄金与通货之关系，今昔异观。昔日通货受黄金之支配，通货之价值视黄金准备之有无多寡为转移。今日则黄金受通货之支配，黄金之价值，可以人力操纵之，欲高则高，欲低则低。然则此种地位变迁之关键，究何在乎？试分述之：

二、金本位制之缺点

金本位制在货币历史上，虽较任何其他货币之本位为优，然仍有其缺点，即价值不稳固是也。忽高忽低，变动不已。黄金价值高，即物价跌，黄金价值低，即物价涨。物价跌之结果，企业家首蒙其害，其他如债务人，进口商人，政府等皆处不利地位。反之，物价涨之结果，则消费者首蒙其害，债权人，出口商等皆受不利影响，夫贵有货币者，以其能为交易之媒介与价值之尺度。为尺度者，其本身应有固定之价值，如尺斤升等各为长短轻重大小之尺度，其本身皆有一定之长短轻重与大小。今货币之价值如此，实有愧乎其使命。价值既不稳固，不但不能便利交易，反为交易之障碍，又何贵有交易之媒介乎？此所以不得不设法改变黄金之地位也。必使通货不为黄金所支配，且能易位而处，使通货能支配黄金，则可去其弊而得其利矣。其道奈何？

当世界各国皆采用金本位时,金之价值自然腾贵。假定印度亦采用金本位,则金之需要又增,金之价值自然再向上升。故金之价值全在人之需要。吾人倘能操纵金之需要,则其价值亦可操纵自如矣。亚非利加大学教授拉费德(Lafeldt)谓可操纵金之生产,以稳定其价值。其法,将世界金矿集合一起,由几个大国共同开采,需要多时则多产,少时则少产,岂不可以稳定其价值乎?实则此说殊无把握,因拉费德氏所指者,只限于可以开采之金矿。究竟地球内潜藏之金量有多少,可以开采者有多少,吾人皆茫无所知。假使现已开采金矿之生产量,尚不足以应付当时之需要,黄金之价值能阻止其上涨乎?故欲操纵金之供给,实一难事。然则金之需要亦可操纵乎?曰,可,如减少准备之成数,一也。由分散准备改为集中准备,二也。甚至取消金本位,三也。凡此皆可减少金之需要,故黄金之供给虽无法操纵,而黄金之需要则已有操纵之方法。倘善为运用,未尝不可达到目的。欲其值大则大,值小则小,使为人役,非以役人。此项工作固甚艰巨。环观今日世界,舍美国外,实无其他国家能负此责任。美国亦当仁不让,正向此鹄的迈进。

三、美国之封存黄金

美国今日保有之黄金量,约占世界黄金总额百分之七十五,其大部分之黄金皆死藏库中,不作准备之用。旁观者莫明其妙,甚则目之为大痴子,实有深意存焉。美自1913年联邦准备制(Federal Reserve System)实行后,分全国为12区,各区均设一联邦准备银行

(Federal Reserve Bank)，俨成该区内之中央银行。12联邦准备银行之上，复设一联邦准备局(Federal Reserve Board，该局现已改组为联合准备制度总裁局)，有调动各联邦准备银行间准备金之大权。故实际作为一整个之中央银行。其规定存款与钞票之准备皆以金。钞票之现金准备为40%，存款之现金准备为35%。第一次欧战之结果，世界黄金源源向美国流注，其故有三：1.联合国偿还美国战债；2.历年国外贸易出超；3.若干国家之银行准备金存储美国，如我国法币准备金一部分存伦敦，一部分则存纽约。故美国黄金之所以集中者有三因：战债，出超，与各国之准备金。此种黄金之流入，在金本位制之国家，通常皆流入中央银行或商业银行之准备中，结果必致发行增加，放款增加，终于通货膨胀，贻害经济。今美国则不然，将大量流入之黄金，另行存储，与中央银行之准备金隔离(Isolated)或称消失效力或去势(Sterilized)，完全封闭不用，使失其功能。如是黄金虽流入，而通货之准备不加，通货即不会膨胀，物价自平。假定美国欲对外国放款，亦不由中央银行之准备金中拨付，而由封存之金库中付出，通货无收缩之患，物价自不致跌落。此实为美国操纵物价成功之关键。然非富有如美国者可望而不可即者也。故美国之封存大量黄金，骤视之似不经济，实则有极大之经济作用。

四、货币数量说与物价之操纵

此种流通之钞票与支票，称为支付工具(Means of payments)。支付工具之需要以适可为止，少固不行，多亦无用。此依费雪氏

(Fisher)货币数量说之方程式可以推想而知者。其式如下:

$$P = \frac{mv + m'v'}{T}$$

此方程式中左边之P即为一般物价,右边之分子表示支付工具,m指货币,m'指信用工具,v指货币之速率,v'指信用工具之速率,其分母T代表交易数量,为通货之需要者。故m等如与T同变,则物价可以稳定不动。倘将外国流入之金放入中央银行中,即m与m'皆将加大,T不变,物价必涨。今将其隔离,则黄金不能作祟。美国之储藏黄金,实为货币数量说之实行。然亦不过操纵黄金之数量,至黄金与信用工具流通之速率则无法操纵也。今美国且不以此为满足,更进而放弃金本位,剥夺黄金之货币本位地位,使与钢铁无异,通货完全由政府操纵,以稳定物价。黄金为百物之一,故不再为价值之尺度,其本身之价值,亦受通货所尺度矣。故今日黄金之价值,完全由人作主,与昔日黄金之有独立价值者迥然不同。推原其故,即在人能操纵黄金之需要,故黄金之威权扫地以尽矣。此举惟有美国可以办到。吾国所用大学教本之货币学,其理论之对象,纯以金本位为基础,故对于黄金之价值反复申述。今日各国皆已放弃金本位,改用纸本位,黄金在货币中之地位完全失坠。故旧日货币学教本已不能解释今日世界之货币现象。然今日世界各国之纸本位,皆由金本位递嬗而来,与金本位仍有因果关系。吾人欲了解纸本位之作用,仍不能不从金本位为起点,故旧日之货币学教本仍有选读之价值也。美国既不惜牺牲,封存大量黄金以操纵国内之物价,然其权力之大,固不仅操纵国内之物价已也。世界各国之物价,几无不俯首听命于美国,此则美国所应认为踌躇满志者也。

五、美国何以能操纵他国物价

受美国通货政策之影响，致国内物价不得不受美国之牵制者，第一要算英国。英国目前保有黄金至为有限，按英镑所含之纯金量与美金4.8665元所含之纯金量相等。在两国均行金本位时期，此为两国汇兑之平价。今两国皆已用纸币，其平价将如何算出，多少美国之纸币始能合英国之纸币1镑乎，则须视两国之物价。美国既操纵国内之物价，使之不致有大涨大落，金价当亦在操纵之列。如1斗米合纸币若干，1匹布合纸币若干，一辆汽车合纸币若干，既皆可稳定，则一盎司金应合纸币若干，又何尝不可稳定乎？今日美国政府已规定纯金1盎司可以铸成金元35元（从前只铸成20元六七），即等于纸币35元，势所使然，无足深怪矣。故今日之美元乃为美国之纸币，而非金币，常人犹称为美金者，误也。美国现确定其纸币与黄金之关系，名义上似已恢复金本位，实则根本相反。盖昔日以黄金定货币之价值，今日则以纸币决定黄金之价值。换言之，黄金之价值乃以通货之价值表示之，不能决定通货之价值矣。其将来之趋向如何，美国大总统尚有权决定。此35元之金价亦由总统决定者也。今一盎司纯金之价值，既定为纸币35元，亦即等于35元金币。至于英国则自其放弃金本位后，英镑之容量迄未确定，全视黄金之市价而定。黄金之市价英国当局亦有操纵之力，使1盎司标准金（标准金成色较低）等于7镑，8镑，或9镑，皆可自由规定。然则英国政府究稳定于何点乎？其后稳定于8镑10先令，以此金价与美国金价相较，一镑英币最低等于美元4.02元，最高4.06元。然则英国又何以定其金价为8/10乎？系自由决定者乎？抑有一定之标准乎？曰，有。即以一镑之购买力与美国4.02—4.06元之购买力相等，始确定其金价也。如美国$4.02可买X物，英国一镑亦可买X物，故确定对美之汇兑平价为4.02元，否则如何能知英国一镑之纸币能等于美国4.02元之纸币乎？由购买力平价，可以算出汇兑平价（购买力平价详见专章）。故英国之金价实受美国金价之支配。美国之金价又受美国通货之支配，故英国之金价亦受美国通货之支配矣。故英镑之购买力，实随美元之购买力而变动。美元与黄金既有固定关系，故实际上英镑与黄金亦有固定关系，惟其因果则与金本位时期相反。即英镑价值决定黄金之价值，而非黄金之价值决定英镑之价值也。中国法币自始即与英币联系，实属错误。盖英国本身亦与美元联系，我国何如直接与美元联系之为愈乎？（今日民国三十三年似已与美联系）倘英美套汇能够稳定，则我国表面上联英联美原无二致。一旦英美套汇变更，则二者不能兼顾，惟有择一而从耳（详见“汇兑本位之放弃”一章第三节）。美国现拥有如此庞大之黄金，如须加强国防，扩充军备，大量制造军器，需要通货大增，即可由金库中放出黄金，以充实准备。日本自非其敌，日本保有之黄金既少，贸易又为入超，黄金只有流出，而无流入，如何能无限的膨胀通货，而保持其价值乎？纵使其他国家黄金之流入，大部皆为出口商之收入，自多存入商业银行，足以膨胀通货。政府如欲收藏，必须有大量资金，实力所不及。惟美国则有此力量，可以收买，使之隔离。

尤有要者，美国如欲使他国物价跟美国稳定时，有不从者，美国将予以巨创，而无可如何。如有甲国物价高涨，对美贸易入超，黄金流往美国，物价固跌，贸易又转为出超，黄金自美国流回，如是物价一高一低，受害不浅，竟至无法救济。至于美国黄金之出入，皆与物价隔离，丝毫不生影响，如前所述。故美国不但能操纵国内物价，且能操纵世界物价，此美国所以有操纵世界各国金融之企图也。美国何以能操纵世界物价，必自其能操纵国内之物价始。国内物价又如何操纵乎，又有解释之必要。

六、美国如何操纵国内物价（使投资等于储蓄）

今假定布之生产为三方面合作之结果，即企业家劳动者资本家是也。米之生产亦然。生产之结果，依自然之分配，企业家劳动者与资本家之所得应各为相当之米布，本无须乎货币之媒介。惟三方面分配后之所得，皆不能满足其欲望，必须交换其产物乃可。此为直接交换，不便滋多，故假货币为媒介。故货币之功用，仅止于媒介，不能直接作米布用也。假定此生产米布之价值，各为 2 万万元，合计 4 万万元。生产者消费一半，储蓄一半，称为节约，则米布各剩 1 万万元，合剩 2 万万元。故消费者有 2 万万元之储蓄时，社会即有 2 万万元之物资，留存待用。此物资即为米布。故吾人名义上储蓄者为货币，实际则为米布等物，货币不过为其代表。今若将此 2 万万元之米布运往美国出售，换购机器，运回本国，从事生产，则称为投资。投资之途径甚多，开设工厂，建筑铁路，培植森林，无一而非投资。惟投资之先必须有储蓄。苟无 2 万万元之储蓄，即无 2 万万元剩余之米布；无 2 万万元剩余之米布，即不能换购 2 万万元之美国机器，生产无从着手。故投资必等于储蓄。以国内之所余，易取他国之所余，虽为投资之途径，亦为国际贸易发展之原因。盖国际间之所以有贸易，各有其生产成本比较特别低廉之故。美国长于机器生产，中国长于农产品，故欲中国生产发展，初步办法，决在输出节约之农矿产品，以换取美国之机器。使无节约之农产品，仅仅增加货币，决不能易取美国之机器明矣。故节约表面为钱，实质则为物资。

今既节约2万万元价值之物资，投资之价值亦为2万万元，节约为资本之供给者，投资为资本之需要者，彼此适相等。其中有自然利率（Natural rate of interest）之关系在焉。如上例生产米布者节约其收入之一半，存储银行，作为储蓄，银行则以其储蓄贷放于企业家，企业家用以购买机器。企业家或则发行公司债，送投资市场出售，储蓄者即以其储蓄购买公司债，企业家乃又以公司债之收入，购买机器。当企业家借款或发行公司债，吸收资金时，必须酌付利息，此利率又必能使2万万元之储蓄皆愿供其使用。此种利率称为自然利率，因其所借者名义为货币，实际为米布，所以换购机器者也。此自然利率即使无货币存在，亦能存在。如物物交易时，吾人借人之马，租人之屋，必须付相当之报酬也。自然利率下跌，则储蓄者将减少。储蓄减少，如需要资金不减，自然利率又将回高。故自然利率如一平衡线以平衡投资与储蓄者也。其与货币利率（Monetary rate of interest），有以异乎？有谓二者相同者，亦有谓不同者。瑞典学者维克赛尔（Wicksell），于1900年著《利息与价格》（Interest and Prices）一书，知名于世。其弟子亦颇多知名者。其论二种利率之分别甚详。其余经济学书中对此二种利率亦有加以讨论者。然反对二种利率分别说者亦大有人在，奥林（Ohlin）即为其中之一。美国国际贸易论大家套雪格（Taussig）

氏，则谓有二种，惟二者必须相平，必须一致，苟不一致，必有弊病。

美国操纵国内之物价，即在利用贴现政策。在自然利率之下，投资将等于储蓄，已如前述。倘投资者多，资本之需要多，自然利率必增加，以奖励储蓄。自然利率上升之程度，适能刺激储蓄之增加，与投资之增加相等。此自然利率乃由资本之供需关系而发生者，即无货币存在，自然利率仍不能不有。假定物物交易社会，忽然使用货币为交易之媒介，人人之借贷，其初步皆以货币为代表，而忘其所贷借者为货物。此种货币价值必须稳定，方能使货币之价值与货物之价值相等，自然利率与货币利率亦能一致。若货币价值变动，跌落时，必须提高利率，以补偿价值跌落之损失，上涨时，必须减低利率，以抵消货币价值提高所得之利益。此为货币利率之变动。当货币价值不变，利息有变动时，为自然利率之变动。货币利率应与自然利率一致。若货币价值变动，利率因而变动者，此非自然利率，为货币利率。此时之货币利率与自然利率，不能一致。货币利率与自然利率不一致，又如何能使之一致乎？即运用贴现政策是也。减低贴现率，借钱者必多，钱多而货物如旧，物价必高，因多借之钱与原有之钱竞购同量之物，价格安得不涨，物价涨即币值落，故货币利率与自然利率分离。反之，若贴现率高，则借钱者少，从前已借去者亦多到期偿还，货币之数量缩小，货物如旧，物价安得不跌。物价跌即币值涨，货币利率与自然利率又不一致。贴现率一高一低，或过或不及，皆足使二者之利率不一致。然经过多次之试验与错误方法（Method of trial and error），过高时，则渐渐降低，过低时则又渐渐提升之，终有相平之一日。如有水一壶，欲自高处注入地窟中，最初倾倒时，必左右倾斜，不能准确，然继续为之，必有中的之时。故银行利率之变动，初虽不准，经多次之试验与错误，必能与自然利率一致，使投资与储蓄相等，物价亦平。故货币利率必须随自然利率变动，物价自平。美国利用贴现政策，以稳定物价，理固如是。故中央银行之贴现利率，应随自然利率而变动，不应随黄金之多寡而变动。随前者而变动，内价自平，随后者而变动，内价自然牺牲。

由此观之，可知世界物价随美国走，美国物价随贴现政策走，贴现政策随自然利率走，故自然利率为一中庸之现象，犹中国之所谓“道”，所谓“天理”，顺天者昌，逆天者亡。自然利率必须为经济政策所宜遵循者，投资加大，储蓄亦加大，投资减小，储蓄亦减小，则自然利率可以不变。

惟中央银行之贴现利率，有时为防止投机，不能不脱离自然利率。投机潮流过后，即可回复一致。提高利率如何可以防止投机，乃另一问题，兹不多赘。

七、加萨尔教授与惠利思及考克博士意见之歧异

以上多采瑞典教授加萨尔氏之意见。氏谓美国利用贴现政策以稳定物价，颇能收效。但据考克博士（Dr. Koch）之意见①，自1920年后，美国联合准备银行运用贴现政策，不易收效。国内外之舆论，一致认为其贴现率，远不如英兰银行贴现率之有控制力。其中原因甚多，大致不外下列几项：（一）在美国投机风气极盛，稍知

① Dr. Koch：Central Banking，chapter 9.

美国情形者，无不知之。投机活动甚狂热，其活动范围当然极为广阔。（二）官定贴现率与一般利率之间缺乏传统之关系。（三）联合准备银行在决定贴现率方面缺乏独立性。（四）在其大部分活动期间，有大量过剩金准备之存在等是。当初联合准备银行贴现率之变动，须经联合准备总局之核准。总局曾多次不准纽约准备银行提高其贴现率之申请。然若纽约联合准备银行自行决定其贴现率，其结果如何，亦未可逆睹。此外尚有一重要原因，即联合准备银行之贴现率缺乏英兰银行贴现率之惩戒性，所谓惩戒性者，即其贴现率应高于其所贴现之任何票据之市场利率。考克博士引格来歌来（Gregory）之说："吾人所应批评者，非联合准备银行之贴现率低于市场利率，乃其不先引导而反随市场利率而变动之趋势。"又据惠利斯氏（Willis）之意见，亦复相同[①]。氏以为美国联合准备银行之行贴现政策，终归失败。推厥原因，则美国纽约有几个大商业银行，势力极大，准备银行当局即为此等商业银行之主要人物，故准备银行，巨额资金，往往为此等商业银行所利用。大商业银行之资金又为其顾客所利用，多趋于投机之一途。因此美国至今尚无如英国承受店及贴现店等等专门化机关，而美国新银行制度模仿英国，徒有其名而无其实。在英国如银行利率有0.5%之变动，已视为非常情形，在美国视之则不以为怪，何以故？因在英国以第一等信用票据为贴放之对象，在美国则以股票投机市场为放款之对象。投机市场之变动范围广大，故商业银行之放款，不易受准备银行利率政策之控制。英国之利率政策行之而有效，而美国行之终归失败者，原因在此。

---

① Willis：Theory and Practice of Central Banking，chapter 8.

由此可知考克博士与惠利斯氏之意见与加萨尔教授似不相同,则美国之联合准备银行能否利用贴现政策,直接以稳定国内物价,间接以稳定世界,尚成问题。惟投资等于储蓄,货币利率应与自然利率趋于一致,则毫无问题。

第十二章　投资等于储蓄

一、储蓄为放款之基础

假定有若干工人，同做一件事，平日须100天完工者，今加倍努力，仅于50天内完成之。100天之工作，现于50天内完成，则此50天内完成之所得，即等于平常100天之所得，可以维持此若干工人100天之生活。其余50天之工作之所得，则可视为剩余而储蓄之。此50天工作之努力，如与前50天工作之努力相等，则其所得亦应相等。故此若干工人100天内工作之成果，消费一半，剩余一半，此剩余之金额假定为1百万元，存入银行，作为定期储蓄存款。故银行存款账上增收1,000,000元（如第一表）。

第一表　资产负债表

现　　金	1,000,000元	定期存款	1,000,000元

第二表　资产负债表

放款炼油商	1,000,000元	定期存款	1,000,000元

今有一人焉，拟设厂炼糖，由糖提炼酒精，再由酒精提炼代汽油。其自身筹募之资金不敷周转，向银行商借1百万元。银行如

对借款人之信用,经审查之结果,认为满意,即以工人存入之百万元贷出之。如是银行资产负债表借方之百万元现金,一变而为百万元之放款投资(如第二表)。此项放款投资,即由工人百万元之储蓄而来。银行账簿上所留存者,仅放款与炼油商,与定期存款各百万元而已。

由上观之,此若干工人50天之储蓄,究有何贡献乎?由社会生产者言之,出产代汽油为实质之物,即由此储蓄转化而来。故吾人所储蓄者,名义上虽为钱,实际则为货物。此代汽油产出后,售与趸卖商,趸卖商亦向银行商借百万元,同时作为活期存款,以便购买代汽油之用。于是银行资产负债表存放两方将各多1,000,000元,如第三表所示:

第 三 表

放款炼油商	1,000,000元	定期存款	1,000,000元
放款趸卖商	1,000,000元	往来存款	1,000,000元

假定此趸卖商开支票百万元,付与代汽油生产者。生产者以此支票偿还银行,则银行之往来存款与放款炼油商各消去1,000,000元,如第四表所示:

第 四 表

放款趸卖商	1,000,000元	定期存款	1,000,000元

故结果仍剩放款与定期存款两项。惟定存为原来之存款,未尝变化。放款则已经改变,由炼油商放款改为趸卖商放款矣。若此趸卖商又将代汽油分售与零卖商,零卖商亦向银行借款支付货价(如第五表)。趸卖商收到货价之后,即以其收入偿还银行。假

定此社会只有此一银行，则此银行之资产负债表借贷两方将仍各为百万元。所不同者，放款户又自趸卖商变为零售商而已，如第六表所示：

第　五　表

放款趸卖商	1,000,000 元	定期存款	1,000,000 元
放款零卖商	1,000,000 元	往来存款	1,000,000 元

第　六　表

放款零售商	1,000,000 元	定期存款	1,000,000 元

可知社会储蓄，一经形成，则长存不灭。银行可以此储蓄为基础，贷放款项。旧放款到期收回，新放款又发生矣，新陈代谢，循环不已。储蓄仅为一消极之观念。使储蓄能发挥作用，则有赖于积极之投资。银行所收之储蓄存款，未有不设法使之贷出者。此凯恩斯氏(Keynes)在其名著 General Theory of Employment Interest and Money 所以谓投资必等于储蓄也。

由此吾人更可知炼油商趸卖商及零售商之借款，皆非凭空发生。炼油商因油已卖出，故借款亦偿还矣。零售商借款与趸卖商借款之关系正与趸卖商与炼油商之关系相等。

二、强制储蓄(Enforced Saving)

以上所述之储蓄，系由人民之自动。今再言强制储蓄。原来代汽油售与私人，兹假定政府亦需要汽油，向银行商借 1 百万，加入市场与私人竞买。此政府商借之百万元,毫无根据者。代汽油之供给量不增,需要者忽尔加倍,则代汽油价格势必腾贵。故政府凭空加入市场购买物品,其影响于物价者无不如此,不独汽油为然。物价既腾贵,如人民之收入如旧,已经储蓄之存款,又不能随时提出使用,则人民之消费不得不减。此种节约谓之强制节约。因此种储蓄,非出于人民之自愿,故可称之为强制储蓄。

故因物价贵而减少消费时,皆得称为强制储蓄。大学校长,本可乘坐汽车,偶于接洽要公。今因汽油腾贵,学校经费困难,办公费有限,不得不弃车乘轿,岂得已哉?今日物价腾贵,吾人生活程度,无不为之降低,昔日穿绸缎呢绒者,今日多改穿布衣;昔日住洋楼大厦者,今多住茅棚草舍;昔日饱饫山珍海味者,今日多吃青菜淡饭。故战时各交战国政府增发纸币,竞买物资。此种纸币之发行,原无物资之根据,一般物价不得不涨。物价既腾,人民之消费不得不减。

三、银行之自动调节工作

吾人平日之储蓄,皆有一定习惯,日积月累,存入银行,终年计算,必大有可观。此种储蓄成为投资之渊薮,既如前所述。今试假定一非常现象,如忽然提倡节约运动,其影响将何如乎?拥护节约运动者,必能身体力行,大行减少消费,多事储蓄。银行之定期存款必能加多。此种增多之存款,本皆留存在消费者之手中,预备经常消费之用。一旦因节约运动移作储蓄存款,社会流通之货币量减少,物价必跌。此为消费者达到节约目的之必然结果。殊不知因节约之结果，物价跌落，即货币之购买力大，他部分之消费者，因物价低廉，必因之增加消费。结果一部分人民之储蓄，必为他部分人民所消费，则节约运动之效果，不将等于零乎？

当此之时，有中央银行焉，自动出而提倡放款，贷与生产者，以增加社会之投资。此与政府强制借款与私人竞买货物者，情形不同。中央银行如何能自动增加放款乎？其法在减低贴现利率。因利率减低若干，生产者前以利息高时，借钱营业，得不偿失，未敢从事，或未敢扩充者，现在皆将起而创办或扩充。故借款加多。借来之款，不外挟向市场购买生产品与支付工资等，直接间接足以维持物品之价格，不使下跌，则在节约运动下所节省或储蓄之资金不致为他部分人民所消费，始真成储蓄，转作投资之用。故此时之社会储蓄增加，投资亦增加，储蓄仍等于投资，如下图所示：

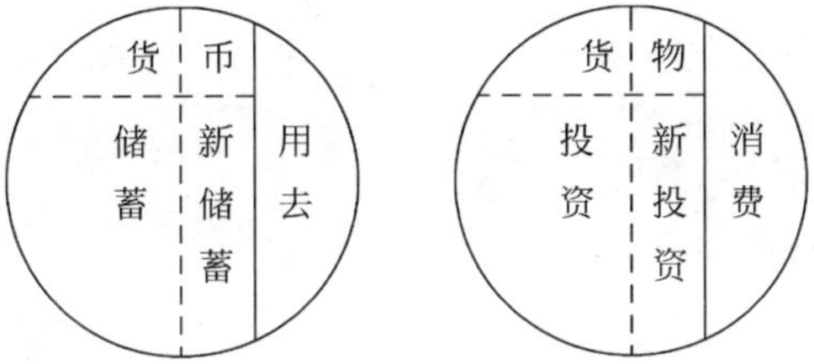

此为中央银行运用贴现政策(Discount policy)之结果。假定中央银行不减低贴现率，则储蓄虽可因节约运动而增，投资不能与之相称。故投资等于储蓄云者，在某一贴现率之谓也(Investments equals savings at certain rate)。若在另一贴现率之下，投资未必等于储蓄，即如上述之例。假定银行不减低贴现率，以鼓励放款，恐难达到相等之程度，因一部分人民所储蓄者，即为他部分人民所消费故也。

今从反面来说，如社会上消费增加，消费风气盛极一时，不但储蓄不加多，即原来之储蓄存款，亦取去消费(Dissaving)。如是则物价必上涨。此时之银行，不但不应鼓励放款，且将收缩放款，以抵消物价上升之趋势。其法为何？即提高贴现率是也。银行贴现率一经提高，原欲借款营业或扩充业务者，因成本加大，停止其企图，即已借款者，亦将陆续到期偿还。故银行之放款必收多付少，以减少企业家对物品之需要，以抵消消费加多之势力，物价可不致上涨。惟消费增加之结果，储蓄减少，企业家之投资亦减少，二者仍归于平。故社会上之投资与储蓄，如何能达到相等之程度，银行责无旁贷。故银行必须消息灵通，统计翔实，机构严密，方能达到其任务。由此观之，欲使投资等于储蓄，应使物价不致上涨与下跌，似应采用稳定价格说，不应采用中立货币说(详“中立货币说”一章)。

四、动态的研究

以前数节所讨论者皆假定社会为静态的(Stationary or static state)。如1.社会之人口并不增加或减少，虽因时间之经过，老年人之死亡者与婴孩之出生者适相等，即为人口静态之一例。2.为技术无变化(Technical Efficiency)。

如无新机械之发明或改良，一切生产方法均仍旧惯。今试进一步作动态之研究，假定人口增加，少年之达到21岁者，皆加入工作团体中。前所假定之若干人工作，今因青年人之加入，人数加多，生产之结果加多，储蓄亦必加多。故银行之定期存款必加多，即投资之数额亦可加多,全赖银行为之媒介。倘人口增加,货币数量不加,物价必跌。消费者拟购之货物数量将加多,故一部分人虽力事储蓄,另一部分人则大事消费,则所谓储蓄增加者仅为表面的。投资亦不会增加。此时之银行必须减低利率,与增加放款,以维持物价。此为在动态的 Dynamic state 情况之下,银行应尽之任务。

以上各节所述,认为物价跌固不好,物价涨亦不好,故赖银行运用贴现率,以抵消物价涨跌之趋势,而使之稳定。此为稳定价格说(Stable Price Theory)之理论根据,与中立货币说(Neutral Money Theory)适相反。

再假定人口不加,生产技术进步,如原来用畜耕者,今改用机器耕种;原用手工制造者,今改用机器制造;原用骡马送讯者,今用电力传递;诸如此类,皆为技术进步之结果。技术进步,即为生产力增加。生产物大增,倘货币不增加,物价势必下跌。此时物价之跌,非因货币关系,乃由于生产技术进步。生产物之单位成本减低,故物价下跌。当此之时,吾人应采稳定物价说以稳定物价乎?抑采中立货币说听任物价之下跌乎?依经济进步之立场言,自以采用后说为是。盖必如是,而后消费者之幸福可以增加。因消费者之收入不变,物价下跌,其货币收入之购买力增加,生活程度将为之大增。此即技术进步之报酬,似宜采用中立货币说。但此种情形,仅属理想之事,事实上绝难办到。其理由当详专章(第十七章),兹不多赘。

注:参考 D. H. Robertson, Money, 1928 edition, Chapter on Money and Saving。

第十三章　法币何以钉定于外汇？

一、中国何以维持外价，牺牲内价？

英国既已牺牲外价，维持内价，中国之英国顾问又何以要中国维持外价，牺牲内价乎？必有其故。或谓英国对于币制问题，显分两派。如伦敦派（London School）与英兰银行等，称为守旧派，主张恢复金本位，以稳定外汇。其余实业家则多赞成纸本位，稳定国内物价，可称革新派。英国财政部顾问李滋罗斯（Leith-Loss），吾国中央银行顾问罗杰士（Rogers）皆主张恢复金本位制者，所以主张中国仍须维持外价。

吾意不然。中国法币在当时（即民国二十四年十一月四日）所以与英币联系，钉住其汇率，以维持外价，论者之说，或不失为一小原因。其较大之理由，似不在此。

世界货币制度，可分为两大集团。一为美元集团，一为英镑集团。加入英镑集团者，除大不列颠帝国（加拿大例外）外，有斯堪的纳维亚半岛诸国，如瑞典挪威丹麦芬兰，南美之亚尔然丁，均属之。其后日本亦加入。属于美元集团者，有南美拉丁同盟诸国及北美之加拿大。加拿大政治上为英国之自治领地，然经济上与美国关系甚为密切。国境毗连，两无防备。其货币单位，非英镑而为美元,势所使然。于此两大集团之外,本来尚有以法国为中心之金本位集团。法兰西意大利比利时瑞士等皆属之。然因维持金本位者,于世界普遍之放弃金本位之潮流中,货币价值特高,不利于输出,而利于输入,损失不堪。故终于 1936 年解体。自是以后,世界不复有完全金本位之存在。世界多数国家之货币,不入于美元集团,即入于英镑集团。加入英镑集团者,既多与英镑钉定,故其货币价值亦随英镑价值之高低而高低。加入美元集团者,则视美元之高低而高低。美元或英镑价值稳定时,则其所属各国之货币价值自然稳定。如是,倘英镑与美元汇率如能稳定,则在此两大集团内各国相互间之汇率,自然亦稳定。数学上有所谓“等于等量之量互等”。如甲 = 丙、乙 = 丁;今甲 = 乙,则丙 = 丁,盖自明之理。今日英美两国外价之稳定,非由于钉住,乃根于两国一般物价之平衡点,自然而得。如假定草帽一顶,在英售价一镑,在美售价 4.8 元(草帽代表英美之一般物价),即英国一镑之购买力,与美国 4.8 元之购买力相等。故两国之外汇为 £1 = $4.8,称为购买力平价(Purchasing Power Parity),简称 P. P. P. 。依此而得之汇兑率为自然汇兑率。

倘英美汇兑变为 £1 = $9.6,即美国货币贱,英国货币贵,则英国输出将大减,输入将大增。英国必不愿。反之,如 £1 = $2.4,美国货币贵,输出大减,输入大增,美国亦必不愿。故此两国间之汇兑,或高或低,有一利,必有一害。有害一方必不乐意。有利一方,如以人为方法予以支持,则必引起有害一方之货币战争,终至两败俱伤,或不如各听自然,使得到一平衡点,即购买力平价点,而安定之,实两利之道。

英美两国之汇价既各听自然,找着一个同一的水平线(Level)

而安定之，则加入两国集团者之国外汇兑，亦得安定。中国货币所以加入英镑集团者，其最大用意当在于此。固不仅安定英汇，亦欲安定对世界各国之汇兑。若谓为英国顾问之私心自用，不免轻视他人，不可以小人之心，度君子之腹也。

二、中国在当时何以加入英镑集团而不加入美元集团？

美元集团与英镑集团既为现代世界之两大壁垒，中国之附美附英，皆有可能。然则在民国二十四年十一月四日何以终于附英，而不附美乎？其理由可得言者，有四点：

1. 因英国放弃金本位有经济上的必要，为世人所原谅，故不失世人信用

世界大战后，主要交战国之货币，皆已跌价，若英法意德俄皆是。德俄两国旧货币均经废弃，法意等国则实行减值，独英国实行恢复英镑之原值。虽损失甚大，在所不顾，卒能于 1925 年实现。故极得世人之信任。终因币值太高，国外贸易非常不利。至 1931 年又加以国内黄金流出太多，金本位无法维持，不得不再度放弃。故亦极为世人所原谅，英镑信用不因此失坠。

至于美国放弃金本位，颇受世人非难。因此时美国已握有世界黄金 40%，确能单独维持美元之价值。乃美国政府不此之图，于黄金则严其窖藏，于纸币则授权总统，实行贬值，致使购买美国政府公债及公司债者，及存款于美国者，皆蒙极大损失。其失世人之

信任,谁曰不宜。

2. 因英国放弃金本位后,并未将金镑贬值

英国虽放弃金本位,对于金镑之含金量,未曾宣布减值。不过纸英镑由政府设立平衡汇兑基金(Exchange Equalization Fund),使之稳定,不令过低,亦不令过高,成绩卓著。

美国总统有贬低美元价值之权,按美国币制法,每盎司纯金可以铸造20元6角7金元。1934年1月31日美国颁布之货币改订法将纯金一盎司金价提高至35金元,与旧金价比较,即每元减去40.94%。故新金元含金仅及旧币50.06%,因而人心惶恐,不敢攀附。

3. 因英国尚有自由金市场

英国虽停止英镑兑现,然黄金之自由市场仍然存在。世界各国有汇兑基金存在英国者,如欲提回,随时可行,只须向黄金市场购买相当数量,自由运出可矣。

美国则实行黄金国有,私人不得囤积,遑论买卖。若欲输出黄金,须得政府许可。故黄金输入容易,输出则甚麻烦。故各国多不愿与美国联系。

4. 因英国银行制度较优

英国银行制度向采集中制,以英兰银行为其首。其下有五大银行,其分支行分布全国,复有数百年之经验,卓著信用。

美国采国民银行制，各自独立，力量薄弱，一有风潮，相率倒闭，久为国内外人士所诟病。虽自1913年采行联邦准备制，使在独立银行制度中，藉收集中运用之效。补偏救弊，未见其全。1929年以后之大恐慌，银行倒闭者年以千计。其制度之脆弱可知。故美国银行制度尚在逐渐演进中，对于英国实望尘莫及。

余尝谓中美贸易，中国对美国输出所发汇票，须经英国银行家承兑，方得在金融市场贴现。夫中美贸易及汇兑，本与英国无关，而终须牵涉英国者，良以英国银行制度良好，久为世人所信任也。

基此数因，当时（二十四年十一月）中国货币所以与英镑联系，而不与美元钉定也。但就今日之情形而论，无形中，似改与美元联系。盖财政上与经济上，中美两国之关系较为密切也。

日本号称世界一等强国，然其货币初亦与英镑联系。后不知何故改与美元联系，其不能独立自主，直与中国相伯仲，何足道哉？

此外中国对外贸易，在抗战前，以英国居首位，日本次之，美国第三，亦为法币与英镑联系之一因呼。

三、法币与外币联系之利益

1. 中国实行银本位时，纸币之准备现金六成，存储中央银行，死藏不生产。现在实行法币，将准备金移存英美，可略得利息，此其利一。

2. 从前银行准备金须负实行调剂之责，储藏需费，检验需费，装箱需费，搬运亦需费，所费不赀。今搁存英美，一切费用，皆可免去，其利二。

3. 法币与钞票形质虽同,作用则异。盖一则不兑现,一则必须兑现也。假定中国于抗战时,尚未施行法币政策,钞票必然挤兑,银行穷于应付,信用失坠,势所必然。抗战能否有今日之成绩,大成问题。再如购买外国军火,必须用现金。今因存储英美,进出多少,无人知觉,故无影响。倘今日仍行银本位,必将现银源源运出,人人可见。遑论今日海口被日军封锁,运输困难。纵运输无困难,以所运数量之巨,亦极引起人心恐慌。人皆谓法币政策大有助于抗战,良有以也。

以上为法币与外币联系之利,至其联系之害,详下章(第十四章)第五节。

四、法币与英镑如何联系?

法币与英镑联系时,即钉定法币 1 元等于英币 14 $\frac{1}{2}$便士。此项法定平价,是否为两国间之购买力平价,即中国 1 元之购买力与英镑 14 $\frac{1}{2}$便士之购买力确相等,无人知之。因购买力平价必须根据完善之物价指数钉定。英国虽有完美物价指数,中国则尚付缺如。近年来上海广州重庆等重要都市,皆有物价指数之编制,皆属创举,固不足恃。且多限于一隅,更不足以代表全国。故欲知中国货币之购买力,实不容易,则中英两国购买力之平价,亦无从谈起。然事实上应有平价之存在,则无可否认。

据当局报告,二十四年十一月四日所发表英汇平价之 14 $\frac{1}{2}$便士，为过去五年间中英汇兑率之平均数。是否可以代表购买力平价，仍茫无所知。故其结果，不是钉定太高，就是钉定太低，皆不免发生流弊。

倘国际贸易仍然自由，毫不限制，我国之法币汇率，不为钉定，任其自由上下，如英汇放长至15 $\frac{1}{2}$便士时，中国输出减少，输入增加，英汇需要将大于供给，英汇必能回落至14 $\frac{1}{2}$便士之平价。反之，英汇缩小，至13 $\frac{1}{2}$便士时，中国输出增加，输入减少，英汇之供给将超过其需要，其汇率又必能回高至14 $\frac{1}{2}$便士。此14 $\frac{1}{2}$便士之汇率，方足以代表两国之购买力平价。

今假定我国法币汇价钉定太低，如平价应合15 $\frac{1}{2}$便士者，今定为14 $\frac{1}{2}$便士，中国利于输出，不利于输入，中国将为出超。英国将处于入超，英必不乐意，将用其他方法以限制中国之输入，如加征进口税，或施行定额分配制（Quota System）等，中英贸易必因此减少，自然平价更无法得到。再假定法币汇价钉定太高，如平价应合13 $\frac{1}{2}$便士者，今定为14 $\frac{1}{2}$便士。英国固利于输出，而中国将为入超，显然不利。故今日14 $\frac{1}{2}$便士之法定汇率，如果不适当，均有流弊。是否不适当，因中国无准确之一般物价指数，无从证明，深恐流弊不免耳。但此次抗战开始后，法币外汇黑市频频下跌，此为非常时期之变态，不能谓为法定之汇率钉定时过于草率之流弊也。

第十四章　汇兑本位之放弃

一、汇兑本位之由来与其意义

自19世纪世界各国相继采用金本位以来，至20世纪之初期十年间，可称金本位极盛时期。世界大战发生后，金本位即进入动摇时期。大战期间多数交战国皆截止金本位币之兑现无论矣。即战后各国努力谋金本位之恢复者，因感黄金之缺乏，金本位之面目亦为之一变，或减低币值，或限制兑现，要皆为节省黄金之使用。金汇兑本位（Gold Exchange Standard），亦为节省黄金使用之一法。如英国为金本位国家之典型；另有一国如甲国则缺乏黄金，而欲得金本位之利，可确定其国之货币与英国金币之关系，而以汇兑方式维持其价值。所有准备金多数存储英国。准备金之种类，不以黄金为限。凡在英国银行之往来存款，英兰银行之钞票，英国政府之短期公债或库券（Treasury Bill），出口商所发之银行承兑汇票（Bank Acceptance），无不可以充作准备之用。因此等票款富于流动性，随时皆可变成现金也。银行承兑汇票尤为重要，因在外之准备由输入商或其他各方面之需要逐渐减少，必赖输出商所应得之货款以为补充。银行承兑汇票即代表输出商人应收之货款，由政府或中央银行买入，以充实在外之准备金。此种出口汇票未得银行承兑之前,付款人为外国之进口商。此外国进口商信用如何,资力如何,能力如何,皆毫无所知。票内指定应付之款,是否可以如期收到,不无问题。一经银行承兑,信用立著。且承兑之银行,又多为国际知名之金融机关。美国进口商尚须依赖英国银行为之承兑汇票,正因美国银行之国际信用不敌英国银行之著名也。故银行承兑汇票,不能如期付款之可能性甚少,可视为最好准备金之一种。今甲国既采用金汇兑本位,就与英国金币发生固定关系。其国内人民之须偿付外国债款者,无须运送黄金清偿,只要向中央银行按法定汇率购取金币汇票付与外国债权人可矣。其结果与运送现金偿债者原无二致,虽无金本位之名,而有金本位之实。其关连即在无限制的买卖金汇票,故称金汇兑本位。自 1931 年以后,世界各国既已先后放弃金本位,向来所称金汇兑本位国家之货币,已不复能无限制汇取外国之黄金。所能汇取者为外国之纸币。汇兑之方式如旧,黄金之实质已去。实之不存,名将焉附,此"汇兑本位"四字上之"金"字所以不得不去也。我国法币原与英币联系,准备金之大部分亦存储英国。内有金币存款,有英国库券,亦有出口汇票,其外价视汇兑之行市。在第一次大战前行之,可称金汇兑本位。行之于今日,不可不称为汇兑本位也。于此吾人尚须注意者。在汇兑本位之下,所汇取英国之纸币,虽不能直接向英兰银行兑取现金,然仍可以向英国之黄金市场购买黄金。昔日向银行兑取黄金,有法定之价格,如每纯金一盎司合 3 镑 17 先令 10 个半便士,即 77 先令 10 个半便士。银行兑付时,不得少于 77 先令 9 便士。今日向市场购买黄金,则按市价计算。每盎司或 144 先令,或 120 先令,涨落不定,黄金与货物无异,不复视为本位也。

二、金本位为金汇兑本位所破坏

金汇兑本位之创设，原为救济金本位之穷，而其结果，不但不能救济金本位，金本位反被其打倒，当非拥护金汇兑本位者始料之所及也。请分析言之。

1. 重述金本位之优点

金本位之优点，即在其有自动调节之作用，为主张金本位人士所津津乐道者。其所以能完成自动调节作用之关键，则在黄金之自由输出入。如有甲乙二国，均实行金本位，倘甲国物价高于乙国，即甲国之货币价值相对的较乙国为低，为甲国流通货币数量较多之明证。反之，乙国物价贱，即其货币价值相对的高，为货币流通数量较少之明证。乙国货物输往甲国者将加多，而从甲国输入之货物将减少，成为出超。甲国则成入超。苟其他无形收支相等，甲国黄金必向乙国输送，以偿付入超之货价。甲国因黄金流出，信用紧缩，物价逐渐下跌。乙国因黄金流入，信用扩大，物价逐渐提高，直到两国物价相平，黄金之输送始能停止。苟乙国黄金流入过多，信用膨胀，物价腾贵，甲国物价则大缩，两国间之贸易趋势必相反。黄金又必由乙国流入甲国，以平衡其物价。故在金本位制度之下，借黄金之自由流通，以平衡各国间之物价。此即金本位之自动调节作用，为金本位最大之优点。

2. 重述金本位之弱点

世界金本位国间之汇兑，有固定平价，非常安定，而国内物价因黄金之流入流出，忽高忽低。黄金不断的循环流动，物价之升降亦输回不已。平衡物价仅成为一种虚悬的标准，而事实上则永不可得。是为牺牲内价，维持外价。由一方面看为金本位之优点，由他面看亦为金本位之弱点。此其一。况世界黄金之产量不足以供应贸易发展之需要。若不另图补救办法，世界物价将一致的趋跌，大足为经济发展之障碍。此其二。

3. 金汇兑本位所以救金本位之穷

经济后进国家，因产业发达，或贸易发达，有采用金本位之必要，但不易取得黄金，只能于国内维持原有之货币系统（如原有系统为银本位则维持银本位），将原有本位货币之面值与金本位国本位货币价值相联系，以无限制买卖汇兑之方式维持之（如银币5元等于美金1元），则无论对内对外，皆得金本位之实效，而无须用大量黄金，以铸造国内流通之货币，此岂非救济金本位之穷耶？

4. 金本位之原意将因此失去

金本位之原意，即为其优点。借黄金之自由流通，以实现其自动调节作用。今实行金汇兑本位之国家，如丙国，其准备金皆存储金本位国如英国之银行。此项准备金原非为独立之金库，自行保管，不过存储英国之银行中，开设一账户而已。如是丙国既可免去保管之烦，且可得少许之利息。倘丙国对英国贸易如有盈绌，仅在英国银行准备金账中划转可矣，无须运送黄金。如英国英商约翰生欠丙国百万镑，倘丙国准备金账与约翰生账同存一银行，则该存款银行经双方通知后，即收 Credit 丙国准备金账百万镑，同时付 Debit 约翰生账百万镑，了清手续矣。倘二者非为同一银行之存户，丙国准备金存子行，约翰生存丑行，则丙行经通知后，由丑行划付子行百万镑，结果仍然相同。就英国全国论，并不因此运送现金出口，金融状况不因之有所变动。故英国物价亦不因此有所变动。所谓金本位之自动调节作用，从此失去，金本位之原意岂复能得见耶？

5. 金汇兑本位对金本位之致命打击

金本位原意不但因采用金汇兑本位而失去，且予金本位以致命之打击，如上所述。英国约翰生欠丙国百万镑，当其由英国银行划付丙国准备金账时，英国国内金融固无变动。若就丙国论，则情形大变。因丙国在英国之准备金即为丙国国内信用之基础。丙国信用之伸缩，一视在英准备金之多寡为转移。准备金减少，信用必须收缩。准备金增加，则信用可以扩大。假定其习惯之准备信用比率为 1∶3。此时准备金既增加 100 万镑，即信用可以扩大 300 万镑。丙国物价势必腾贵。反之，若丙国付出准备金百万镑，物价势将跌落。其内价之不稳定，较实行金本位为尤甚。因实行金本位，有黄金之自动调节作用，为黄金数量所限制，鲜有剧烈之变动。今施行金汇兑本位，仅凭准备金账簿上之增减，而据为伸缩之基础，其伸缩之程度，漫无限制，可为之大增也。同时英国黄金准备之责任大为加重。因英国黄金原充本国信用之准备，今将兼负金汇兑本位国信用准备之责任，准备金与信用之比率将大减。其情形将如倒立之埃及金字塔。平日苟无风波则已，一有风波，势在必倒。当1929年世界经济恐慌暴发，各国对英信用顿起疑虑，纷纷向英国银行提取存款。英国为维持信用，初尚听任黄金之流出，终以各国存款太多，黄金所存无几，应接不暇，金本位不得不于1931年放弃。迄于今日，世界已不复有金本位之国家，故金汇兑本位实予金本位以致命之打击也。

三、中国汇兑本位如何钉住于英镑与美元（实例）

中国实行法币政策之初，即同时确定法币与英美货币之平价。每1元法币合英币14便士半，每百元法币合美币29元5角。究竟以联英为主，抑联美为主，彩色暗然。盖当时为应付英美两国，避免冲突，不得不然。大抵该时英美两国间汇兑已趋于平价，英金1镑等于美元4元9角2分，则法币1元买英镑14便士半，适合法币100元买美元29元5角。其算式如下：

X（若干美元）= 100 法币

法币1元 = 14.5 便士

便士240 = 4.92 英美汇率

$$X = \frac{100 \times 14.5 \times 4.92}{1 \times 240} = 29.7 \text{ 美元}$$

但中国外汇，欲与英美两国同时钉住，只要英美间汇率已趋于平衡,是可能的。但英美汇率不能保其永远不变,故在长时期内,欲与英美两国汇兑同时钉住,是不可能的。二十九年二月十六日英汇黑市盘旋于4便士二八左右,约当法定汇率三分之一弱。同日美汇黑市盘旋于7元一五左右,约合法定汇率四分之一弱。故法币之黑市汇率,离开法定汇率已经很远,而美汇之上涨较英汇为尤甚。此又何故乎?盖由于英美套汇(Cross Rate)汇率变更故也。英对德宣战之前,英美汇率已达旧时平价。自英对德宣战后,英镑对美元汇兑即逐渐跌落,至1英镑比4美元之比率。中国法币虽与英美两国联系,然因英美两国间之汇兑平价已打破,故法币不能再与英美两国汇兑为同比例之升降。此吾人所不可不知者。兹用连锁法证明之:

X(若干美元)=100 法币

法币1元　　=4.28 便士

便士240　　=4.00 英美汇率

$$X=\frac{100\times 4.28\times 4.00}{1\times 240}=\frac{1712}{240}=7.13\text{ 美元}$$

由此可知若英美两国间之汇率,一有变动,则中国对英美之汇兑,不能为同比例之升降。在七七以后之最近三年,法币与英镑之接近,比较与美元,尤为密切。今日(三十三年)则似与美元较为接近,因法币对美元20:1之官价,始终维持于不变。

四、维持汇兑本位之理由

中央准备银行法草案第四十八条,规定"中央准备银行负维持国币对外价值之责”。即将来如中国采行新币制,规定国币应合若干金银或若干外国货币,则其对外价值维持之责,应由中央准备银行任之。其维持的方法,即为无限制买卖外汇。英国主张维持内价,而英籍顾问偏望中国维持外价,其理由如下:

1. 利用外资

中国现在与最近将来,均须利用外资,而外人投资,必须以外汇安定为第一条件。若汇价不定,无论以国币或外币计算,借贷双方,均感危险。如以国币计算,偿还时国币汇价压低,则于中国无益,而投资者受损。反之,以外币计算,偿还时外币汇价抬高,则于中国有害,而于投资者无利。英籍顾问劳杰士等以为中国资源丰富,必须利用外国雄厚之资金,以开发之。此就正面而论,利用外资,必先使外汇安定。就反面言,欲安定外汇,必须利用外资,例如因统制外汇,造成外汇黑市。如欲安定之,必须借外资以充实外汇基金也。

2. 国际援助

国联成立以来,常以国联出面,向资金雄厚之国家借款,贷与弱小国家,以资整理其财政金融。如奥地利、匈牙利均曾接受此种贷款也。但国联贷款有一定条件。其要者有四:(一)以税收(如关税)为担保。我国民初之善后大借款,原定以盐税为担保,于财政部设稽核总署,监督税收。嗣后该借款之还本付息,仍在关税项下提取,乃因盐税太琐屑,而关税事权较集中也。(二)预算必须平衡。盖政府收支若不适合，或增发公债以资弥补，或出于向中央银行借款之一途。所谓赤字财政是也。（三）安定外汇。盖安定外汇与平衡预算相辅而行。预算不平衡，或须多发纸币，则外汇不能安定矣。政府向中央银行借款，中央银行只有增发纸币以应付之。通货膨胀，外汇自涨。（四）改组中央银行，使之成为一超然的金融总枢纽，不受政府之操纵。是故欲求国际援助，安定外汇，乃要件之一。

3. 便利资源开发

在自由贸易时代，国际间交换资源，尚属便利，因资源之交换，必出于商品交易之形式。现在国际贸易既不自由（关税壁垒高筑，进口分配制盛行，外汇统制已视为当然），因之资源交换，顿受阻碍。考生产要素，不外乎劳力，土地（即资源），资本三者。富有资源与资本者未必有过剩之劳力，如美国然。富有劳力与资源者未必有资本，如中国然。如各以所余以换其不足，事属两利。土地固不能移动，劳力输送，亦甚不易，惟资本流动性最大。拥有资金之英美，倘以一部分资金投放于资源丰富之中国，俾中国得多造铁道，或利用当地劳力，多设工厂，中国固受实惠，而英美亦沾其利矣。例如美国资源固多，资金更多，而劳工缺乏。最好中国工人赴美，促进其资源开发。但因中国工人耐劳，不畏寒暑，美国某社会学家谓置华人于北极固能工作，置之于赤道，亦能工作。足见华工之耐苦耐劳远非白人可比。但华人之工资甚低，美国工人不能与之竞争，因而反对华工入美。故美国有移民律之订定，限制华工入境，而中国工人亦因语言不通，离乡别井，亦所不愿。加以川资巨大，亦无力肩负。是以中国之劳工不能移动，只得邀美国之资本渡洋过海来到中国，使劳资相遇结不解之缘。但外汇不稳定，资金不来。从前美国对外贷款，只须银行应允，现为保障投资起见，须由政府核准焉。

4. 促进直接投资

国外投资，多有出于间接授受者。欧洲各国投资南美，多由美国转手。日人亦愿欧美放款与日人，然后再转贷与中国，俾得从中渔利。何以欧人不直接投资于中国与南美乎？因欧人对南美情形隔膜，欧美对中国怀疑，致不愿直接投资。如能使外汇稳定，亦减少外人怀疑之一端也。国府奠都南京以后，制定民法商法等各种重要法典，以灭外人不允取消领事裁判权之借口。政府草拟中央准备银行法，亦所以避免外人间接投资之弊也。资金之移动，由于利息之高低，犹如米粮之运输，由于两地米价之高低然。譬如沪米每石价 4 元，湘米每石价 3 元，苟湘沪运输等费少于 1 元，则湘米必能移动。若沪米价 5 元，则更有利可图，湘米安得不运沪。资金亦然。如外国年利 3 厘，中国 4 厘，资金移动，费用极省。苟两地利率相差 2 厘，资金焉得不动？若中国年利达 6 厘，则更有利可图矣。惟外汇若不可靠，则有资金者，深恐本金尚不可保，岂尚计较利息之高低乎？此时非但外资不流入，中国资金亦将流出。往年因外汇高涨，上海之高息存款，均纷纷流入香港之外国银行，虽不给存息，亦不计较，是其显例也。

5. 保障国际贸易

美国贸易总额,国内占十之九,国际贸易,不过十之一耳。故国外贸易远不及国内贸易之重要。近年来英国因有加拿大之供给小麦,澳大利亚之供给羊毛,印度之供给棉花……,亦颇能自给。故其帝国以内之经济关系,实重于国外。中国情形不同,于中国最近的将来,仍非有恃于国外贸易不可。盖战后之经济建设,仍有赖乎外力。英美可以牺牲外价,维持内价,中国则内外两价,均有维持之必要。虽不能谓对外尤重于对内,但为保障英美投资者之安全起见,亦非内外并重不可。初期工业发达,非但机器材料,多须取给于外国,即技术人才,亦须仰给于他国。即令数年之内,人才训练充足,消费品亦差堪自给,生产工具,仍须外来,足见中国对外关系之重要矣。为求友邦援助,必须扫除一切阻碍,而外汇摇动,阻碍之一也。

五、放弃汇兑本位之理由

1. 汇兑本位之足以扰乱国内金融及物价

中国抗战得一光荣的结束后,经济事业诸待复兴与建设,仅赖本国资金之蓄积,决不足以有为,势非利用外资不可。假定有大量外资可供利用,如中国之甲建设公司向英国资本家借款1千万镑,汇华经营,因之中国外汇市场加多1千万镑之供给。此千万镑之外汇,直接间接均将为中央银行所吸收,以加厚在英国之准备金。故中国在英国之准备金将增加1千万镑。如依准备信用一比三之标准计算,中央银行可以加发与3千万镑价值相等之法币。按二十八年黑市汇率计算,每镑合50元,3千万镑约合15万万元,数目大有可观。故抗战结束后,在中国继续实行汇兑本位之前提下,如有大量外资可以利用,虽贷款国之金融状况并无任何变化,而中国之法币必大形膨胀,此汇兑本位之流弊与金汇兑本位之流弊原无二致。汇兑本位由金汇兑本位蜕化而来。金汇兑本位本质上已伏有此种缺点,汇兑本位丝毫无所改善,岂先天已坏,后天无法挽回耶?

前已言之,一国之准备金可分为二部:一为汇兑平衡基金,用以控制外汇之投机,一为信用准备金,用以稳定国内之物价。国外现金之流出与流入,悉由汇兑平衡基金负责调节。现在实施汇兑本位国家,无所谓现金之流入与流出,外价稳定,内价不稳定。中国既采用汇兑本位,自不能逃此厄运。推原其故,与利用外资有密切关系。推当局意见,今后我国欲利用外资之处甚多,若任外汇不稳定,于利用外资上大有妨碍。此固言之成理。但鄙意以为在外汇不稳定状况之下,仍可大量利用外资,盖不稳定之害,有种种方法避免故也。此种方法已于第五章第六节与第七章中详加讨论,兹不赘。

2. 汇兑本位下容易失去金融控制权

甲国之货币如与乙国钉住,则甲国之货币须随乙国货币之涨落以为涨落,乙涨,甲亦涨,乙落甲亦落,则甲国对于本国之金融容易失去控制权，于工商业不利。

3. 汇兑本位对接受存款国家之不利

再就英国立场言，一旦中国当局以现行法币政策不妥，亟谋独立自主之币制，如英美两国之现行币制然，不复与任何国货币钉住，则所存英国之准备金，必须收回，移存国内。试问英国有多少黄金可资中国之取用乎？倘仅以中国为限，犹可无虞。若其他国家亦接踵而起，竞相提现，英国其能免于 1931 年之后覆辙乎？1931 年英国尚有金本位可以放弃，将来英国虽欲避债，恐束手无策耳。其窘况不将加甚耶？

六、放弃后资金出入之处置

救济方法可分两方面看。以中国论，对所借入之外资，必须放入汇兑平衡基金。如是利用外资虽多，不致演成通货膨胀之弊。汇兑平衡基金原为取缔逃资，控制投机，已如前述。中国亦曾设立 1 千万镑之汇兑平衡基金，但仅及 3 个月，即已告罄，原因安在，已于第八章第六节，第九章第八节，及第十章第五节中详加论述。以英国论，最大之患，莫过于存金缺乏，应多储黄金于平准基金，矫正前失。欧战之后，美国因战债及贸易出超关系，世界黄金滚滚流入。美国政府深患其作祟，悉予封存，去其作用（Sterilized）。其所处地位与英国适相反。将来如有债权国向美国提取存款者，美国自能从容应付，决不至如英国之捉襟见肘。故美国之死藏黄金，似为美国之失策，实则亦有深意存焉。使英国当日早见及此，预为之备，虽横逆之来，何至手足无措，不顾金镑之国际信用与历史，出于放弃之一途乎。

然则中国对所借外资，愿意将其放入于汇兑平衡基金乎？抑放入于信用准备金乎？利害轻重，得失去从，自当从长计较。以现实之需要言，必乐其加入于信用准备金中，决不愿其放入于汇兑平衡基金中也。因放入汇兑平衡基金中，纵有1千万镑，仅能得1千万镑之用。若放入于信用准备金中，则可得3千万镑之用。生财有大道，是耶非耶？但吾人倘一想及通货膨胀之恶影响，未必不为之踌躇者。英国财政当局赞同中国创设汇兑平衡基金1千万镑，并由两英商银行借款5百万镑，正所以避免中国之移作信用准备。此固英人之深谋。中国将来借用外资之机会正多。若一经借入，均放入信用准备金之中，则通货膨胀，危险万分。故汇兑本位之将来，危机四伏。吾意汇兑平衡基金仍须设立，使借入之外资，均应放入此基金中。政府借款建设，有属于财政之范围，而信用准备金则属于金融范围之内。善于理财者必使财政与金融之限界划分清楚，否则纵能将汇兑平衡基金与信用准备金分别设立，徒具虚名，无补实际。英国金融之所以脍炙人口者，即在英兰银行之业务完全独立，其职掌在维持金融，与财政无涉焉。故在平时不受财政当局之干涉。中国财政与金融之不能纳入正轨，正因两者之界限分划不清，财政之需要，或以金融为挹注。现值抗战方酣，情有可原。在战后之建设时期，如一仍旧惯，不予彻底改革，前途真不堪设想。

第十五章　纸币之整理与物价指数之关系

一、物价指数之种类

纸币之整理必有赖于指数之编制，盖观指数之升降，即可知纸币之价值也。货币之价值，为一般物价之倒数，货币价值高，则一般物价低，货币价值低，则一般物价高。但物价指数或物价水准，因编制之方法与根据之材料不同，可有种种之区别。其大别可分为三：

1．国际物价指数与国内物价指数

国际物价指数之编制，以国际市场之物品为根据，如中国之桐油茶业猪鬃矿砂等皆为重要之国际商品。美国之汽油汽车棉麦亦为重要之国际商品。总之，凡国际间输出入之商品，皆可称为国际商品，可为编制国际物价指数之根据。其仅以国内市场交易之物品价格而编制之指数，则称为国内物价指数。

2. 一部物价指数与全部物价指数

物价指数因其选择之物品为一部或全部,而有一部物价指数与全部物价指数之别。有若干指数为适应特殊之需要,因而仅选择若干特殊物品,编成指数,称为一部物价指数。反之,如将全部物价均罗致于指数之内,或为编制方便,选择若干代表物品,以为编制指数之根据者,称为全部物价指数。

3. 物价指数与所得指数

物价指数以货物之价格为编制指数之对象。所得有金钱所得与服务所得之别。如热水瓶给予吾人之服务为能保持瓶内热水之温度至若干小时,仆役给予吾人以工作,购票看戏之所得为快乐,皆可谓为服务所得。惟此种服务所得,其不可以金钱测量者,吾人难于研究,姑不具论。其可以货币测量者,则为货币所得。如存款利息所得之增减,工资薪额所得之高低,皆以货币计算。以此等货币所得而编制之指数为所得指数(Indexes of the Price Level of Productive Power)。

二、物价指数更具体之分析

凡此三端为编制指数之前提。若更具体言之,则有下列四种:

1．物品指数(Indexes of commodity prices)

可分国内与国际两种。国内商品指数编制最有成效者，如英国商务部(British Board of Trade wholesale index)所编之指数与美国劳工统计部(Bureau of Labour Statistics)编制之指数(U. S. Rureau of Labour Statistics, index of wholesale prices)均负盛名。国际物品指数，即以国际流通之物品为编制之根据，其所括之物品或偏或全，皆比例的加权(Weighted)。

2．生活费指数(Indexes of the cost of living)

凡消费物品为人生日用所必需者皆包括之，更须视其消费之比例，以定加权之多少。

3．生产力所得指数(Indexes of productivity incomes)

4．商业活动指数(Indexes of general business activity)

于物品价格之外，尚包括地产有价证券以及工资等等。当营业繁荣时，各项生产均趋发达，地产涨价，证券涨价，劳力涨价，以至一般物价无不上涨。及其反动之来，恐慌爆发，百物价跌，致经济陷于长期之萧条。故商业活动之指数，所包甚广，几指整个经济之变迁。此种商业循环周而复始。当恐慌爆发之际，工厂倒闭，工人失业，成为经济界极大之损失。各国政府与学者咸研究防止之法，如商业正当繁荣之时，资金松动，投机盛行，极易招致恐慌，金融当局每提高利率，紧缩通货，以资防范。及其萧条之际，则又降低利率，膨胀通货，以资鼓励，务使经济活动，趋于安定。此种指数为用甚大。

三、中国整理货币时应采取何种指数为标准乎？

假定我国整理货币时，物价指数已自100上升至200之指数，究指何种之指数乎？

1. 生产力所得指数

请先论以上所述之第三种指数，即生产力指数。此种指数理论上虽甚可取，事实上极难办到。虽今日英美各国亦多视为难事，况中国乎？无论就人才或经济机构各方面言之，皆为中国目前环境所不许。但理论不可不知，故先加论述：

学者对于物价之变动可分三说：

（甲）稳定说（Stationary Price level），谓物价最好应稳定，时高时低，皆非所宜，犹如固定成本（Constant cost）之能长期不变，最为合宜。

（乙）逐渐上升说（Gently Rising Price level），此说则以物价逐渐上升于社会最有利益，因物价逐渐上升，生产者富于希望，必能努力生产，工人工资亦能逐渐上升，兴趣日厚。

（丙）逐渐低降说（Gently Falling Price level），此说又谓物价渐跌于社会最有利，因物价渐跌，则消费者得以同量之货币，可得更多之物品，以提高其生活程度也。

生产力指数即物价渐跌之指数。生产方法因发明改良或仿造等之关系，日趋于进步。每次之发明改良或仿造，不外能减少生产之成本，可使生产者以较少之成本，得同量之产品，或以同量之成本，得较多之产品，使每单位之成本，皆能较前为轻，即物价能较前减低，为社会进步之明证。

发明与改良皆为工业先进国家工业技术发达科学进步常有之事，短时期内，非所望于后进国家。中国工业技术幼稚，故发明与改良之希望甚少，为奖励生产，仿造实居重要地位，所谓仿造，即仿照先进国之生产技术应用于国内工作之生产是也。各国政府为奖励发明与改良，常给发明与改良者以若干年之专利权。中国政府为保护本国工商业之利益，亦有工业奖励法之制定。惟中国为工业后进国家，生产技术之发明，于短时期内机会极少。倘能仿照先进工业国之最新发明与改良，应用于国内之生产界，已属难能可贵。吾人对于仿造，宜有以奖励之。本人即本此旨起草吾国商标法时，采用呈请主义，而不采使用主义。使用主义者，凡使用商标在先者，他人即不得仿冒。呈请主义者，凡使用商标者必须呈请政府登记，然后可得政府之保护，他人不得仿冒。如未经呈请登记，虽使用在先，仍不得法律之保护。各国商人对于我国登记不加注意，我国商人因而仿冒他们的商标以图利，先向政府登记。使用此商标之外国商人，不得以其使用在先，对抗我国之商人。盖我商标法采呈请主义，有奖励仿冒之作用。如某外国工厂制造狮球牌电炉，在我国行销甚广，但未向我政府登记，而我国商人乘机仿冒他的狮球牌，并仅先向政府登记，政府当然予以核准。此外国人不得以其使用在先，对华商提出抗议也。

无论为发明改良或仿造,皆足以增进生产力,减低成本,物价下跌。原价10元之货物,可随社会生产方法之进步,而逐渐下跌,由9元而8元而7元以至6元5元等不定。社会一般消费者,无不受生产之利益。此种生产之进步,可由生产力所得之指数觇之。故生产力指数之目的,在指示社会生产之进步。

以生产力之进步而定货币之价值,则有利于债权人,而不利于债务人。因债权人放债时,货币之购买力小,收债时生产力进步,物价降低,货币之购买力加大也。债权人之利,即为债务人之损失矣。或谓不然。债权人并无特别便宜,因生产力进步,社会各方面均受利益,不独债权人为然。债务人利用债权人之资本,参加生产,因生产力进步,同量之成本,可得更多之结果。物价降低,消费者均蒙其利。故债权人之利益,实得自社会之进步,而非取之于债务人。况债权人所得之利息常固定不变。如年利六厘,则仅得六厘而已。在生产力进步之社会,生产既加多,各方咸得享受其利益,资本家岂独不可分润其利益乎?(然亦有持反对论者,请阅本章末项。)劳动者以卖劳力为生,工资照旧,物价跌落,工人购买力提高,故亦得享受其利益。企业家无利亦无害,因成本低,物价亦低,故无影响也。

2. 物价渐低与渐升之比较

物价渐高,企业家可以获利,因企业家为现代生产事业之指导者,应生产何物,生产多少,何处销售,售与何人,皆唯企业家之马首是瞻。资本劳力与土地应如何分配结合,然后可得最大之利益,亦唯企业家负其责任。故企业家为现代经济之推动力,其地位至为重要。物价渐升,可予企业家以奖励,促进其生产。倘物价不逐渐上升,反逐渐下跌,使企业家失望,以至于失败,经济事业之发展必大受阻滞。然此种说法,必须有一前提,即完全之自由竞争是也。倘竞争不完全自由,则流弊甚大。如一般工人之工资,皆受契约之束缚,不能随时增减。名义上工人之加入工厂工作,缔结契约,均为工人之自由意志。今于工人缔结契约之初,是否为其自由意志之结果,姑不具论,即就其契约订立以后,工资不能自由增加,已失自由竞争之本意。使物价逐渐上升,而工资则不上涨,涨价之利益完全归企业家所有,显非事理之平。即在物价上升之时,工资亦有增加可能,然工资增加之程度,常不及物价增加程度之高。增加工资之时间,又多落在物价增加之后,永远不得并驾齐驱之利。凡工业化之社会,劳力亦为重要生产要素之一。工人富有阶级意识,组织团体,如不得适当报酬,起而罢工,影响甚大。如日英等国物价日高,企业家获利不赀,劳动者吃亏。劳资利害不相称,潜伏之危机甚大。

倘物价渐低,则无此危险。故渐高与渐低比较言之,似采渐低政策为合宜。或以渐低情形下,政府不利,因物价渐低,政府之收入将随之减低,实则不然。政府收入虽减少,支出亦必减少,两两相较,固无所谓利害。故物价渐减之理论甚足动人,而实行上则困难滋多,理由如下。

3. 生产力所得指数编制之困难

甲　进步之程度不易预测

假定社会进步之指数为3%,政府知其然也,乃实行管理货币制(Managed Currency),以货币随交易之大小为伸缩,以稳定物价。决定货币数量之权在金融财政当局。当技术进步,成本减低,物价渐落,必须使金融当局知其进步之速率为3%,乃使货币紧缩之比率亦为3%,方符事实。然则政府如何知道进步之速率为3%乎?事前既不知道,事后方才知道,已挽救不及矣。金融当局不能预知进步之速率,为处置上最难之问题。若谓英美经济之发展,过去统计约为3%,安知现在与将来亦必为3%乎?既不可预必,即无从操纵,其困难与物价渐加时原无二致。物价渐高时,工资不加,固不相称。进步渐加,成本渐减,或为3%,若货币紧缩为4%,其不相称一也。

乙 中立性货币之意义

或主用中立性货币(Neutral money)。中立性一字为现代化学中常用之名辞。许多物品皆求其中立性,以免起化学作用。如玻璃杯质劣者有卤性,用之不但无益,且易与药物起化学作用,遗害极大。吾人为求安全计,不如多费几钱,购买中立性之玻璃杯,可以免去危险。中立性货币之意义亦犹是也。吾人管理货币时,不必随其交易量之大小而随之伸缩,即货币之数量,离交易量之大小而中立是也。

然此说亦有其难点。所谓货币之流通量,含有二个因素,一为货币之数量,一为流通之速率。货币数量乘流通速率等于货币之有效的供给(Effective supply of money)。故货币之数量小与流通速率大,或货币数量大与流通速率小,结果相同。由经济的立场言,与其币量大,速率小,无宁币量小,速率大,可以增加黄金之效用也。今日信用发达社会,信用之数量与速率自然与货币同样看待。今为求货币之中立,使货币之数量,除因人口增加等之自然需要增加外,应使之不增不减。惟人口增加必系长期的结果,非短期间所能生效。故短期间之货币数量,应以不变为是。此之谓中立。货币中立以后,社会进步,成本渐减,生产渐加,货币数量不加,物价跌落,消费者咸受其利。吾人希望社会进步者,以物价下跌,可增人生之幸福。倘物价不下跌,又何贵于社会之进步乎?在管理货币制度下,物价无法下跌。因成本渐减,生产渐加时,货币当局必将增加货币数量以阻止物价下跌也。必使货币中立以后,方可使物价下跌。如是物价跌落,方知社会之进步,且可知社会进步之程度。如跌至3%或4%,即足证进步之程度也。故物价渐减说,理论很好,债权人消费者均能得利,企业家亦无害。故今日货币学说可分二派:

(1)稳定派,即旧派。倘生产增加,货币增加,使物价不动,此为管理货币说之基础。

(2)新思想派,即为中立货币说。

由此,吾人可知近年经济思潮变迁之趋势矣。英国较美国之变迁大为迅速,盖因欧战之后,欧洲各国币制混乱,达于极点,故新思想易于发生。英国首当其冲,渐传至美国,由北美而南美,日本中国不久当亦能传布其种子也。

丙　货币之流通速率不易测知

有一派谓货币万能,物价之升降,皆由于货币之作用。此为机械说(Mechanical)。如甲地货物不增,而货币大增,物价必高涨。若货物不增加,货币减少,物价必下落。但此种物价之跌落,非真因货物之生产力加大之结果,乃由于货币之减少,不足为社会进步之表示。故物价实有两方面之关系,一为货币之关系,一为成本之关系,非原于货币。因货币减少而成本减低者,非货物之成本真低，必由于货物之生产力加大，因而成本减低，方为真正成本之低。惟事实上物价之跌，是否由于货币减少之故，抑货物生产力加大之故，分析既极困难。若进一步研究，多少由于货币关系，多少由于生产力关系，则更难分析。故欲知货物单独之变动，必须将货币变动之原因除去方可。中立性货币即所以除去货币变动影响之方法也。

然货币之变动如何能免去乎？货币之影响于物价者，有二因数，一为货币之数量，一为货币之流通速率。两者相乘，即等于货币有效的供给，既如上述。货币之数量固可使其不变，货币流通之速率，几无法可以知道。吾人测量气候有寒暑表，测量体温有温度表，测量货币之流通速率，尚无适当之方法。货币之流通速率，既无法测量，货币之变动无法避免。今若以不可避免之变动，而假定其不变动，视指数之变动皆由于生产力之故，非由于货币之故，不将差以毫厘，谬以千里乎？此中立性货币难于成立之一因也。欲知其详，请阅第十七章。

丁　债权人应得利益说之理由难以成立

债权人虽为资本家之一，应否享受物价低落之利益，亦有问题，劳动者辛勤终日，血汗如珠，区区所得，能增加其购买力，无可非议。企业家之利润，亦为劳力之结果，应受同样之待遇。资本家则坐吃利息，不劳而获，岂可与劳动者相提并论。父兄勤俭起家，节省消费，享受利息，尚有可说。传至子孙，已成完全不劳而获之物，坐享利息，已说不通，况增加其利息之购买力乎？故谓资本家因参加生产有功，应得优厚之利息，已成陈腐之思想。犹中国重男轻女之观念，已成陈腐之思想，如出一辙。盖法律上男女之权利早已平等矣。

第十六章　纸币之整理与物价指数之关系(续)

前章讲物价指数之种类有四:1. 物品指数,2. 生活费指数,3. 生产力指数,4. 一般商业活动指数。第三种生产力指数之利弊已经详述于前章。今请论述其余三种之指数。

一、生活费指数

吾于论述货币购买力时,当以物价指数为根据。如美国指数与中国指数各为100时,汇兑平价为法币5元等于美元1元。若美国物价指数自100升至120,中国物价指数自100升至200,则两国购买力平价将变为法币5元等于美元0.60元。如下图所示:

美元1.00=法币5　　指数各为100时之汇兑平价
美元0.60=法币5　　指数上升后之汇兑平价

此时之所谓指数,究系何种指数耶?第三种指数以生产力编制。假定工人之所得,即为工人之报酬或工资。倘工资不变,生产力进步,物价指数下跌,虽于工人有利,但事实上窒碍甚多,不能适用。本章讲第二种生活费指数则何如?生活费指数以零售物价为编制之根据,其益处在能真正代表货币之价值。盖吾人所得之货币,如何能知其价值乎?必至消费时始知之。如米贵麦贵布贵菜贵,及其他各物大部均上涨,以同样所得之货币,不能购得同样之货物,始知货币之购买力下降,货币价值跌落。反之,则知货币价值上涨。故生活费指数与一般人皆有用处,不但购买货物时为然,即使用劳力时何莫不然。劳力之贵贱亦只有在支付工资时方能感到工资之高低。生活费指数亦能间接表示工资之趋势。故欲表示货币之真正价值,最好须用生活费指数。至趸卖指数则为大量买卖时方才知道,一般人与之皆无直接关系。然则吾人所称物价指数自100升至200云云时,即以生活费指数表示之可乎?但有不可之原因五点。1.指数材料不易搜集,因零售物价到处不同,选择之间,至感困难,整理亦至不易。2.各阶级人民所消费货物之种类不同。有钱阶级所消费者多奢侈品。用的是金钢钻戒指、汽车,穿的是上等呢绒绸缎,吃的是山珍海味,住的洋楼大厦。无钱阶级于布衣米饭犹虞不给。中等阶级所用者,亦各各不同。故各阶级有各阶级之生活费指数。若分别编制以一种指数表示一种货币价值,则将分别货币价值为数等,于理不通。若合一编制,使能代表各阶级人民之购买力,至为困难。若勉强杂凑编制,反无所代表,以不能代表任何阶级之货币购买力,将等于虚造。3.生活费指数富于地方性。今日吾人所求之物价指数务须在金本位下或纸本位下之物价皆须联成一气,方能作国际的比较。今生活费指数富有地方性,一地有一地的生活习惯,各地物品之品质种类又不同。中国人吃鱼翅,美国人吃火鸡。美国人消费咖啡之数量10倍于茶叶,中国人几全吃茶叶。美国人吃面包,中国人吃米。美国人多用毛织品,中国人多用棉织品,故生活费指数不能为一普遍适用之指数。4.生活费指数专以零售物品之买卖价格编制而成。但货币同时亦购买劳力。轿夫仆役等之工资,理应加入。但加入亦有问题(详后)。5.不灵敏。零售物价常受习惯之影响,富于惰性,不能如趸售价格感应之灵敏。因趸售之数量常大,价格若差以毫厘,必至谬以千里。故其顺应供需之变动甚为迅速。零售物价购买者之数量既少,平日买卖既成习惯,纵成本稍有变动,商人每不愿加价或减价以扰动主顾之心理。即使因成本增加稍大,不得不增加售价,或因竞争者之剧烈,不得不减低时,其落在趸卖价格变动之后不知几许日月矣。若以其指示货币购买力之变动,早已事过境迁。吾人整理货币,贵能立得当时之物价指数,如感觉通货膨胀,立可提高贴现率,以资收缩。反之,则减低贴现率以刺激之。故以快为贵。若待生活费指数变动,始实施通货政策,而通货之膨胀或紧缩,早已成为事实,流弊滋多矣。故物价高时,生产者赚钱,扩充生产,终致生产过剩,发生恐慌,工人失业,贻害甚大。中央银行欲运用贴现政策或公开市场政策,多视物价指数为指标。生产者之扩充生产,亦视物价指数。其所参考者均为趸售指数,而非零售指数。总此各因,可知生活费指数之不能适用矣。然其能代表货币之真正价值,则其所长也。

二、一般商业活动指数

此种指数能表示一般商业之活动(General business activity)。

所谓一般商业活动者何？计包括四类物价：1. 物品(Commodities)，2. 有价证券(Securities)，3. 不动产(Real estate)，4. 工资(Wages)。总之，凡须使用货币支付者，大部皆须罗致在内。换言之，即一切买卖之货物皆是。吾人买卖物品，固须支付货币，即买卖有价证券不动产及劳力，何一不须支付货币乎？趸卖指数与零卖指数或生活费指数所包括者只限于物品，工资有价证券房地产等价格不与焉。因此种物品皆不能直接供消费故也。今一般商业活动指数则无所不包。表面上似较其他二种指数为真确。此种指数理论之根据究何在乎？吾人不可不知。吾人研究银行学时，对于发行钞票之理论，知有银行派(Banking School)与通货派(Currency School)之争。通货派即以货币数量说为根据，谓纸币发行愈多，即通货之流通量增大，足以提高物价。银行派则不然。彼等以为钞票之发出，皆由于真正之商业需要。商业上不需要时，则能自行流回，伸缩自如，无庸顾虑。若发出做投机买卖，则应予禁止。如商人欲购买米棉花时，因缺乏流通资本，向银行通融，银行不妨借出。迨此商人将棉花纺织成布后，送往市场出卖与一般农民，则前此向农民收买棉花等付出之货币，此时皆流回商人手中，商人则以之偿还银行。故普通商业放款，有自生自灭(Self Liquidation)之功能。故不足惧。至于投机买卖，则无自生自灭之功能，故应予禁止。例如证券投机，今天以 83 元行市买进某项股票，过了几天，又以 85 元行市卖出。一转移间，每股赚钱 2 元。试问此种交易，究何所生产乎？故不可不予禁止。此为银行派之理论。惟投机(Speculation)投资(Investment)二者分别至难。如本来一正当商人，经营正当企业，银行当然认为投资，故贷与款项。待其商品出售后，收回货币，偿还银行，货币自生自灭，能获经常之利益，于愿已足。股票价格不致暴涨暴跌。然即正当之商人,获利之机会各有大小。获利小者股票不会涨价,获利大者必能涨价。获利何以能大?或因少付工资,故股票涨价。商人以有大利可获,乃从事扩充生产,迹近投机。扩充愈大,生产愈多,终致供过于求,发生恐慌,资产呆滞,资金无法收回。故货币不能自生自灭,银行对之不可放款。然当其放款之始,彼为一正当商人,扩充生产,亦为正当商人常有之事。如何能别其投机与投资乎?即使银行认为投机,不予放款,然股票价格既涨,利之所在,人争趋之。纵银行不借与款项,彼或自有资本,或直接向亲朋通融,投机势难因此停止。反之,使银行不分别投机与投资,即买卖有价证券者,亦尽量贷予。若营业萧条,物价跌落,股票价格亦跌,谁尚愿买卖有价证券乎?故投机与投资之分别,大可不必。银行应否扩大放款或缩小放款,只看一般商业活动指数即可。因此项指数已包括一切价格在内也。彼等且举事实证明。1919—1921年之美国恐慌,论者皆埋怨银行派理论之失当,以为放款与正当商人,能自生自灭,即无流币。殊不知当物价高时,借进之钱,多用以囤货,即以投资者转移于投机。银行放款之时,如何能分别其投机与投资乎?1929年之大恐慌发生时,投资与投机几更无法分别。故不如不分之为愈,只看一般商业活动指数可矣。指数上升,即应收缩放款。指数下降,则应扩充放款,岂不省事乎?

但此种指数编制亦甚困难。有价证券应否包括在内,殊成问题。或谓有价证券应改为生产工具(Capital Goods)。因生产工具乃有价证券之实质。有价证券不过为生产工具之凭证。如吾人生产之货物,消费一半,储蓄一半,储蓄者以其储蓄向投资市场购买股票。然则投资市场之出卖股票者为谁乎?或由公司直接募集,或由银行代为包销。银行包销股票之方法,大抵与公司约定最低之售价，而予以保证。如银行包销某公司股票价格为95元，倘以96元卖出，余额1元，即为银行之利益，若仅能以94元卖出，其损失亦由包销者任之。购买此股票者为储蓄者。故投资市场为储蓄者与企业家之居间者。企业家筹得资金后，即以之购买生产工具，储蓄者所投资者亦为生产工具，股票不过生产工具之凭证。股票之价格常视获利之希望，涨跌甚大，而其所代表之生产工具自若也。故与其使用有价证券之价格，不如使用生产工具之价格，投机性质比较少些。例如民生公司之生产工具为轮船囤船等。民生公司之股票价格忽涨忽跌，其所有之轮船与囤船初无二致也。再股票价格常因少数人之妄造流言，发生变动，生产工具之价格丝毫不受影响。此又股票价格不应列入指数材料范围内之原因也。

第三项之不动产(real estate)价格，最好亦不加入。因不动产之买卖亦富有投机性质，其价格变动甚大也。第四项工资包括进去固甚对，但指数编制之目的，在求物价之平定，而工资则常希望上涨。故物价指数加入工资时，必受其影响而趋向上升，故工资亦不必加入。

此种物价指数今日正在研究中，编制者尚无其人。惟有一类似之指数，即美国Snyder之消费指数是也。其包括之货物有下列四项：1. 趸售物价指数，2. 零售物价指数，3. 租金，4. 工资。趸售指数与零售指数皆代表物品，租金与不动产相当，工资亦有，故彼此相近似。但Snyder氏编制指数之目的非为稳定(Stabilize)物价，乃为求得消费者生活费之高低而已，故不适合吾人之目的。即假定Snyder之指数有稳定物价之目的，亦不适用，因其包括零售物价。零售物价感应不灵敏，变动缓慢，已如前述。租金尤为缓慢，无论物价如何涨高，租金常长期的屹然不动。工资情形相似。故其四项价格之中,一快三慢,快者将为慢者所牵掣,结果甚少变动,故不能代表一般商业活动。

三、物品指数

前述各种指数既均不适用,故结果只有物品指数。物品指数有二:一趸售指数,二零售指数(即生活费指数其不适用已如上述)。零售指数虽能代表货币之真正价值,但因有其他种种缺点,所余者仅一趸售物价指数。趸售物价之长处,在感应灵敏,且常能指示零售价格之趋势。零售价格未涨,趸售价格已先涨。零售价格未跌,趸售价格已先跌。此趸售价格优于零售价格者一也。零售价格富有地方性,趸售价格地方性之色彩较少。此其二。趸售指数虽为预测(forecasting)零售指数之变动,但二者之内容并不相同。趸售指数多以生产物之成本为主,零售指数尚须加算销售成本,此其不同者一。生产成本之重要者为原料燃料等,零售成本以销售挑运等费用占其大半,皆为劳力之费用。工资有趋高之倾向,故零售指数受劳力之影响,将大于趸售指数。凯恩斯(Keynes)氏曾比较两种指数变动之趋势如下:

年份	1913	1926
趸售指数	100	151
零售指数	100	186

1926年零售指数所以较趸售指数变动大,即以零售价格受工资之影响较大故也,此二种指数变动之趋势既如此,故欲二者同时

安定,势不可能。如趸售指数安定,零售指数必往上升。若安定零售指数,趸售指数必往下跌。图示如下:

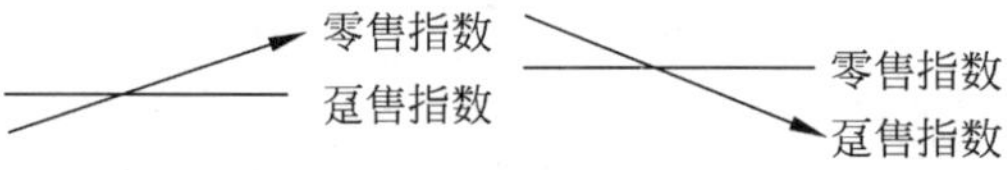

二者既不相等,究应稳定何者为佳乎?生活费指数编制之难前已言之。惟有稳定趸售指数,且可将各趸售指数联成一气。生产指数,生活费指数,一般商业活动指数,包括地产工资,其价格各地不同,均不免有地方性。惟趸售指数大部分皆用国际物品,颇能相连也。如棉花、麦、钢铁、糖、烟叶、汽油等均为重要之国际商品,其价格比较稳定,因其供给与需要皆以全世界为范围。倘美国小麦歉收,俄国小麦未必亦歉收。印度棉花丰收,中国或不丰收。故其供给比较稳定,需要亦然。至于米仅属东方少数国家之食品,其市场限于东方少数国家。中国以米为主要食品,日本亦然。因市场狭小,故丰收时,几无销路(因西方不吃米),价格大跌,歉收时,补给困难(因西方不产米),价格必大涨。此日本对于米问题所以极其重视。中国亦不得不设仓库自行积谷,以备荒旱。此为东方各国用米为食料之不便处。故非编制趸售指数之良好物品。趸售指数既以国际共通物品为主,故能将各国之物价指数联成一起。虽无零售指数之能真正代表货币价值,而能与各国物价指数作一比较,亦其长处。此其三。然犹不能无缺点:1. 交易数量太大,加权不易。2. 国际物品时常变动,今日非国际物品,他日可成为国际物品。今日为国际物品者,他日亦可成为非国际物品,如橡胶,本为国际物品,今年歉收,输出甚少,则失其国际物品之资格矣。故所谓国际物品与非国际物品,其界限至难划分。美国人喜吃火鸡,火鸡在筵席上之地位,有如吾人之鱼翅,实则火鸡干燥无味,远不及中国鱼翅之鲜美。吾人自不愿购买火鸡以代鱼翅,则火鸡之非国际物品可知。但在美华侨以及留学生购买火鸡果腹者正多,火鸡果非国际物品乎?此其一。反之,中国生丝某年因外汇甚低,无利可获,几绝迹于国际市场,其不成为国际物品可知。次年外汇大涨,获利甚丰,出口非常旺盛,又为国际的物品矣。然则物品之是否为国际的,不决定于物品之本身,乃决定于外汇之高低,与生产之多寡(如橡胶)。此其二。故欲严密指定何者为国际物品,何者非国际物品,实不可能。故谓计算购买力平价,必根据于国际物品,亦有问题。

编制国际的趸售物价指数,究应用多少种类物品,论者亦不一。凯恩斯主用60种商品,国际联盟主用62种,加运费。此60余种物品之加权,可以其总生产价值为权数,如烟叶,总生产价值3万万元,糖,总生产价值6万万元,则烟叶作一,糖作二,余可类推。依此方法编制之指数,以现在统计技术比较观之,可算最为可靠,惟应用时,必须小心,当局如实施政策时,除参考趸售指数外,尚须看其他情形以为补助,因趸售指数不包括生活费,租,与工资,结果仍不免于偏,不可信用过甚,其他情形如何,如生产力之进步多少,工资增进多少,企业家之利润率多少,工人失业之状况如何,皆为参考之必要资料。倘物价指数不变,因生产力进步,企业家收益大增,工资仅增加一半,其余一半为企业家所掠夺,如是企业家必扩充生产,生产过剩,则演成恐慌,恐慌结果,工人失业,故生产力之大小,利润率之升降,工资之高低,失业人数之多寡,均非趸售指数所能表示,而为金融当局施政方针之参考资料也。

四、国内一般物价指数说

然则以国内物价指数为决定购买力平价之标准可乎？比较国际物品说自胜一筹，因购买力所指之力役实已包括一切，最要者为生产中之力役。如中国输往美国之桐油，所给予美国者，为种植制造与运输桐油之力役。美国人购买桐油，等于购买此力役。吾人分析生产之要素为土地资本与劳力，其所得报酬为地租利息及工资，无一而非力役之报酬。若力役要分为国际的与非国际的，则土地与资本劳力亦当分为国际的与非国际的，其持论之难以成立，不言而知。

五、购买力平价说之根本缺点

虽然，以国内一般趸售物价编制指数，亦有极大的缺点，因购买力平价说根本上站不住也。今假定以一般物价指数为决定购买力平价之标准，大体上已无问题。趸售物价指数与零售物价指数之出入，前已言之，姑可不论。中美两国各以国内趸售物价为根据，选定1940年为基年。其平均价格作为100，而以将来各年之指数为比较。然中国之基年物价指数不能与美国之基年物价指数等量齐观，因中美两国人民之好尚习惯不同。美国人所坐的为汽车，所吃的为麦，牛肉，火鸡，所穿的为毛织品，所住的为砖石钢骨水泥的房屋。中国人所坐所吃所穿所住的，为黄包车、猪肉、棉织品、及

竹木泥草房屋。此在物品性质上相异之点,已难比较。且两国基年之物价迥然不同,不可以等量齐观。请看下表:

中美两国 1940 年与 1941 年四种物品之价格与指数比较表

物品种类 \ 价格与指数 / 年份 / 国别	价格				指数			
	1940 年基年单位(元)		1941 年单位(元)		1940 年基年单位(元)		1941 年单位(元)	
	中国	美国	中国	美国	中国	美国	中国	美国
牛肉每斤	0.2	0.4	0.3	0.6	100	100	150	150
鸡蛋每个	0.5	1.0	0.75	1.5	100	100	150	150
米每石	10.0	20.0	15.0	30.0	100	100	150	150
布每匹	2.0	4.0	3.0	6.0	100	100	150	150
平　　均					100	100	150	150

试观上表,1940 年与 1941 年,中国物价与美国物价各加高一半。若以 1940 年两国之物价各为 100,作为基年,则 1941 年之物价指数各为 150。相对的观之,两国物价指数均增高百分之五十,即两国之货币购买力各减三分之一,仍属相等。再由中美两国各自比较,一般物价加高百分之五十,推而至于薪金工资均加高百分之五十,人民生活依然如旧,亦不受影响,均属真确可靠。所异者,两国基年之物价,迥然不同,殊不可以等量齐观耳。中国物价原来甚低,故工薪亦低。美国物价向来甚高,故工薪亦高。今等而齐之,结果至不公平,如以高工薪之美国人移住低生活费之中国,生活必更形优裕,美国人士皆愿来华在教会医院青年会学校等处服务者以此。中国留学生则加其家长以极重之负担。故两国基年指数根本不同,不能比较,加萨尔氏亦未明言其可以比较。譬如吾人欲比较甲乙两人之长度,是否相等,只就两者所增长度测量之,甲

增百分之五,乙亦增百分之五,固属相等。然两人固有之长度仍莫明其妙,答非所问,宁非笑话。货币购买力平价说之基年,强不等者为相等,故基础亦不免空虚之讥。购买力平价,在第十八章中详论之。

第十七章 中立货币之说能成立否？

著者在第十五章论“纸币之整理与物价指数之关系”时曾论及中立性的货币，其目的在求货币之中立，使货币之数量，除因人口增加等之自然需要增加外，应使之不增不减。惟人口增加必系长期的结果，非短期间所能生效。故短期间之货币数量，应以不变为是。此之谓中立货币。中立以后，社会进步，成本渐减，生产渐加，货币数量不加，物价跌落，消费者咸受其利，以增进人生之幸福也。此特就其有利的方面而言，然其流弊亦正不少。试再作进一步之研究，可由五方面观察。

一、由工人方面看

工人之程度不同，有程度高者，即其技术进步快，物价倘作同程度的跌落，则其所享之利益与其进步之程度恰相当。然程度低之工人，即其技术进步慢者，亦得同样享受低物价之利益，于理似有不合。此其一。工人之心理最喜欢物价不变，工钱逐渐上升。此种事实之结果，与工资不变，物价下跌相同。再如物价逐渐上升，工资亦逐渐上升，但工资上升之速度较物价上升为甚。在此三种情形之下，对于工人之利本属相同，如下图所示：

第一图

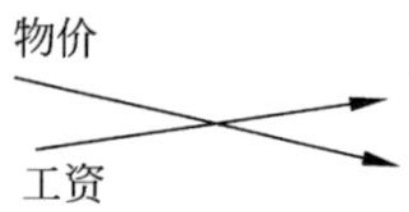

第二图

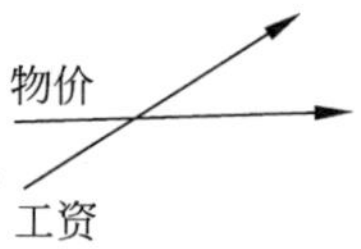

第三图

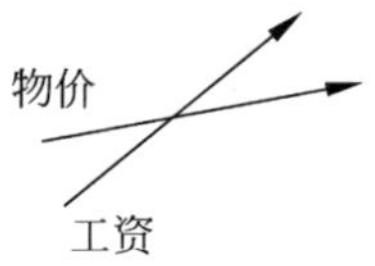

但就工人心理言之,不赞成第一种;因工资永远如此,虽物价下跌,其所得之利益隐而不显。第二例则显而易见,且可给工人以鼓励,极为工人所欢迎。故就工人之心理言,与其工资不变,物价跌落,不如物价不变,工资上涨,此其一。现代各国工党势力日大,共产主义国家之工党固不必说,即资本主义国家之工党,尤其英国之工党,势力亦不小,如工资不变,生产力加大,物价虽跌,尚不认为满意,时时有增加工资之要求。万一不遂,必同盟罢工,影响经济社会者不少,为资本家所深忌。故在合理范围内之要求无不遂者,今若任工资不变,必为工党所反对,此其二。惟工党之势力大小亦不同。工党势大者,其工人之工资增加快,其所得之利益更大,因一面工资高,一面物价跌,可得双重之利益,如第四图:

第四图

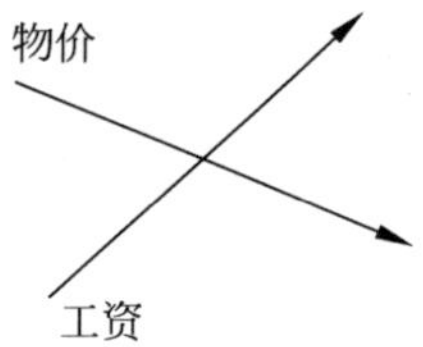

惟因工资加高,则物价即不能照原应跌价之程度下跌。有势力工党之工人,仍可得双重之利益;无势力工党之工人,工资或不得增加,或增加甚少,而所享物价跌落之利益则大为减少,显属不公。如此,工党相互间必发生冲突,将成为严重之社会问题,此其三。工资又有计时与计件计算之不同,计件之工资,依作成件数之多寡,定其工资之大小。如平日织布 1 匹,工资 3 元,2 匹 6 元,3 匹 9 元。假定日织 3 匹者,可得工资 9 元。今因社会经济进步,如有新发明,用电力织布,每日织成之布加至5匹,则此人工资每日应得15元。今若谓工资照旧,使此人仍得9元1日之工资,则物价必下跌,此布每匹之工资将减为1元8角。工人心理必有不平,容易激起工潮。故欲工资不动,物价跌落,以增进工人之幸福,必招工人之反对。甚者阻抑工人之进步,谁尚肯应用新生产方法以增加其出品乎?现代工业界之发明,有不少皆出于熟练之工人,如现在工厂中之皮带,为传达动力之重要部分。考其原始,则出于玩皮之工人。工人熟知机械相互间之关系,为图省事,因用绳索系于两端之轮上,使其轮动,孰料即成为工业技术上之一大发明,此其四。

故由工人之心理言,无不喜工资之上涨,犹今日之商人,获利甚巨,无不笑逐颜开。原有资本5万元者,一二年间即累积至20万元,较之原有资本加至4倍,以为大赚其钱,实则今日1元之汇价仅4便士,昔日1元之汇价14便士半。故今日20万元如照旧时购买力折合,所盈亦无几也。而商人心理并不作如是想。只知其数量之加多,大足自慰。故工人之工资亦然。不论其实际利得多少,与其工资不变,物价下跌,宁愿物价不变,工资上涨。

二、由托拉斯(Trust)或独占(Monopoly)者看

假定一社会内有两大公司集团,一类为独占之公司,一类为自由竞争之公司。独占之公司不但在国内独占,亦可为世界之独占。如"德荷日"等国皆出产糖,此种糖商在国内已形成独占市场,在国际间复缔结协定,限定每磅价格,不得贱卖。如是则工业虽进步,而物价可以不跌。世界有若干种产物之价格,常为国际的商业协

定所限制。如煤油钢铁皆倾向于独占。在独占的期内,物价不致下跌。反之,在自由竞争集团之公司,必以物美价廉相号召。今在中立货币制之下,独占者既以人为方法,维持其价格,不使下跌,其吸收货币之数量必较多,则在自由竞争下物产之价格必为之大跌。如价格完全在自由竞争之下应跌至百分之六者,今因有独占之产物,其价值约占半数,价格不跌,则竞争物产之价格非跌至12%,不能维持6%之跌价标准,如第五图所示:

第五图

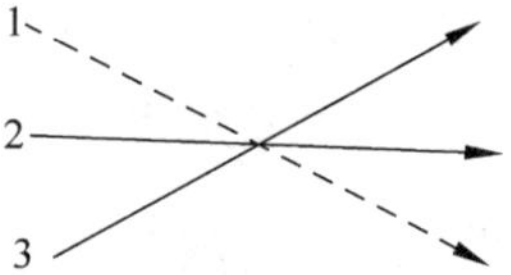

1. 工资
2. 在完全自由竞争下物产之价格跌势
3. 在一部独占时竞争下物产之价格跌势

结果所至,独占者将大发其财。自由竞争者纵不亏本,所赚亦必无几。独占者既有大利可获,必尽力扩充其势力,日大一日。竞争者则难于立足,非加入独占之集团,亦将缩小其范围。独占之势力日大,竞争之势力日小,即消费者损失愈多。其流弊所及,且不限于此。独占者既大赚其钱,必尽力扩充其设备,固定资本因以大增,股票价格因亦大涨,招致生产过剩,引起反动,以至于崩溃。此种部分生产过剩(Partial Over-Production)常为经济恐慌发生之原因。若各种生产物同时增加,则绝无过剩之可言也。因吾人生产之目的在消费。人类之生产永远不足以供给消费之满足。在人类未有极充足之食品衣服住所用具以及高尚生活所需之其他物品如音乐书籍等等以前,一般之生产过剩,理所难有。惟因资本与劳力等生产要素之失调,致使一部分产品生产过多,不能以有利的价格出售,致发生部分的生产过剩。今独占者既以有钱可赚,大事扩充生产,而售价则不予减低,则销路不足以适应生产,致有生产过剩现象。独占者扩充生产,既无销路,惟有停止扩充,则工人因之失业矣。独占者又多以采用新式机械以代替人工,借以节省成本,增加利润,工人之失业因此更多矣。再由自由竞争之集团观之,物价既加甚下跌,营业难于维持,纷纷缩小范围,甚至停业,工人之失业者因此又加多矣。工人失业者既多,社会之购买力大减,致使整个经济陷于恐慌。独占企业之规模愈扩愈大,几无止境。如钢铁煤油糖等等独占企业,倘在西半球独占成功,转其魔手向东半球伸展,见有少数竞争者,则实行减价,以压迫之。此项企业,小规模经营者之成本较大规模经营者为高。在平日因彼此皆系小规模之企业,势均力敌,故能维持不坠。今有大规模之独占者出与竞争,且将其价格逐渐减低,甚至低于成本在所不计。此种独占者虽因减价竞争,不无损失,但可求偿于西半球。因西半球市场已为其独占也。故结果丝毫无损,而此东半球之少数竞争者,则无不因资力薄弱,无法维持,至于倒闭,或被其吸收,其损失已不赀矣。此之谓拚命竞争(Cut Throat Competition)。独占者垄断之目的达到后,又将提高价格,任所欲为。消费者乃被其宰割,无可告诉。此实为数十年来独占企业之流弊。故托拉斯之最后目的,在维持其最高可能之价格,不愿任物价之下跌。此中立货币说之又一难点也。

三、由技术方面看

今假定有两种工业,一为纺织业,一为钢铁业。二者技术之进步快慢不同。假定纺织业之进步快,如数十年来之日本纺织业,骎骎日上,有凌驾英国而上之势。因英国之纺织业在初期发展时进步亦甚快,及后期则不如日本远甚也。钢铁业进步慢。如此,进步快者成本之减低也多,进步慢者成本之减低也少。在此情形之下,倘采用中立货币政策,工资不变,物价必跌。但纺织业与钢铁业二者价格跌落之程度不同。成本多减者跌落大,少减者跌落少。跌落大者销路大,其供给将超比例的增加。例如布 1 元 1 尺时,可销 1 千万匹,5 角 1 尺时,如销 2 千万匹,则为比例的增加。其价格与销售量之乘积相等。即其需用之货币不变,为需要伸缩之单位或标准(Unity)。今售价为 5 角时,其销售量不止 2 千万匹,乃增加至 4 千万匹,其所需用之货币数量将较前加倍,即超过标准(Unity)。故称超比例的。如是社会流通之货币数量,被纺织业吸收者大过其应有之比例,可供钢铁业交易之用者将大为减少,钢铁业产品之价格跌落必更快,将如下图所示:

第六图

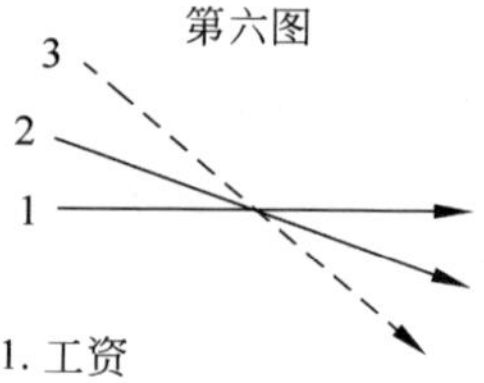

1. 工资
2. 钢铁业产品成本减低之趋势
3. 钢铁业产品价格下跌之趋势

故二者影响物价之关系,与第五图之关系如出一辙。

四、由竞争之情形看

完全独占之情形下无自由竞争可言。反之完全之自由竞争,亦不容有独占之存在。此仅系理论上假定之词,事实上无完全之独占,亦无完全之自由竞争。惟因时代不同,地方不同,自由竞争或独占之程度高低各有不同。大抵资本主义发展之初期,如18世纪下半纪与19世纪上半纪之英国经济,自由竞争之思想盛极一时。产业上自由竞争之程度自然极高。又如19世纪末年及20世纪初年之美国经济,托拉斯盛极一时,举凡全国之实业几皆有划入独占之状态。然事实上竞争者仍屹然存在。中国今日之经济,比较上自由竞争之程度甚高。除政府举办之少数事业外,悉听人民之自由经营。然政府举办者,亦未尽皆独占。政府有招商局,民营航业如故也;中国铁路以国有为原则,民营铁路仍受政府之奖励;即邮政几为世界一致的国营之事业,我国华侨之民信局尚有存在者。故谓今日世界经济制度仍以自由竞争为骨干者,当首推我国。然在自由竞争之下,各国各有工党组织以阻止工资等之自然下跌,并以人为方法强使工资上涨,故所谓自由竞争者,亦非完全之自由竞争。假定在完全之自由竞争制度下,因经济进步,物价应下跌,工资亦应下跌。物价之下跌又以工资之下跌为其条件之一,因工资为重要成本之一也。若欲使工资下跌,必起极大之劳资纠纷,因工人之希望不但不减少工资,且要求工资逐渐增加。倘要求不遂,必然罢工。在资本家立场言,虽因生产技术改进或组织改良,减低生产之成本,但不经一度之痛苦,亦鲜肯自动减价者。劳资双方利害不同,所见各异。今假定生产者扩充生产,减低成本,物价不跌,工资照旧。工人则以生产增加,既不减少价格,又不增加工资。徒使企业家利益增加,必要求增加工资,要求不遂,必致罢工。罢工之结果,企业家不能无损失。如因工人罢工,或因资本家相互间竞争,各国扩充销路,稍稍减低售价,以图多销,增加利润,结果企业家仍有大利可获，如第七图：

第七图

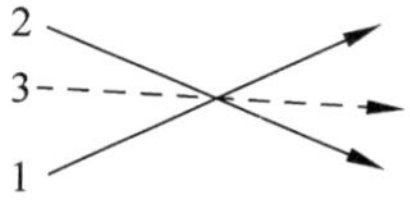

1. 工资 2. 成本 3. 售价

各企业家必仍继续扩充营养，而工人之工资如旧，则其扩充之生产物将望何人购买乎？此为消费不足，致生产呈现相对的过剩，发生经济恐慌。于是企业家乃肯忍痛牺牲，减价出售。故在自由竞争下，谓企业家能自动减价者乃鲜有之事。必在一种势力压迫之下，始肯出此。如非罢工要挟，必受恐慌袭击，乃有可能。然罢工与恐慌岂社会愿有之事乎？

五、由国际方面看

现代世界经济已成一体，非如昔日之闭关自守经济可比。欧战前，国际的金本位制之确立，为国际之共同价值尺度，更足以促进国际经济体系之紧密化，虽今日举世皆已放弃金本位，而国际经济之体系已经确定，难于破坏矣。交通之迅速，运输之便利，国际经济组织之纷纷成立，皆为促进国际经济一体化之有力要素。在此国际经济一体化之时代中，如一国物价跌落，他国物价必须一样跌落，如英美德法中日等国无不如此，方无问题。今若英国物价跌落，而美国不跌，则美国之市场将被英国商品所侵占，美国必不甘心。反之，英国亦不乐意。即使同时下跌，若所跌之程度不同，仍有问题。跌价多者利大,跌价少者利小,与第三点技术进步不同情形时,发生同样之问题。若欲使各国跌价不同之程度,使之适用同一平均数而划一之,势所难能。结果美国货跌价多于中英等国之货物时,各国人士必多买美国货,则中英等国货物之跌价必更甚,直至彼此相平而后止。此非中立货币制所能救济。若不采用中立货币,而用稳定物价方法,以稳定物价,自必增加货币之供给,使与生产量增加之需要相称,使各国物价不致下跌。至工人技术进步之快慢,则分别增加工资以平衡之。如美国进步快,则工资之增加亦快;英国进步慢,工资之增加亦慢,中国进步更慢,工资之增加亦更慢。如是各得其所,绝非流弊。若欲平均其下跌,则绝不可能,此中立货币说之又一困难也。

六、结论

由此观之,工资不变,物价渐跌,困难实多,反不若工资渐增,物价不变之易于为力也。在工资不变,物价下跌之政策下,不但工人不易感觉其利益之增加,且亦至不公平。盖不问工人生产技能增进之大小,一律可享均等之利益也。反之,如在物价稳定政策之下,因工人技术进步,可分别酌加工资,既足投合工人之心理,以资鼓励,同时进步多者多加工资,进步少者少加工资,于理亦至公平。故比较稳定物价说与中立货币说,与其采用第二说(生产增加,货币不增),宁可采用第一说(生产增加,货币亦增加,庶能维持物价),可以减少困难。然第一说亦非无困难。如社会进步多少,工资亦增加多少,固极合理,然社会进步之多少,究如何得知之乎?

以现在统计会计之技术,尚难办到准确之程度。此其一。假定增加工资,各国之难易亦不同,每不因技术进步之程度为准,而视工党势力之大小为转移。如英国工党势力甚大,要求增加工资易于成功,或则所加之工资高出应得之程度。美国工党势力甚小,中国更不足道,则工资之增加,未必能达其所应得之程度。美国大资本家之造成,由于掠夺工人应得之工资,未始非一要因,亦一不平之现象也。故吾人不能否认稳定物价说之困难,但比较之下,其困难远不如中立货币说之甚,宜其为世人所推崇也。

第十八章　购买力平价与外汇

一、购买力平价说之产生

金本位时代，各金本位国间之汇兑，依各国金币所含之纯金量决定其平价。变动范围受现金输送点之限制，极为狭小。如英金一镑等于美金 4.8665 元，为英美两国间汇兑之平价，因此两种金币所含之纯金量相等故也。$\left(\frac{\text{英镑纯金量 113.0016 格兰}}{\text{英元纯金量 23.22}}=4.8665\right)$第一次欧战爆发后，各交战国先后停止金本位币之使用，而改用纸币。纸币本身仅系一种印刷美丽之花纸，无价值可言。因受政府保证，故可在国内流通，一出国门，信用全失。各国既多用纸币，其相互之汇兑价值，究何所依据乎？学者求其解释，因而有购买力平价说之产生。购买力平价者（Purchasing Power Parity 简称 P. P. P.）谓两纸币间之汇兑平价，在自由贸易制下由各国纸币之购买力决定之。如美纸币 1 元在其国内可购买之物品或力役，与中国法币 5 元可购买之物品或力役相等，即美国与中国物价之比为 1 与 5，故两国之汇兑平价当为 1 比 5。此为购买力平价说之真谛。

购买力平价说，前人早有论述，不始于今日。惟自金本位币畅行以来，百有余年，各国人民习于金本位之便利，所讨论者多为金本位国间汇兑之如何稳定与利益，对于金本位赞扬备至，对于不换纸币国间之汇兑遂淡然忘之。自 1914 年欧战爆发，至 1924 年之 10 年间，各国金本位制相继破坏，不换纸币风行一时。相互汇兑之根据，究竟何在，一般人均不能道其所以。即自第一次大战发生以后，英国钞票停止兑现，变成纸本位制，而美国初期尚未参加，仍用金本位，一金一纸，无复汇兑平价可言，汇价仍不得不另求解释，购买力平价说遂应运而生。今日旧事重提，原非新创，最初提出者为瑞典学者加萨尔氏（Prof. Cassel）。氏于 1922 年著有《一九一四年后之货币与国外汇兑》（Money and Foreign Exchange after 1914）一书，不仅供学者之阅读，亦为供给商人之参考。此书对于购买力平价说之深意，能以浅显文笔出之，于购买力平价说已发其端，传诵一时。氏著各书，多用德文。其所称购买力，英文本均用 Command over Goods and Services 字样，意即货币所能支配之物品与力役，如美币 1 元所能支配之物品与力役，与中国法币 5 元所能支配之物品与力役相等。故中美之汇兑平价遂决定为美币 1 元等于中国法币 5 元。购买力平价则为一专门名词。

加氏以两国货币价值之比较得购买力平价。然欲比较两国货币，必须有一共通之物可比。在金本位制之下，其可比者为两国货币共通所含有的纯金量。在纸本位之下，其可比较者亦为一共通之物，即两国货币对于共通商品之购买力。故甲乙两国间之汇价，当以甲国货币能购买之商品数量，与乙国货币能购买之商品数量相比较而决定。其算式如下：

$$\text{法定平价} \times \frac{\text{甲国物价指数}}{\text{乙国物价指数}} = \text{购买力平价}$$

根据以上方式所得之购买力平价，即为甲乙两国之汇价，例如在战后英国之物价大于战前3倍,即战前为100而战后为300,美国在战后之物价指数大于战前2倍,则英美之购买力平价当如下式:

$$£1 = 4.866 + \frac{200}{300} = \$3.244$$

即战前英国1镑合美元4.866,战后只合美元3.244。不过两国货币购买力之比较,当以两国货币对于一共通商品购买力之比较。但事实上纸英镑所购买者为英国的商品,而纸美元所购买者为美国的商品,两者决不能完全相同,则所谓共通商品何在?此点留在后面再讲。

兹假定英国物价上升百分之二十,即纸英镑购买力下降百分之二十。同时美国物价下降百分之十,即纸美元购买力上升百分之十,则两国汇价之升降,当如下式:

$$\frac{1+0.2}{1-0.1} = 1.2 \div 0.9 = 1.33 \qquad 1.33 - 1.00 = 0.33$$

即英对美之汇价跌落百分之三十三。

本书第六章讲外价亦可影响内价,颇为详尽。今若由购买力平价说观之,外汇率之决定,基于两国之物价,则为内价决定外价。货币数量说亦重在内价。故由内价决定外价之因果关系言之,购买力平价说与货币数量说如出一辙。如某物原价为法币5元(某物代表一般物品),今因通货膨胀3倍,某物价格将腾贵3倍。此为货币数量说之因果论,因物价腾贵3倍,即法币数量增加3倍,或其流通速率增加3倍之结果。假定美币情形不变,则美币之汇兑将变为15元(法币),是即汇兑随物价而变动,即随货币购买力而变动,显是内价决定外价。此为购买力平价说之因果论,盖汇兑以购买力平价为基础也。然货币数量说之因果关系,论者已多,未必尽然。盖依第六章第一节之理论,外价有时亦可以影响内价,甚至决定内价。例如中国抗战发动后,国内物价无大变动,而外汇比较灵活,骤然涨高。因外汇涨,物价逐渐随之亦涨。物价涨,货币数量不够周转,故有增加之必要。物价为因,数量为果,与货币数量说之以数量为因,物价为果者适相反。据加萨尔教授之意见,货币数量先增,促物价上涨,而汇价随物价而变动,即随购买力平价而变动,亦即通货数量通过物价而影响汇价也。其先后次序是通货→物价→汇价,并非汇价→物价→通货。购买力平价说,是由货币数量说推演而得。货币数量说既有可以批评之处,则购买力平价说可以批评之处亦必甚多。故学者对此两说均尚无一致之结论,不能成为经济学上之定律,只可认为一种经济趋势(Economic Tendency)。此则不可不知者。购买力平价说,虽不能认为一种定律,然国际间汇兑之调整,仍以此说为依据,盖舍此之外,别无他法也。

二、购买力平价究以何种物价为根据

购买力平价说,既以物价为根据,而物价之种类至为复杂,故其所指为何种物价,首宜明了。通常自系指一般物价,非专指进口货或出口货的物价,亦非专指本国消费品的物价,或特殊的个别的物价。若个别的物价比较相等,如美国牛肉价格等于中国牛肉价格,美国呢帽与皮鞋之价格等于中国呢帽与皮鞋之价格,其他各物均一一相等,则两国生活需要将各自取给于本国,无待外求。无国际贸易，亦无汇兑，尚何用购买力平价为？故所谓物价者：为多数物价之指数，其中之各个物价，则互有高低，倘平均数相等，即可谓购买力相等。如中国与美国各有物品10件，5件之价格，美国低于中国，5件价格中国低于美国，而平均数相等，则中美两国即能互相贸易。以中国低价之物品售于美国，易取美国低价之物品，为国际贸易之自然趋势，亦为比较成本说之根据（Theory of Comparative Cost）。一国物品成本特别经济，而成为国际商品者，为数有限，或限于天然，或工于人力，或富于经验，闻名于世。如中国之桐油丝茶猪鬃，美国之汽油棉花麦子，巴西之咖啡，英国之毛织品，均为国际知名商品，国际贸易所以繁荣者以此，国际汇兑所以发达者亦以此。

前已言之，一国之货币估价过低（Undervaluation）或估价过高（Overvaluation）皆非所宜。如中美汇兑平价应为1比5者，假定作为1比6，即将法币估价过低，中国出口货将加多，美国对华输出将减少，美国人决不愿意。反之，若改为1比4，即将法币估价过高，美国对华输出虽可增加，而中国之输出将减少，中国亦不乐意。故最好不高亦不低，务得其平，各根据其购买力，决定其平价。

三、金本位之汇兑平价果非购买力平价耶？

今日之研究经济学者，莫不知有购买力平价说。此在纸本位之环境下，方才盛行。若在金本位之下，彼此汇兑，各就其所含纯金量决定，购买力平价说无立足余地。然试进一步研究，金本位之下汇兑平价，果与购买力平价系绝然二物乎？抑有相通之处乎？

譬如英美金本位之平价为1镑等于4.8665美元，一面因为其含金量相等，同时未尝不可认为购买力相等。假使两者之购买力不等时，美币之购买力低于英币，即美国之物价高于英国。英国1镑所能购之货物，美国4.8665元不能买到。若欲买到同样之货物，非在5元以上不可。如是英国输往美国之物品必日多，而美国输往英国之物品必日少。美国之地位将变为入超，英汇上涨。如涨过现金输出点，黄金必由美国源源流出。美国因黄金流出，物价必回跌。英国因黄金流入，物价则稍稍上涨，以迄两国货币之购买力相平而后已。其汇兑率自亦回归平价。故在金本位之下，各国金币之含金纯量不变，汇兑率变动之范围极狭。购买力苟失平衡，则迅速输送现金以调节之。汇兑之平价，亦即购买力之平价，二而一，一而二者也。若美国禁止输送现金，金本位之条件，残缺不全，等于放弃金本位。美国必无法维持固有平价，一视其国内购买力降低之程度，逐渐上升，毫无止境。虽涨至每镑合9元10元，亦属可能。

金本位之下，黄金既可自由输出入，流入之国，并不视为奇货，流出之国，亦不恐惧损失，因流出之后，不久即可流回，故汇兑极为安定。欧战爆发，各国保有黄金，依然如故，惟皆禁止其出口，一则防其资敌，一则亦可充实本国货币基金。各国皆用纸币，金本位等于放弃。再进一步即采用纸本位。故金本位与纸本位之过渡手段，即在禁止黄金出口。至于未禁之前与已禁之后，皆以购买力决定其平价则同。所不同者，未禁前之汇兑，有现金输送点之限制，故汇兑变动之范围极狭。已禁后之汇兑，堤防已溃，变动范围遂无止境。然在金本位时代，因有现金输送点之存在，讨论购买力平价者殊鲜其人，纸本位之下，金本位一变而为自由汇兑（Free Exchange），购买力平价之说，风行一时，固为时运使然，亦人心喜新厌旧之反映也。

四、输送货物与输送黄金有同样之效果乎？

金本位之下，英汇涨，即美汇跌。美汇跌，物价高，美国国外贸易将变为入超，黄金外流，物价回跌。故英汇如涨过现金输出点，美国立即开始输出现金，英汇涨风立即纠正。今假定美国于美币外汇跌落时，不输送黄金，而输送货物，亦可达同样之目的乎？理论上效果自然相同，因美国如多输出货物，以出售货物所得之黄金，偿付欠英国之债务，与直接输出黄金偿付债务，岂有以异乎？所不同者，在金本位下，黄金对外有固定之价值。美国旧元法，黄金一盎司铸币20.67元，英国黄金1盎司可铸3镑17先令10便士半。故4.8665美元，即可偿付英国债务1镑。至于货物则运送需时，又无固定之价格，运输商不能预知其价格，风险甚大。故偿务人在金本位之下，可得黄金输出偿债，莫肯输送货物，自寻麻烦。若在纸本位之下，黄金输出既受禁止，惟有冒险输送货物。然事实上欲增加货物之输出，一面与生产有关，一面复与交通有关，决不能与黄金之输出有同等之自由与便利，盖必有相当时间之迟延也。外汇虽涨，亦难于迅速调节，在平时固然，在战时尤甚。

五、汇价完全由购买力平价决定乎？

在金本位制之下，两国间之汇价，由两国货币之含金量决定之。在纸本位之下，加萨尔教授首先阐明购买力平价说，谓以两国货币之购买力来决定汇价。此说虽言之成理，然不无可批评之处，兹论述之如下：

1. 国际债务之清偿，国外投资及其利息，国际劳工及技术人员之雇用，侨民汇款等，均与货币购买力无关，但可影响汇价。可见不影响货币购买力而影响汇价者，因素甚多，未可一概抹煞，而购买力与汇价亦不能相提并论。

2. 若关税骤然增加，物价随之上升，货币购买力虽减少，但非起于货币数量之增加，故不能比较。

3. 若一国经济情形呈静态，一国呈动态，或二国均呈动态而比例不同，亦不能比较。如一国利用新发明，改良产业组织，增加生产效率，故生产成本降低，售价随之减少，购买力之变动，亦非由于货币之数量。

4. 一般物价之一齐上落，有时亦未必可据以推测货币购买力之大小。如物价指数由 110 涨至 120 或可归因于几种物品涨价。例如有 6 种物品于此，5 种价值 10 元之商品不涨，其余一种特由 10 元涨至百元，则平均物价为$\frac{5\times10+100}{6}=25$ 元。粗视之，以为 6 种物价皆涨，其实只有一种特殊物品上涨，余则不变，可知货币本身并未有何变动。可见一般物价指数，能否衡量货币购买力之变动，亦成问题。指数之用意，在使吾人易于思索而已，其内容多有待于研究。

5. 克尔邦氏（Kilbourne）在其所著之《货币与银行》一书[①]，以

① Kilbourne, Money and Banking，已由方铭竹与王清彬两位先生译成汉文，由商务印书馆出版。

为在第一次大战时德国物价之涨，并非由货币数量增加直接影响到物价，因德国商人，咸知马克之不可靠，专注意汇价，依美汇而定物价。例如当德美汇兑美金1元合马克1千个时，德国某种物价定为2千马克，至美金1元合马克2千个时，则商人将物价提高至4千马克，美金合4千马克时，则提高至8千马克，可知物价之涨，并非直接起于货币，乃由货币通过汇价而生变动。物价既由汇价而来，不能倒因为果，再以物价来衡量汇价，换言之，不能再以购买力平价来决定汇价。

由是以观，以货币购买力决定汇价，问题甚多。依货币数量说，货币，物价，与汇价三者之关系，当如下式：

货币数量→物价→汇价

足见购买力平价说，建筑于货币数量说之上。货币数量说有无可以批评之处，请阅下列两章。

第十九章　货币数量说(美国派)

著者于第十八章论购买力平价说时,曾谓该说渊源于货币数量说。但据吾人之研究,该说颇有可以批评之处,不能成为经济学上之一种定律,但在自由贸易制下可以指示两国间一般物价与外汇相互之趋势(Mutual Tendencies)。吾人如不信购买力平价说,货币数量说仍有其存在之余地。若进一步能指出货币数量说不妥之处,则购买力平价说更难以成立。

一、美国派之货币数量说

研究货币数量说者,可分为二派,一为美国派,以费雪(Irving Fisher)为其代表。氏著《货币购买力》(The Purchasing Power of Money)一书,驰名于世,对于货币数量说阐述甚详。一为英国派,以庇古(Pigou)与凯恩斯(Keynes)为代表。今请先言美国派,费雪氏货币数量说之方程式吾人均已熟知,兹分述如下:

$$P=\frac{MC+M'C'}{T}$$

此方程式中以 M(货币数量),M′(信用数量)V, V′(货币与信用之流通速率),T(交易量)五者为决定 P(物价)之因素。物价则

常为被动的结果。又此方程式中之因素虽有五种,而其最重要者则为货币之数量。信用本为后加之因素,故可化简如下式:

$$P = \frac{MV}{T}$$

此中之T, V常为固定之因素,故P可谓完全视M之数量多寡而定其高低。此货币数量说命名之由来。金来(Kinley)氏所著《货币学》①,以货币之边际效用解释其价值,对于货币数量说之货币价值视其数量之多寡为反比例之变化者,加以攻击。法国亚夫泰厉翁教授(Prof. Aftalion)亦主边际效用说,但亦有缺点(详后)。

货币数量说之重要条件,在其假定一段。假定其他情形不变(Other things being equal),则货币数量加倍时,物价亦必加倍。今即就此分析,可得三点:

1. 物价为被动之结果。

2. 物价与货币数量成比例变化。

3. 其他情形不变。

故吾人如欲批驳货币数量说,必须能证明物价非必常为被动的结果,物价与货币数量未必成正比例变化,货币数量增减时,其他情形不能不变,则货币数量说体无完肤矣。

1. 世界万事万物互有关联

世界上万事万物往往互有关联,若变动其一,其他不能不变动。例如人类日常生活品种类至为繁伙,食有米麦肉鱼鸡鸭蔬菜

---

① 有王怡柯译本,商务印书馆出版。

之类,衣有绸布呢绒之别。吾人如向吃猪肉,一旦决定不吃猪肉,其他食品仍不能不吃,或多吃鸡鸭,或多吃蔬菜,以资调剂。又如不喜穿绸衣,则改穿布衣,不能不穿衣则一。此消彼长,互有关联。数学上有函数论(Theory of Functions),谓一数随他数之变动而变动,关系至切。经济现象间之各种关系,实具有不少函数之观念。货币数量一变,其他因素不能不变,亦具此函数之意义,不独物价为然。故假定其他情形不变,不合事实。再如世界黄金之用途有二,一供美术用,一供货币用。供货币用者又分为二,一供流通用,一供信用准备用。在美术,流通,与信用准备三者用途之间,其边际效用必互相平衡。倘美术之边际效用小于货币之边际效用,则黄金将自美术用途向货币用途流去,直至二者平衡而后止。反之,则必自货币用途流归美术用途。再货币用途中之流通效用,如低于信用准备效用,则流通用量减少,信用准备用量加多,务使各种用途之边际效用平衡而后已。今 M 倘因黄金产量之增多或各种用途上之变动而变动时,如增加现金,则信用准备增加。信用准备增加,则 M′必随之增加。此 M 变时,其他因素不得不变之一例。M 变动时,V 不得不变,因钱多时,足敷应用,V 必小。钱少时,欲达同量交易,非增加 V 不可。例如每人手边只有 10 元,必易于用罄,若每人手边各有百元,可多用几日,手边多存几日,即为周转速率缓慢之明证。此 M 大 V 小之一例。再如重庆一时缺少铜子,因用邮票代替。邮票污损后,即将为邮局收换。苟无邮票以代铜子,则少数仍得在市场流通之铜子,其速率必甚快。此 M 变,V 不能不变之第二例。M 多时,信用准备亦加多,即 M′亦大。因 M′大,利率将下跌,贴现者将加多。贴现多,存款多,使用支票者多,即为事业发达之证据,亦即 T 加大之明证。此为 M 变,其他因素如 M′与 T 不能不变之第三例。故原方程式之所谓 P 随 M 比例变化者,以 M′、V′、V、T 等不变为前提。今既知 M 变,其他四因素不能不变。其他因素既同时起变化,则 M 影响 P 力量之一部或全部将为其抵消,P 之变化不必成正比例。例如 M 加倍,同时 V 减半,则 P 即可不变。或 M 与 M′加倍,T 亦加倍,P 亦可不变。故谓 P 随 M 比例变化,并非确论。

2. 货币数量说少实用上之价值

考货币数量说之目的,在决定货币之价值。但方程式中只有价格 P,而无价值,其意盖视货币价值为物价之倒数。物价贵,则货币价值贱。物价贱,则货币价值贵。物价涨一倍,即货币价值跌一半。物价一经决定,货币价值即可求得。故 M 之购买力已包括在方程式之内。惟此种数量说,对于公私两方,均无用处。公家不能根据之以施行政策。私人亦不能根据之以获取利益。如政府欲统制物价,视事实之需要,或提高之,或压低之,今若根据此方程式以提高物价,必须增加货币数量。然其结果,殊无把握,因 M 虽可由金融当局操纵,酌量伸缩,然其他因素为政府权力所不及,政府即无法操纵物价。盖决定物价之因素有五,而政府能操纵有把握者仅居其一。倘政府欲提高物价一倍,因之增加货币数量一倍,而 V′、V 均因此减小,T 或因此加大,则物价不必比例提高一倍,甚至互相抵消,或且过之,则物价不但不涨一倍,或至低落。如此何贵有货币数量说乎? 此货币数量说对公家无用之处。

又　　$P=\frac{MV}{T}$　　　　$PT=MV$

PT = X 吨煤 × 10 元（每吨 10 元）
+ X 担米 × 10 元（每担 10 元）
+ X 匹布 × 8 元（每匹 8 元）
+ X 吨铁 × 100 元（每吨 100 元）
+ X 包棉纱 × 300 元（每包 300 元）
+ ……

T 为交易量。将 T 拆开即成为若干吨煤，若干担米，若干匹布，若干吨铁，若干包纱等等。故 PT 为一切交易量价格之总额。此总额应等于 MV。此式中 T 所代表货物种类，不知其几百几千，每种之数量亦不知其几千几万。其中有涨价者，有跌价者，如布每匹自 8 元涨至 9 元或 12 元，米每担减至 9 元或 8 元，其他货物价格亦有涨落。假定涨价者一半，跌价者亦一半，平均则互相抵消。如是 MV 不变，PT 亦不变。今我所经营者为布业，布价确自 8 元 1 匹涨至 12 元 1 匹。此价格上涨之趋势，极为布商所亟欲知悉者。然货币数量说公式中之 PT 不变而布价确已大变。故公式中之 PT 仅示一般物价之变动，而于实际上各个物价之变动，毫无所指示。此货币数量说对于私人毫无用处。故货币数量说理论上研究者虽多，然在实际上无论从私人方面看，或公家方面看，皆无多大用处。尤其在短期间内，各个物价变动频繁，孰涨孰跌，无迹可寻。惟就长期言之，其功用始稍显著。如黄金之价值，自 1850 年至 1873 年下跌甚多，盖由于英属澳洲（Australia）与美国旧金山（California）等处金产量增加，金值大跌，故物价大涨。1873 年至 1898 年金价又趋贵，因各国在此期间采用金本位者甚多。金之需要加多，故价值腾贵，物价下跌。故就长期言之，货币数量说，尚有相当用处。此为货币数量说最大之贡献。

3. 货币数量说忽视人类心理之要素

格赖堆那氏谓细究货币数量说尚有一极大缺点,即此说为机械式的(Mechanical)①,对于人类的心理作用过于忽略。实则经济社会为人的集合体,人则为心之工具。人类之一切行为,莫不受心理之支配,经济行为何莫不然。故经济现象之变化,多由于人心之决断,并非完全机械式的取决于货币之数量。照货币数量说者之意,M 加多,P 腾贵,企业者仍乐于营业。换言之,即以物价决定人之行为,而非人之心理决定物价。然自吾人观之,每人之愿否营业,无不由于各人之心理与判断。倘吾人推断世界和平不久即将来临,国际之自由贸易,亦将重见光明。在中国和平恢复之后必决定借款,着手经营各项工业,此心理作用影响于人类经济行为者甚大,殊不可忽视,而货币数量说之公式,对此毫无所指示。今即就 M 之数量论,开金矿者亦操有极大之权力。惟开矿者之目的,并非为增加货币数量,发达社会经济,而后从事,乃为寻求一己之利润而努力工作。今试就方程式详为分析,当更能助吾人之了解。

假定某一社会,只用货币 M,尚未通行信用 M′,如经济落后之农业国家然,则其可适用之简单方程式如下:

$$P=\frac{MV}{T}$$

① Tjardus Greidanus: On the Value of Money, Chapter Ⅵ. the Mechanical Money Theories, pp. 56—84.

此方程式必指一定期间(A definite Period)而言,或一日,或一周,或10日,均无不可。既确定其适用之期间;若在另一期间,必有另一方程式,其内容未必与此式完全相同。今假定两期之方程式如下:

第一期间之方程式为 $P_1 = \frac{M_1 V_1}{T_1}$　即　$P_1 T_1 = M_1 V_1$

第二期间之方程式为 $P_2 = \frac{M_2 V_2}{T_2}$　即　$P_2 T_2 = M_2 V_2$

假定此两期间 M 均不变,但后一期间 T 加多,如只加米 1 千担,每担 10 元,如是比较两式因素中之 T 与 M 如下:

$$T_2 = T_1 + 1000 \text{ 担米}$$

$$M_2 = M_1$$

在此假定之条件下,倘欲使物价(P_2)不变,试问将如何变动乎?其必加速 V_1 无疑。

假定　$P_1 T_1 = 100,000,000$

$M_1 = 10,000,000$

$V_1 = 10$

$\therefore$　$P_1 T_1 = M_1 V_1 = 10,000,000 \times 10 = 100,000,000$

$P_2 T_2 = 100,000,000(M_2) \times 10,0001(V_2)$

$= 1,000,010,000$ 元

故在第二期,因米之交易量加多 1 千担,每担 10 元,合计万元,欲使价格不变,货币数量亦不变,必须加速 M 之周转率万分之一,方可与贸易量增加后所需要之金额相当。若如是,则先决定 V_2(速率),而后决定吾人买米之数量与价格乎?抑先决定买米之数量与价格,而后决定 V_2(速率)乎?如先决定 V_2(速率),使增金额 1 万元,然后决定增买千担之米,每担价格当为10元。若增2万元,每担价格当为20元。是则先决定周转速率,而后可知米之价格。价格之决定系于周转速率,则数量说为是。然试问周转速率之决定,如何能适如吾人之所期乎?是否吾人愿出10元一担,周转速率即加万分之一,或20元一担,周转速率即加万分之二乎?吾人知其必如此也。此千担米价格之大小必先由吾人之心理作用加以决定。如决定10元一担,则需增加货币额一万元。若吾人决定20元一担,即须增加2万元。若货币数量不变,惟有增加周转率以适用之。故吾人之心理可以决定米价。米价决定后,再决定周转速率。若谓周转速率决定吾人之心理,是倒因为果。试问吾人如何能得知速率增加万分之一,然后决定10元一担,如何能知速率增加万分之二,然后决定20元一担乎?速率之大小,固非吾人所得预知也。如价格为吾人主观所决定,则价格之现象为心理的,而非机械的。故货币数量说方程式,对于心理的要素未免忽视。以上是格赖堆那氏之说法。法国教授亚夫泰厉翁亦主心理说,理由相同,兹不赘。

4. 费雪氏理论前后不一贯

费雪教授亦说M变,其他各要素皆受影响,惟未能说清楚耳。然其确认V为机械式的决定吾人之行为,则无可否认。惟就吾人之研究,V之快慢可有二因:

(1) 实际情形(Technical Conditions)

(2) 个人之判断(Decision of Buyer and Seller's Own Free Will)

所谓实际情形如

（1）幅员之广狭，广则周转慢，狭则快。

（2）人口之多寡，多则快，寡则慢。

（3）交通运输之便否，便则快，否则慢。

凡此诸点，均为费雪氏所注意者。吾人既知人心定V矣。倘V决定人心，试问决定V者又为谁乎？费雪氏谓之实际情形，其所列举实际情形，原不止上列三端。今所引述，仅示概要，使知实际情形为决定V之因素，V又为决定P之因素。故方程式中之因素虽仅有5个（即M、M′、V、V′、T），并非谓5个以外再无其他因素，不过其他因素与P发生关系，必须先经过此5个因素，然后影响物价。如上举之实际情形，必先影响V，然后由V影响价格。吾人既知有V之因素决定价格，实际情形即可省略不言。惟吾人细读费雪氏之全书，原著第152页，仅说实际情形，可以影响V，完全忘却心理情形。又谓货币周转速率（rate of turnover）之快慢，决于人之习惯（Habits）。殊不知人之习惯为人之心理结晶，与实际情形两不相同。同在一页，不觉前后歧出如此。据氏之意见，实际情形与人之习惯，立于同等地位。实际情形，无人得以操纵，惟因其必经V_2，然后影响P_2。故能握住V_2时，不啻握住实际情形。今吾人决定增买米1000担，每担10元，需加金额1万元，方得周转，可加周转速率0.0001以适应之。若决定米价9元一担，需加金额9千元，应加周转率10万分之九。如是决定P时，已将V_2与P_2同时决定矣。并非由实际情形决定V_2，又以V_2决定P_2。可知P_2并非由M_2、M_2'、V_2、V_2'、T等机械式的决定之，乃吾人之心理早已决定之也。吾人不但决定V与P，且亦决定T。如$T_2 = T_1 + 1000$担米，此千担米成交与否，亦先由吾人决定也。吾人决定买米，即可成交，则多1千担。如决定不买，则与T无异。取舍之权，均操在我。但吾决定买米时,即将价格 P_2,周转速率 V_2 与交易量 T_2,同时决定之也。P_2、V_2 与 T_2 三者,因为第三者之心理所决定,并非以 V_2 与 T_2 来决定 P_2。由是观之,交易之成否,吾人心理作用关系甚大,不过当买卖之际,交易双方心理不同。买者有钱,只求钱之值高,故希望物价愈贱愈好。卖者有货,希望货物价格愈高愈好。两者同床异梦,一至成交,则同心合一,T_2 即由此决定。同时 V_2 与 P_2 亦决定矣。在费雪氏方程式中,看不出此心理之作用。

故吾人由心理之立场观察,由心理决定 P_2,同时决定 V_2、V_2'、T_2 之因素。货币数量说则谓 M_2、M_2'、V_2'、V_2、T_2 为决定 P_2 之因素,不免误会。吾人近日惟恐米价贵,竞相购米,米斯贵矣,此心理之作用也。故货币数量说不免颠倒价格现象之因果关系也。

货币数量说既被推翻,购买力平价说P. P. P. 自无立足之余地矣。盖购买力平价说,谓货币之内价先跌,而后影响货币之外价(汇价)。货币数量增加之后,其购买力必跌。内价跌,外价亦跌。外价跌,外国货币即随之而涨。故 P. P. P. 由货币数量说产生者也。吾人之意以为物价 P_2 由心理决定。如吾人以为货币信用好,物价可以低定。如对于货币发生怀疑,则物价理应高定。故物价高低之原因在心理,不在货币之数量。不特此也,吾人以为对货币之信用减少,外汇最为灵敏,即受影响,外价低(即外汇涨),进口货必高。进口货涨,土货之价亦涨。于是货币之周转不灵,不得不出于增加之一途。是货币数量之增加是果,并非是因。故数量说欠妥,而购买力平价说亦难成立。以上是格赖堆那氏之意见。

5. 物价与货币之质的关系

最后吾人尚须研究者,即吾人决定一物之价格,不仅从货币之量的方面(quantitative)考察,亦从货币之质的方面(qualitative)考察之。化学上有定量分析与定性分析之别。经济现象亦相类似。货币之质的关系,在货币之信用,货币本身无固定价值。货币之信用昭著,则价值高,物价决不致过高。如为不兑换之纸币,则须看政府之信用如何而定其值之高下。政府信用高,则货币价值高,物价比较低,否则币值必低,物价必高。譬如我军在湘北大捷后,人心振奋,法币外价立形高涨,岂货币数量顿然缩小之功效乎?

二、评货币心理说

货币心理说,是基于个人之判断,而判断固是一种心理作用,无可否认。但心理上对于单位的判断,只适应于物品,不适应于货币。作者在经济学概论中讨论价值时,置重于边际效用说。盖人之用途有限,而物品之供量无穷,供多于求,自成废物。以此之故,吾人对于物品之总量,不发生何种欲望。余所需之米,不过一二担而已,余之欲望,系对于此一二担米所发生者,并非对全国产额所发生者。换言之,即比较的多些少些的欲望也。譬如贫寒之家,存米1斗,此1斗之重要可知。乐善好施者流,知其生活艰难,另赐米1斗,计共有2斗(较前多些),则两斗之中,每1斗之重要,比较1斗时稍逊矣。倘再加1斗,计共3斗,则3斗之中,每斗之重要,较

2 斗时更差矣。如此类推,则斗数愈多,每斗之重要愈减。足见吾人对米之观念,系多些少些之观念,非对于产米总量之观念也。吾人对于 1 担两担之水发生欲望,对于河水并不发生欲望。又如有橘子 8 枚,食第一枚时享乐最大,食第 2 枚时享乐稍差,至第八枚时,享乐最小。此第八枚即边际上之一枚,其效用即边际效用。橘子之价值,须视最后 1 枚的效用之大小。大则价高而橘贵,小则价低而橘贱。最后一枚之效用小,价值低,其余 7 枚之效用亦小,价值亦低。盖此八个单位(8 枚橘子)处于平等地位,在实际上,无论何一单位,皆可为边际上之一单位,固无先后之区别也。

心理派欲推翻货币数量说,以货币心理说替代之,即以边际效用说替代之。吾人决定买米 1 千担,对于最后之 1 担,欲给以 10 元之代价,是对于米的最后 1 担,即最后一单位,予以估价。但对于货币,这个方式的估价是不适用的。盖货币之为物,其性质与物品大不相同。物品直接供吾人之消费与享乐,而货币不能也。故货币之效用,不能依一般物品之享乐或效用递减法则解释之。吾人对于米、水与橘子,有多些少些之观念,对于过多之米、水与橘,不发生何种兴趣与欲望,故可以单位估价的方法衡量之。但对于钱或货币则未闻有嫌其太多者。语云:“钱是多多益善”,即可表示这种心理。因此之故,效用递减法则与边际效用说,不适用于货币。此其一。

不特此也,吾人之心理作用,必须经过一定具体方式始可表现于外。譬如吾人夹袋中藏有货币 1 万元,原不流通。兹骤然决定买米 1 千担,每担 10 元。决定买米 1 千担,是一种心理作用。决定之后,方使不流通之货币开始流通,转让于人。是心理作用,必须通过这个流通速率的方式而后方能发生效力也。倘吾人夹袋空虚，无钱买米，势必向银行借款。结果货币数量增加。故决定之后，非流通速率（V）增加，即货币数量（M）增加。是心理作用在先，速率或数量之增加在后。换言之，决定买米之心理作用，必须通过增加流通速率或增加数量之具体方式，方可发生效力。

据心理派之意见，以为吾人决定增购米1千担之时，已将米价评定为每担10元，而后再使货币流通速率增加万分之一，是物价（P）决定在先，速率（V）决定在后。换言之，是物价（P）决定速率（V），并非速率（V）决定物价（P）。此说骤视之，似甚合理，但一经研究则不无可以批评之处。譬如吾人长途旅行，途次口渴思饮，见路旁有果园，园内有梨树一支，欲窃一梨以止渴。但于决定窃梨之时，树上之梨未曾减少一个。故决定窃梨之心理作用，不能增减树上之梨。若路旁有人，或园内有犬，或围墙过高，或树下有刺，则此心理作用不能成为事实。必也路旁无人，园内无犬，围墙不高，或树下无刺，方敢大胆摘一梨而食之。摘梨而食，是一种具体行动，不复为心理作用。此时树上之果，少了一个，故果子之数量，至具体行动之后，方能决定。果数如此，物价亦然。吾人不能说当吾人决定买米之时，便将物价（P）同时决定，必使此心理作用通过具体行动，而后方能确定物价（P）。此其二。

数量派提出以上两个理由，以反驳心理派。据余看来，第一个理由，殊觉勉强。吾人对于钱，固不嫌其多；但钱愈多而钱之效用愈减，则与一般物品毫无二致。富家之钱与乞丐之钱，其效用当然不一样，可以断言。第二个理由，可以视为心理说之致命打击。数量派之方程式，固带有机械式的气味，但是一种具体方式，使吾人容易捉摸，不如心理说之抽象空洞。

心理派欲心理说推翻数量说，同时欲以汇兑心理说推翻购买力平价说，盖购买力平价说，建筑于货币数量说之上也。兹吾人既不信心理说能取数量说而代之，则汇兑心理说，自亦不能夺购买力平价说之岗位而占据之。虽购买力平价说，至今日止，尚不能认为经济学上之一种定律，然在自由贸易制下，国内一般物价与汇价有相互行动之趋势，此则无可否认者也。

第二十章　货币数量说(英国派)

一、马歇尔之货币数量说

英国著名学者马歇尔(Alfred Marshall)氏为新正统学派之泰斗,其所著《经济学原理》(Principles of Economics),理论深奥,多所阐明,已成为标准著作,姑不具论。其所著《货币、信用与商业》(Money, Credit and Commerce)一书,对于货币之言论,比经济学原理一书已较清楚,对于货币数量说亦自有见解。其所反复解释者,再三着重货币之功用,以为一个社会对于货币之需要,有一定之数量,恰到最好处,不多亦不少,太多则近于浪费,太少则不够周转,故多少之间,有一分界线。此分界线即为最适中之线。然则其分界以何者为标准乎?曰视货币所得之利益(Advantage)。书中第44页有一段谓假定社会需要最适当之货币式的购买力(即货币数量)等于其每年所得十分之一,加上此社会财产价值五十分之一,假定以小麦(斗数)为单位,因小麦为人生必需品,其长期价值比较最稳定也。

倘一社会所得为5,000,000 Quarters of wheat,以十分之一即500,000夸特 Quarters of wheat 充货币(一夸特在英等于28镑)。财产为2千5百万 Quarters of wheat,以五十分之一即50万 Quarters of wheat 充货币。

两项货币合计为 1 百万夸特 Quarters of wheat。

推马氏之意,这个货币式的购买力数量为社会中最适当之货币数量,足资周转,不多亦不少。倘多于 1 百万或少于 1 百万时,必须权衡其利害(Balance the advantages against the disadvantages)。超过 1 百万以上所得之利益,如大于他方之损失,则加之可也。如得不偿失,自以不加为有利。反之,亦然。如少于 1 百万所得之利益,大于其损失,减少可也。倘得不偿失,亦以不减为是。然则加多或减少之利益如何权衡乎?因资财多用于货币,投资必减少。如投资于各项事业,每年可得相当之收益。若用于货币,则并无收入。货币所得之利益,在便利交易,为无形的。故增加货币上之利益与减少投资之利益,二者相权,孰重孰轻,而后定其适当之数量。此即为马歇尔权衡利害之意。在此社会以 1 百万夸特为最适宜之货币数量,亦为货币数量说之渊薮。

今试以个人为例。如某社会某人每月需用 1 百元,则预备 1 百元最为适宜。若预备 5 百元,不但损失利息,且有慢藏诲盗之虞,自然不利。反之,如仅预备 40 元,若有紧急需用时,即感不便,亦属不利。货币不够用时,往往赊账,赊账商人必加歧视,价贵货劣,购买者因缺乏现款,不得不忍痛接受,此为钱少不便之一例。中国社会亦有此习惯。记账与现卖价格往往分别订定,赊卖贵,现卖贱,商业秘诀,中外一也。故个人之使用货币,应有一适当之数量。整个社会合而观之,何莫不然。货币式的购买力,与社会之所得及财产有一定之比例。如此比例为十分之一,则货币之价值等于所得及财产十分之一。

二、凯恩斯(Keynes)氏之货币数量说及其批评

以上为马歇尔氏货币学说之大要。马氏死后,其所传授之门人,分裂为二派,一为庇古(Pigou),为马歇尔终身之私淑者,现任剑桥大学经济学讲座;一为凯恩斯(Keynes),早年追随马歇尔亦久,其后则渐渐离去,为现今英国新进之经济学家,年亦50余矣。惟派别不同,无候补剑桥大学经济讲座之希望。闻候补者将为Hichs。马歇尔氏对于货币问题或未十分重视,二氏之研究,皆有青出于蓝而胜于蓝之概。今请分别论述二氏理论之概要。

凯恩斯(Keynes)著《币制改革》一书(a Tract on Monetary Reform),在该书第76页谓社会所需最适当之购买力数量,应视其财产与习惯以为断"The amount of this Purchasing Power(whichit suits Them to hold or to carry about) depends partly on their wealth partly on their habit."可知其出发点与马氏不同。马氏所着重者为利益(advantage),而凯氏所着重者为财产与习惯。凯氏以为凡一社会之财产与习惯不变时,其购买力量可以确定。社会必有一定量之费用,凡为家主者,必能预知,如一社会一定期间内需米若干担,需煤若干吨,布若干匹等等,组成一消费单位(Consumption unit),即货币学上之所谓货物混合单位是也(Composite unit of Commodity)。货币之购买力,可以消费单位测度之,即一个消费单位,须换若干货币单位。凯氏之消费单位,以社会所需各种主要物品混合组成之。此种消费物之度量衡,各各不同,如米之量为担,煤之衡为吨,布之度为尺,依数学常识,名数之单位不同者不可以相加,若欲相

加必须有另一共通之单位方可。譬如英文常特设一共通名词,以名不可加之人物。如一父与一母不能相加,故英文特置 Parents 一共通名词。一父一母相加得二个 Parents,即为一例。今凯恩斯氏之消费单位,亦即一想像上之共通单位,吾人可意会而得。每一家庭消费多少单位,皆有历史根据,即各有经验,不致大相出入,各家合计则为社会之消费单位矣。以 k 代表社会中之消费单位,社会所需货币,必须足以购买 k 消费单位,以 n 为社会中之流通货币数量,以 P 为消费单位之价格(故 P 即为生活费指数)。故 $n = Pk$,因 $P \times k$ 必等于货币之数量 n。假定我家消费单位为 100,以 P 乘之,即为我家应预备之最适当之货币数量,过多不利,过小不便,此为英国派货币数量说方式之一。在一社会中 k 于一定时期内,未必有变动。k 既无变动(不增亦不减),则 n 与 P 必同升降。换言之,货币数量多,物价必高,反之必低。此式与美国派费雪氏之公式 $P = \frac{mv}{T}$ 不同。费雪公式中之 T,包括一切消费品与生产品,m 是货币(money),V 为货币流通之 T 速率。如工厂或商店皆为生产机关,各各需要相当货币数量,以资周转,不仅限于家庭之消费。今凯恩斯之消费单位,则专指家庭消费者而言,显然不完全,此其一。凯恩斯氏公式中之 n 必含有一定期间之意义(如一个星期),若一期间内,社会必需用若干消费单位,故必须预备若干货币。每一家庭于一时间开始时,必准备若干货币,最为适当,有如马氏所谓“利益”,过多不利,过少不便。是凯氏之意与马氏之意似相吻合。但一定期间内之耗费,乃指平常现象,意外之事不与焉。实则人生不能无意外,如修理房屋,求医诊病,皆属可有之事,但非经常有之。故吾人之生活费,应分为二批,第一批(first series)为经常的,第二批(second series)为非常的。非常之来,不可无相当预备以应付之。此种非常之需,在收入多者固须预备,可以存在手边,以待应用,但收入少者,亦不必存在手边,可投放在最流动之资产,需要时立刻可以变成现款,以备非常之用。可知活动投资之利益(advantage),可以与手中现金之利益相对照。活动投资虽非货币,亦有"预备购买物品"之性质。兹假定此一笔非常之需以现金方式存在手边,试看结果如何。第一批之生活费,有k(消费单位)为客观的对象。k为在一定时期必需购买之物。第二批之生活费,因一时不能预定作何用途,不能以k为客观的对象。故第二批之生活费,不在$n = kP$公式之内。此一批的钱固存在手边,但不在n之内,可知n不能包括货币之全部,此其二。一定期间内,n既不会有大变动,倘P大,k必小;倘k大,P必小。二者成反比例变化,不能同时大小。今$Pk = n$,即$P = \frac{n}{k}$,似乎P为$\frac{n}{k}$所决定。今n既不动,则k决定P矣。然自吾人观之,k非决定P者。决定P者为n,而k与P则同时为第三者所决定。此第三者为何?即马歇尔氏假定百万夸特(Quarters)小麦时之利益(Advantage)是也。假定货币数量不加价而货币之利益增加,结果货币之价值提高。货币价值高,即其购买力大,物价P下落,消费量k上升,因物价下落,可以多买消费品之故也。故此第三者利益为同时决定P与k之原因,而非k决定P。由此观之,P之大小,看$\frac{n}{k}$,仅为表面的。尤非k决定P,决定k与P者为第三者之利益。故此公式表示相互关系是对的,若论因果关系则不对。费雪(Fisher)氏之方程式,谓M,V,T为决定P之因数,但吾人之研究,以为买卖者之心理,占极重要之地位。如卖买二人同意,决定成交1千担米(T),每担价格10元(P),合计须增加10,000元。现货币数量不变,惟有增加其周转速率0.001(V)。故方程式中之P,V,T同时为买卖者心理所决定,而非m决定P。然心理决定之结果,在$P=\frac{mv\times m'v'}{T}$方程式中无从看出,故费雪氏方程式之相互关系仍然是对的,其不对者为因果关系。今Keynes氏之方程式n = pk,其相互关系亦对的,所不对者为其因果关系。故与Fisher氏陷于同样之错误。Keynes方程式中之n与Fisher氏方程式中之m,皆为一独立之要素(即非为他要素所决定者)。Fisher氏忽视心理之要素,已批评于前,Keynes氏忽视利益标准之观念,亦有可批评之处,此其三。以上是货币心理说反对货币数量说之意见。

三、庇古氏(Pigou)之货币数量说及其批评

庇古教授之货币数量说方程式为$P=\frac{KR}{M}$①,此方程式中之K为一百分比之观念。R为一社会中之资源(Resources),资源中百分之几应用作货币,则为KR,与马歇尔氏所谓所得十分之一,财产五十分之一,为购买力之数量,意义相当。惟马歇尔氏分所得与财产为二项,而庇古氏(Pigou)则只列资源一项。此资源一字,是否包括财产与所得,则不得而知。依经济学常理推断,资源可以包括财产

① "The Value of Money" by Pigou in the Quarterly Journal of Economics, November, 1917.

与所得，吾人之财产与收入，皆可称为资源也。此或即庇古氏改用资源一字理由之一乎。庇古氏所用之K，表示资源之百分之几，亦与马歇尔氏之十分之一及五十分之一之意义相同。假定资源为300,000,000，若K为$\frac{1}{3}$，应为100,000,000。若K为$\frac{1}{30}$，则当为10,000,000。故庇古氏之KR，与马歇尔之购买力数量（Amount of ready purchasing power）相当。方程式中之M为货币之数量，以M除KR所得之P，表示货币一单位之价值，故庇古方程式中之P，表示货币单位之价值，与凯恩斯或费雪方程式中之P表示物价者不同。

庇古方程式中之M似包括消费与生产两项费用在内，与凯恩斯之n只指消费用者不同，故比较准确，此其一。又庇古方程式可以说已将上面所讲的第二批非常之需包括在内，故比较凯氏之方程式为准确，此其二。不过庇古之方程式，只表示货币需要之量，并未表示货币需要之强度。此则关系甚重大，不可不分别清楚。吾人研究会计学时，关于资产负债表之状态，亦可有常时与非常时两种之观念。常时之资产负债表，为资产大于负债，且任何时候之资产，皆能应付到期之债务，企业自能照常进行。此可谓为常时之状态。若企业之资产，不足清偿债务时，按法即须宣告破产。虽有房屋地皮，必须拍卖，以清偿债务之一部分。即资产足以抵偿债务，因流动资产（如现金）不能应付到期之债务，陷于周转不灵，该企业亦须宣告清算。虽房屋地皮机器等足以抵偿债务，仍无用处。必须拍卖其资产，换取现金，以偿付债务。此种破产与清算，皆可谓为非常时之状态。非常时与常时之货币价值，大有出入。庇古方程式中之P，似不包括非常时期之观念在内，因彼只说货币需要之量(Volume),而未提及需要之强度(Intensity)。社会常时有若干资源,需要若干货币数量,为其方程式中所明白表示者。若需要之强度如何,则方程式中无有表示。如破产或清算时需要货币甚急,此时货币之价值甚大,方程式中无从看出。吾所举破产或清算时需要货币为表示强度之一例。其他之紧急需要皆可类推。其意义之重大,固不下于单纯的数量之需要。例如重庆商业界有比期,即商家结账之期。商人于比期时,如不能偿清债务,大伤信用。故商人为维持信用,即出重利借得现款以偿付比期之债务,甚所甘心,亦为需要强度甚大之一例。故观庇古方程式中之P,应包括常时与非常时之两种观念方对,但非常时之观念无从看出。此庇古方程式之可批评者也。此其三。

四、费雪、凯恩斯及庇古三氏数量说之比较

今再比较费雪与庇古之方程式,虽同一P字,费雪之P代表物价,庇古之P,则代表货币一单位之价值。惟货币之价值,即为一般物价之倒数。货币价值高,则一般物价低。货币价值低,则一般物价高。故货币之价值,即为物价之倒数。货币价值之倒数,即为物价。例如吾人跑山,可用两种单位计算,一以里程为主,每跑一里要若干钟。一以钟数为单位,每一点钟跑若干里。如一里跑半小时,其倒数一小时跑二里。平均数之计算亦然。第一次跑山每里需时半小时,第二次跑山每里需$\frac{1}{4}$小时,第三次跑山每里需$\frac{1}{8}$小时,平均计之,即为平均每里所需之时间。其式如下:

$$\frac{\frac{1}{2}+\frac{1}{4}+\frac{1}{8}}{3}=\frac{\frac{7}{8}}{3}=\frac{7}{24}$$

今若以每小时为单位，跑若干里，可将方程式颠倒，求之即得。

$$\frac{1}{\frac{\frac{1}{2}+\frac{1}{4}+\frac{1}{8}}{3}}=\frac{1}{\frac{\frac{7}{8}}{3}}=\frac{1}{\frac{7}{24}}=\frac{24}{7}=3\frac{3}{7}$$

即每小时行 $3\frac{3}{7}$ 里。

货币价值与物价之关系亦然。费雪之 P，既代表物价，如改作代表货币之价值，将方程式中之两端颠倒之可也。

故 $P=\frac{mv}{T}$ 之倒数为 $\frac{1}{P}=\frac{T}{mv}$

因 $\frac{1}{P}=P$（庇古式中之 P）

$$\therefore \quad \frac{KP}{M}=\frac{T}{MV}$$①

两边各除以 M

$$KR=\frac{T}{V}$$

两边各乘之 V

$$KRV=T$$

两边各除以 R

$$KV=\frac{T}{R}$$

---

① 参照 Currency and Banking, by Jack, chapter Ⅱ, On the Quantity Theory of Money, pp. 17—24。

Fisher 所指之交易 T,庇古所指之资产 R,皆包括消费品与生产品在内。故二氏之方程式,可以联成等式比较。凯氏之 K 专指消费物品,故不可与其他二式联合。

R 与 T 在短期间内不致有变,则 KV 亦不致有变。如 K 增加(即货币量增加),则 V 必缩小,可断言也。

五、评货币心理派之意见

吾人讲货币购买力平价说时,谓购买力平价说,渊源于货币数量说,并说明驳倒购买力平价说,货币数量说仍有其存立之余地。若驳倒货币数量说,则购买力平价说不攻自破。前章与本章均论货币数量说,对于凯氏之方程式 $P=\frac{n}{K}$,谓 K 为一已知之事实,短期间内不致变动,故决定物价(P)者为 n。心理派研究结果,知 R 与 K 皆由第三者同时决定,方程式中无迹可寻。又费雪氏之方程式 $P=\frac{mv+m'v'}{T}$,其中 P,V,V′,T 等皆由第三者之心理决定。此第三者之心理作用,方程式中亦无所表现。故货币数量说者之方程式,由货币之数量说明货币与物价之相互关系,自然皆有可通,而于货币之质的方面与物价之关系(因果关系)则无所表示。是最大之缺点。此为货币心理派之意见。吾人已于前章(第十九章)中批评心理说之不切实际,兹不赘述。

购买力平价说谓货币数量决定国内物价,由国内物价决定汇价。

吾讲货币之外价与内价之关系时,谓有三说:

1. 由内价决定外价,其程序为:货币数量多→物价高→货币之外价低。

2. 由外价决定内价,其程序为:货币之外价先跌→物价高→需要货币数量多。

3. 内价与外价互相影响。

货币数量说与购买力平价说者,皆谓内价决定外价。心理派研究之结果,则谓外价决定内价,其理由比较充分,因决定货币之价值者为货币之性质,而非数量。如使用货币所得之利益(Advantages),需要货币之强度(Intensity),买卖者之心理(Buyer and seller's own free will),皆为决定货币价值之要因。货币价值一经决定,外汇立刻受影响,因外汇为各项价格中感应最灵之物。货币之外价若跌,外汇立贵,外汇贵,则进口货价格首先上涨,其余物价亦接踵上涨。物价上涨,原有货币数量不够周转,非增加不可。如是货币价值为因(即物价为因),货币数量为果。假如我军克复南京之消息一经证实,法币之数如故,而其外价立高,可以断言。盖为人心乐观之反映,货币之信用有所增进也。金本位时期货币之价值决定于黄金之重量,其外汇率自无问题。纸本位之下,购买力平价说者谓以货币之数量决定其价值,然后决定其外汇率。观于以上所述,可知购买力平价说理论因果之颠倒矣。吾人所应重视者为货币之质的因素,而非仅量的因素,故可称为货币性能说(Qualitative theory of money)。

虽然,外汇变动之灵敏,不足为使用货币所得利益增减之指标。数年前,法币英汇忽自 8 便士降至 4 便士,不能谓吾人使用法币所得之利益,忽然减少一半。有时外汇降落之后,忽又飞涨,不能谓使用法币所得之利益,忽又增多也。且外汇变动之因素,有经济的,有非经济的。战争之胜负,为非经济的因素,可以影响外汇,但不一定影响物价。欲影响物价,必先使此心理具体化,经过 V,V′,T 之变动,而后始影响及于物价也。如战事失利,V 或 V′增加,或 T 减少,则物价势必上涨,反之亦然。

本篇参考　Chapter Ⅻ, the Cash-balance Theories, in a book entitled "the Value of Money" by Greidanus。

第二十一章　欧战后各国整理货币之概要

以前各章所述第一次欧战后所发明之各种新学说，皆可为中国将来整理货币制度之理论的根据。本章所讲则为欧战后各国整理货币之概要，可为整理货币制度之经验的根据。

一、各国货币之整理足为吾国之借鉴者

欧战以后，交战各国之货币价值几无一不跌，惟跌落之程度则不大相同。跌势较少者为英国，最大者则俄德两国。自停战后10年内，各国均经一度之整理，而趋于安定。今略述奥、匈、比利时、法国、德国、苏俄等整理过程，可为我国将来整理币制之借鉴也。

1. 奥国(Austria)

战后奥国币值大跌，奥国国土虽小，而其国民之购买力则有相当大量。只因币值下跌，国际信用大失，对外贸易不易发展。国际联盟为战后英法等民主国家所发起组织者，以为促进各国之和平相处，端在促进国际贸易之自由，而整理各国货币制度，为促进国

际贸易重要条件之一,极愿对于各国币制之整理,予以协助。其所首先协助整理者为奥国,由国联为奥国借用外资以为整理之基金。此项借款由他国政府为之担保。

2. 匈牙利

其次受国联之协助而得货币整理之结果者为匈牙利。奥匈二国在战前为联邦国,战后分而为二。故其货币之紊乱情形与奥国相似。其受国联之协助者,亦与奥国相似,由外国政府为其担保。

3. 比利时

比利时之货币制度,所以能得整理之效者,亦在借得外债。但无须外国政府担保,故比较奥匈二国光荣多矣。

4. 法国

法国借钱整理币制,不但无担保,且系自由向他国私立银团商借,不受外国政府之干涉,故比较比利时又进一步。盖由于法国政府信用良好之故。因法国政府信用良好,外国私立银团对之皆有信仰,而贷以巨款。结果国内外人民所逃避之资金皆回归法国。当法国黄金外逃时,由法郎变为外汇,如以法郎买先令汇票或美元汇票等。逃回时,又将此等外汇卖出,由政府收买,于是政府准备充实,货币之整理易如反掌矣。此为法国整理币制时之便利处。

5. 德国

德国战后币制之情形最为恶劣,跌价最大,赔款负担过重实为其最大原因之一。依道威斯计划,赔款之数额最初一年须偿付协约国10万万金马克,逐年提高,至第五年升至25万万金马克。欲付此数,非使德国之出口贸易增至250万万,进口贸易增至225万万,以出超之25万万支付赔款,方有偿付之可能性。盖此25万万赔款,不过等于出口贸易十分之一也。但德国国内对于225万万元之巨额进口货物,亦无需要,而他国亦不愿见德国成为世界最大之工业国,每年可有250万万之出口贸易也。倘协约国方面依此条件接收德国之货物,以作赔款,其国内同样之工业,必受严重之打击。故拒绝此种条件,即拒绝以货物偿付赔款。同时英法等国满望以赔款所得偿付对美之债务。美国工业亦极发达,英法等国纵然接受德国之货物赔款,亦必为美国所拒绝。此又为其拒绝货物抵充赔款之原因,而需要黄金。结果,德国国内残余黄金被外国吸收净尽,惟有实行二种方法:1.将货物运至中立国市场倾销,以所得之代价,吸收现金,偿付赔款,致世界一般物价随之下跌。2.滥发马克纸币,向投机者推销。各国人士以信仰德国政府之故,以为马克价格必有回复之希望,因而大买马克者不乏其人。故德国政府亦可收进不少现金与外汇,以资偿付赔款。不料德国政府有意毁弃国际信誉,滥发纸币,免除兑现之义务,无异于实行赖债,世人受其累者不知凡几。中国人上其当者亦不在少数。或谓德国之毁坏马克,是故意的,其目的在表示德国之穷,使战胜国不致索取赔款。因德国货物之倾销,战胜国货物之在国际市场者大受威胁。为维持商业关系,不能不追随贬价,损失不赀。故强制德国偿付现金,其对战胜国为利为害,未易言也。

因德国赔款引起极严重之整个世界经济问题,故不久即有杨格计划(Young Plan)出,以为减轻德国赔款之负担,比较道威斯计划轻松不少。

道威斯计划中有向外国借款之规定,使最初几年之赔款有着落,不致使外汇激变。因德国平日贸易已处逆势,若因赔款而使外汇之需要加大,纵经政府之努力干涉,亦无法使之平衡。假定平日外汇之供需趋于平衡,今若骤加德国以25万万马克之赔款,将使德国外汇之需要大于供给,对于马克之外价至为不利。故初期数年间之赔款,略为减少,俾不至大大影响其外汇。故道威斯计划之优点有二:1. 由外国借款给德国,2. 减少德国对外汇兑之需要。

其后德国发行雷登马克(Reuten-mark),以地皮及其他财产作抵押。此项地皮与财产皆有收入。持有雷登马克者,皆得享受其收入之分配。此种马克极受德国农党之欢迎,因农民原极重视土地。马克既以土地为担保,又有收入,故欢迎之。结果,雷登马克之信用极佳。惟其信用之所以佳,不在其有地皮及财产为抵押,而在其发行数量有限制。依经济原则,纸币不能以财产或土地作担保,因财产或土地非价值之尺度,其本身之价值亦需以货币为尺度。如货币价值低落,地产价格有反比例的腾贵之势。假定地产原价2万万元,为发行纸币1万万元之担保。纸币有深厚之信用,物价较低。今因财政需要,增加发行。以同一地产,担保2万万元之纸币。此时地价必因纸币之增发而腾贵。假定腾贵1倍,则此地产之价格将腾贵至4万万元。因物价腾贵,纸币数量又不够周转，又有增发之必要。如增发至 4 万万元，物价又涨，此时地产价格必又涨至 8 万万元。依此类推，纸币如发至 8 万万元，地产价格可涨至 16 万万元。地产价格随纸币之增发而提高。水涨船高，此同量之地产，竟可为任何数量纸币之担保。纸币价值之低落，漫无止境，其危险为何如乎？故为纸币之准备者，在金本位下，最好莫如黄金。黄金每元之价值有一定之分量，为之限制。金币 1 万万元为发行纸币 1 万万元之准备，其准备率为 100%；若为 2 万万元之准备金，其准备率即减为 50%；若为 4 万万元之准备金，其准备率减为 25%；如为 8 万万元之准备金，其准备率减为 12.5%。发行数额愈多，准备率愈低，危险亦愈大，显而易见。当局亦必有所顾虑，而不敢多发。故以黄金为准备，每元代表固定之金量，足为金融当局之牵掣，而不敢多发。今以地产之总价格为纸币之担保，纸币愈多，地产价格亦愈高，准备率之降低无从看出，故在金本位之下，钞票不至于滥发。在不换纸币制度之下，以地产为担保，地产价格随币值之下跌而上涨，漫无止境。因地产非价值之尺度，为价值之尺度者，其自身之价值须以不变为前提。如长短以尺，轻重以斤，大小以斗，各有一定标准。价值尺度之大小以黄金之价值量之，比较最合适。以地产为发行之担保，实不合经济原则。但德国之雷登马克所以受人民之欢迎，而结果亦甚良好者，非地产为担保之功，乃发行数量严加限制之效也。

6. 苏俄

苏俄卢布跌价之情形，比较德国稍胜一筹。苏俄币制之改革可谓完全自力更生，并未得任何国之援助。资本主义国家，不但不予以援助,且乘机进攻,欲扑灭其共产政府,而苏俄政府能独立奋斗,备尝艰苦,卒能克服困难,建设猛晋。其奋斗成功条件之一,为其对外贸易国营。如农民之农产物,除生活必需量以外,有余悉被政府征发,输运外国倾销。所得代价,一部分换取机械回国,以增加其国内之生产力。一部分则存储国外,作为整理货币之基础。故苏俄整理币制之准备金,非借自外国,乃为其自力蓄积。其农民牺牲甚大。浅见之农民,遂怠于耕种,致遭遇极严重之荒年。结果依列宁主张,实行新经济政府,变通办理,暂时容纳私人资本,订定经济计划,国家经济始日有起色。

当时苏俄国内有不少土产物品,其价值反远较国外为贵,皆由此故。然非此决不足以复兴苏俄之经济。

苏俄当时货币亦有二种:一为旧卢布(Rouble),为战时之遗留物;一则根据外汇所得基金为担保而发行者,称为切旺纳(Chervonetz),以为对外贸易及汇兑之用。对内则仍用旧卢布。结果切旺纳价值非常稳固。1923 年两种货币,同时流通,惟其间换算率,时时不同耳。迨 1924 年 2 月始将旧卢布取消,以 50,000,000,000 旧卢布换 1 金卢布,德国旧马克亦于 1924 年 8 月取消,以 1,000,000,000,000 旧马克换 1 金马克。

7. 各国皆愿与美元联系

第一次欧战后各国皆愿与美元联系,在当时国际形势观之,美元价值最为可靠,即在今日犹复如此。当时之美元,每盎司纯金可以铸造 20.67 元,现在则改为 35 元。美元内容既变,则汇兑率自应调整。例如战前 24 法郎等于 1 镑,1 镑等于 4.86 美元。故每 1 美元约等于5法郎。1928年法郎贬值约等于战前法郎五分之一,则每1美元应等25法郎。旧汇兑率自不能适用。故货币之整理,必须首先求得汇兑之平衡点。此即对美汇兑率,每元约合25法郎,尚系1928年之事。法郎之内容减低后,应否重铸新法郎,原非必要之条件。惟必须决定一外汇之平衡点,则为安定币制之一重要条件也。当法郎价值决定贬去五分之四后,旧法郎之成色重量已不适用,必须减低成色与减轻重量,使其价值与新定标准相合而后可,惟应否铸造新法郎币,则为另一问题。战后货币纷更甚多,不但旧国家之货币多所改变,新国家之货币亦先后出现。如波兰之货币为Zlotz,立陶宛(Lithuania)之货币为Lit,拉脱维亚(Latvia)之货币为Lat,匈牙利之货币为Pengo等,皆为战后国际金融市场中之新货币。法郎价值现仅达旧时价值五分之一,意国货币Lira贬值至$\frac{1}{4}$强。惟有苏德两国货币维持与战前旧币等价,犹中国之法币至今官价犹为1比20,惟极小买卖。孰料1924年2月苏俄突然下令以50,000,000,000旧卢布等于1新卢布。1924年8月德国政府下令,以1,000,000,000,000旧马克合1金马克。

二、各国整理纸币之方法

中国战后,无论对内对外,不言建设则已,如言建设,必自整理币制始。整理方法固甚多,而第一次欧洲大战后,各国整理币制之方策,可供吾人之参考者,可类别为三:

1. 膨胀法(Inflation 即消灭法)

膨胀法为德国所采用。德国膨胀之结果,将旧钞票废弃,而另行发行新马克,依1,000,000,000,000旧马克等于1金马克之比率收回之。此法在德国可行,在中国不行,其故有五:

(1)德国民间经济发达,政府政策澈底,政府与人民同心戮力,不因币价之跌落而有所隔阂。中国人民与政府缺少联系,除纳租税外,向不问政治,以打官司为大戒。故官民颇难接近,惟一关系靠法币。从前银行发钞票,可以兑换现银。人民不信任钞票时,可以自由兑换银币贮藏,其联系官民之作用尚少。法币政策推行后,人民不得以纸换银,反须以银换钞,与从前相反。现银集中政府手中,运往美国充作准备。现在国内尚有多少银币,不得而知。法币之面额,或为一元或为10元,或为百元,不再写明见票即兑字样。人民见票仅知其数,其本体(现银现金)则在政府手中。法币价值之维持,惟政府是赖。人民为保持法币价值,不得不拥护政府,否则法币之价值恐无着落。故吾谓中国人民与政府之联系在法币者以此。今政府若效德国故智,一任法币价值之自然消灭,必将丧失人民之信仰。此中国与德国不同,消灭法不可采用者以此。

(2)第一次欧战战场,不在德国,那时飞机之轰炸,亦无今日之凶猛。故德国损失甚少。平时之牵引机(Trector)可改为战时之坦克车,战后之坦克车,仍可改为平时之牵引机。有丰富之物资,始有基础坚固之工业。马克价值消灭无关要旨。中国物资缺乏,经济发达,全赖活动资本。若法币价值至于消灭,活动资本无法周转,将成经济发展之障碍。此其二。

（3）德国马克外销甚多。各国人民无不信德国政府必将维持马克，均保有相当数额。投机家所购尤多。德国将马克价值消灭后，对外人保有之马克，可不负任何兑现责任，等于外国人协助德国战费，为计良得。今中国法币，均在国人手中，外人所持者为少数，有之仅属上海若干日人而已。故我政府如消灭法币价值，于政府无利，于人民有害，远不若德国之有利。此其三。

（4）德国各种物品，均能自制。中国多种物品，不能自造。即如印钞而论，大部均由英美钞票公司承印，所用纸张均有特别暗记，用三色套版印成。技术精巧，不易伪造。今日且用运输飞机运入许多法币，所费不赀。一旦废弃，亦属可惜。此点重要性虽不如前数点之大，要不失为一次要之理由也。此其四。

（5）第一次大战之后，战胜国要求赔偿损失。赔款之巨，非可以言语形容，德国为表示力量太小，无法担任起见，故意将马克作废。此其策略使然，未可厚非。但中国决不能成为战败国。战事结束后，只有中国向日本索取赔款，决无日本向中国索取赔款之理。故德国之膨胀法，无一顾之价值。

观此五点，可知消灭法在中国决不可行。

2. 提高法（Deflation 即紧缩法）

膨胀法既不可，英国采用之提高法则何如？中美汇兑原定法币百元合美币 29 元 5 角，即美币 1 元合法币 3.33 元。今法定汇率已升至 20 元，黑市更达 89 元以上。如欲提高至原定比率，须达 25 倍之多，谈何容易。试举其理由，亦有二点：

（1）恢复法币战前之价值，非聪明办法。法币汇价，既已跌落

25倍，今忽然提高25倍，先前因币值跌落而遭损失之人，已非今后因币值提高而得大利之人。物是人非，何愚之甚。

（2）币值过于提高，物价过于跌落，均非所宜。工商企业，倒闭频仍，足以招致经济恐慌。例如工厂造货之时，工资1百元一日，煤2千元一吨。货成之后，物价大跌，而成本已定，该厂将何以支持。仅有之民族资本，恐亦将归于消灭。其情形之严重，无异经济革命。工厂关门，工人失业，银行搁浅，存款无着。影响所及，不知底止。如投石水中，波浪四起，公私损失，不可胜计。此其二。吾意将来整理之时，内价固应提高，使与外价平衡。但若操之过急，而欲提高至战前之地位（即美币1元合法币3元3角3分），则非所宜。

故提高法中国可行，但不宜过于提高。英国前车可鉴，慎勿自蹈覆辙。况英国提高之程度，远不及中国今日之剧烈，中国岂能胜此恐慌之重任乎？（参照书末附录）

3. 钉住法（Pegging Policy 贬值后加以钉住）

钉住法系法意两国所采之方法，吾人主张放弃汇兑本位，故不赞成之。兹就法国经验谈之。如英法汇兑，原约25.22法郎等于英金1镑。战后整理法郎之结果，定125法郎等于1镑，即钉住于原值五分之一。盖此项汇率为战后英法经济比较平衡之一点也。或谓中国将来似可用此方法，钉住于一点，庶流弊较小。例如法币钉住于美元，以20元法币，抵美币1元，使之稳定，亦已跌至六分之一矣。钉住后之利益有三：

（1）现在市面流通法币外，尚有关金，1关金等于法币20元，1

美金亦等于法币20元,即1关金等于1美元。现在美国有人提倡国际通货,以犹劣他 Unitas 为本位,等于10美元,亦即等于中国关金10元。假定中国能以关金为钉定之标准,则与国际通货折合,甚为便利。此其一。

(2)关金券已在市面流通,将来仍可继续使用,少一纷更。将来或可指定国内用法币,关金则仍保持二十换一之比率,但专作国际汇兑用,可以无须多费。此其二。

(3)苟能钉住此点,人民吃亏不过六分之五,较之国内物价高一二百倍者,相形之下,得利多矣。苟如是,政府亦不至负担过重。此其三。

由是观之,中国整理币制之法,不外三途,而以第二法(紧缩法)为最优。第三法固有可采之处,但吾人主张与其牺牲内价,不如牺牲外价。故不主张钉住于一点,使外汇毫无伸缩之余地。况钉住外汇,必置准备金于外国,流弊滋多,已详专章(第十四章第五节),兹不赘。

三、调整货币价值之途径

1. 内价与外价常不一致

前已言之,货币之内价与外价,颇难一致。试就中美汇兑论,假定汇价为美币1元等于法币5元,而购买力平价为美币1元等于法币3元5角。如是内价高,外价低。外价低于内价是常事,内价低于外价是例外。盖外价比较感应最灵。法币之信用苟有变动,外价必首先受影响，然后进口货物之价格必比例上涨。其次为机制国货，原料多来自外国，中国不过加工制造而已。最后始及于土产。故物价之腾贵，常落在汇价之后，汇价先变，物价后变。国内物价低，即法币之内价高。外汇贵，则外价跌。外价跌落大于内价之低落时，利于输出，而不利于输入，故出口商有大利可获，并可在国外市场上占取优势。如中国货物价值 3 元 5 角者，在美可售 1 元，汇回中国，可得法币 5 元。出口商人每售价值 1 美元之货物，汇兑上即可获利 1 元 5 角。若此出口商将货物减价出售，改为 9 角，汇回中国，尚可得法币 4 元 5 角，较国内物价犹溢出 1 元之汇兑利益。同时，因减价出售，美国之竞争者皆将为之打倒，一举两得，利孰大焉。推原其故，即内价与外价虽同时跌落，而跌落之程度不同。内价常落在外价之后，亦常落在外价之前。如从前内价与外价一致，各为 2 元 5 角，今日外价跌至 5 元，内价则为 3 元 5 角，二者均跌落，而外价跌落之程度更大。或外价跌至 5 元而内价则跌至 10 元，二者均跌，而内价跌落之程度较大。

2. 照外价整理之利益

假定外价跌落之程度更大，而吾人已届整理货币之时机，必须稳定其价值，将照外价之标准，定为 5 元乎？抑照内价之标准，定为 3 元 5 角乎？换言之，即吾人重定货币之成色与重量时，将规定 5 元等于美币 1 元乎？抑 3 元 5 角等于美币 1 元乎？若照内价为标准，其成色与重量必须比较外价标准为高。假定照外价标准整理，中国货币之成色或重量必须减半（原为 2 元 5 角），内价则逐渐下降,直至与外价相平而后已。内价何以能跌落而与外价相平乎?因内价高于外价时,出口商始终站在有利地位,政府于此时正不妨多发纸币,物价渐高,即其内价渐低,终可至5元之标准。故依财政当局之立场言,自然欢迎照外价标准整理之。内价既与外价平衡,出口商之特别利益,不复存在。但在内外价未到平衡点以前,其利益亦不致完全消灭。即至平衡点以后,亦不致受损失,而国内自用之制造品,布匹,绸缎等亦因物价之上升,制造者可获大利,故照外价标准计算,欢迎者有三方面:

(1) 财政当局

(2) 出口商

(3) 国内日用品之制造者

3. 照内价整理之利益

反之,如照内价标准计算,即依3元5角计算,则何如乎?如是,必利于进口,而不利于出口。外汇必然跌落至3元5角之标准。出口商立刻被打倒。因照外价稳定时,国内物价上涨势缓。照内价稳定时,外汇立刻下跌。如前述之出口商,以3元5角法币之货物,在美售价九角,照外价稳定货币,既可推广销路,又可获利。今若照内价计算,外价必立刻上涨至3元5角,则此出口商原售美币九角之货物,汇回时,仅得法币3元1角5分。不但不获利,反每元亏蚀3角5分矣。从前被中国出口商打倒之外国劲敌,今则喜出望外矣。国内日用品货物之制造者则不受影响。此外进口商自然希望外价上涨至3元5角(法币之外价上涨即外汇下跌),可使进口货之售价低廉。

4. 照内价调整货币价值之途径

中国目前物价情形(二十九年三月间),就重庆论,有较战前涨至10倍以上者,至农产品因不易输出,故涨价最少。此种涨价在10倍以上者,原因复杂,如人口集中,交通不便,商人囤积居奇等,皆为显著之例。就全国论,据各方意见,该时法币内价之跌落,尚不及外价之甚。外国人士,其收入以外币计算,而其支出则用华币,尚不感有任何痛苦者以此。如在美吃鸡一只,需美币1元,来中国吃同样之鸡,仅需法币3元5角,岂不便宜。尤以欧战后之法国,物价远较汇价为低,外国人之前往法国居住者为数不少,中国留法学生亦盛极一时。

然则就二十九年二三月之情形而论,中国将来整理法币将照外价为标准乎?抑照内价为标准乎?以财政当局观之,或欢迎以外价为标准。以吾观之,似照内价为标准之希望较多。其理由有四:

甲、若照外价为标准,外国货价格太贵,中国人将无力购买。如现在西书价格腾贵,学校员生之购买西书可称绝迹。即翻印西书价格亦颇有可观,况原版西书乎?将来整理币制,端赖英美帮忙,英美固不愿中国币值太低,致缺少购买力,中国政府不能不酌量采纳。

乙、若照外价为标准,中国法币不必再事增发,否则物价日高,小民将何以为生乎?

丙、公债发行已甚巨,购买公债者希望能得利息。如百元债票年利6厘,可得利息6元。若物价太贵,如布每尺3元5角,则6元利息,不足购布2尺。公债之利率不加高,试问尚有谁愿购买公债乎?若照外价为标准,布价1尺值3元5角者,将提高为5元。公债将更无人问津矣。故政府为推销公债,必照内价稳定,购买公债者亦必群起要求政府,以内价为标准也。

丁、法币之行市有三:

(1)官价,每元合14便士半(二十九年四月八日),中央银行用之。

(2)挂牌价,每元合7便士,中交两行用之(同时公布)。

(3)黑市价,每元合4.125便士(二十九年四月八日)。

官价有名无实,而挂牌价尚在黑市行市之上甚多,可见政府有意提高法币之信用。况蒋委员长时时昭示国人,决心维持法币信用,"且不使人民有丝毫损失"。内价既照外价为高,其必能采用内价无疑。

由此四点观之,故将来法币整理之标准,当根据内价希望较多。

5. 照内价稳定,事实上亦最持平

前举数例,除比利时之稳定货币照外价外,法国之稳定货币则照内价。因法国政府发行公债甚巨,法国人民之靠公债利息生活者甚多,称为Rentier,势力极大,反对政府照外价稳定,故结果采用内价。德国既不照内价,亦不照外价,而照1,000,000,000,000之比例稳定新马克,诚出人意外,致国际信用大为丧失。意大利之稳定办法,较内价更进一步。意大利政府依照内价稳定,尚觉不足,极力收缩通货,使Lira之价值更提高。盖由墨索里尼好大喜功,凭其理想，以为必如是，方足维持意大利之威信。不知结果所至，出口业大受打击，贸易入超，黄金外流，终于取消金本位，贬低币值，但国民经济之损失，已甚大矣。故照内价稳定之后，不必再事提高，最为公平。

四、应请注意之要点

以上所述，皆根据于二十九年上半期之情形。今日（三十三年二月）之情形，适与二十九年上半期相反。外价之跌落，远不及内价之甚。在二十九年外价低于内价，在今日则内价远低于外价。整理法币，自当反其道而行之，当以外价为标准，使内价逐渐上升至于与外价相平而后已。今日若干人士坚持美元1元合法币20元之官价办法，不能认为不对，不过于拥有外汇之个人或机关有害而无益耳。使法币内价逐渐上升，即使国内物价逐渐下落，俾一般消费者，皆得保有其维持生活之能力。况今日物价之高，多由于交通阻滞与囤积居奇，其不合理，无可否认，使之下降，谁曰不宜。

第二十二章　再论调整货币价值之途径

一、内价与外价一致之场合

货币之内价与外价常不一致，余既屡述于前矣。有时内价高于外价，有时外价高于内价，但内价高于外价场合居多。今试用向例之图，分别说明如下：

第一图

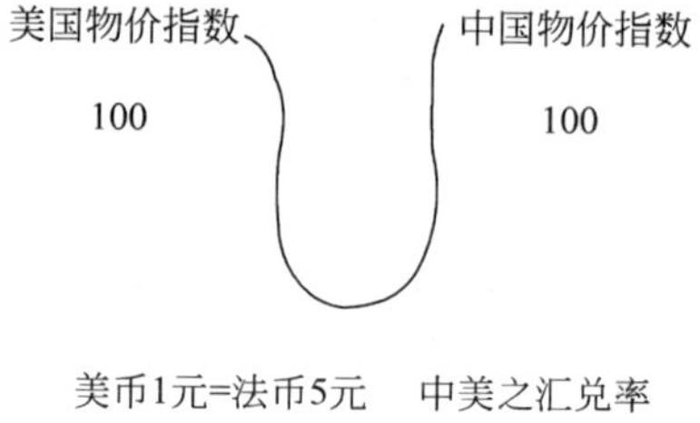

假定美国与中国之汇兑平价为美币1元等于中国法币5元。当时美国之物价指数为100，中国之物价指数亦为100，则此时中美两国之物价与汇价一致，即两国货币之汇价等于其购买力之平价。欧战后各国货币之贬值者皆经一度之整理，前已言之。其整理时大都皆以美国货币为标准。因尔时美国维持金本位，而未遭通货膨胀之恶果也。旷观今日世界重要国家，多数皆已陷入战争漩涡。

中美英法德俄日意无一不参加战争,土耳其将来是否亦须牵入漩涡,固不可知。就目前论,尚超然于战局之外。美币虽已贬值,昔日一盎司纯金可铸造金元20.67个,今日改为35元,然其有固定之含金量,固甚显然,尚未完全脱离金本位。此皆美币价值安定之明证。中国今日法币名义上仍与英币联系。英国之局势既如此,英币与黄金无固定之关系,金价时时变动。故每盎司纯金可卖若干镑,已无确定标准,不若昔日之以3镑17先令10便士半之确定,可谓与黄金已脱离关系。此英币不及美币安定之处。中国现在事实上已改联美币,此吾人举例所以不用英币而用美币之理由也。

今假定美国物价指数从100涨至120,中国物价指数从100涨至200。在此情形之下,欲求中美两国汇价等于其购买力之平价,应以中国之物价指数除美国之物价指数,结果等于0.60。其式如下:

$$\frac{120}{200}=0.60$$

即比较两国高物价之结果,中国法币5元,此时仅等于美币60分。盖中国法币内价跌,故物价高。美国货币内价跌,故物价亦高。然中国法币内价跌落之程度则远大于美国货币内价跌落之程度。法币跌价后之实值仅及美币跌价后实值百分之六十。昔日法币5元等于美币1元之汇兑平价,今日降为60分矣。其关系如第二图所示:

第二图

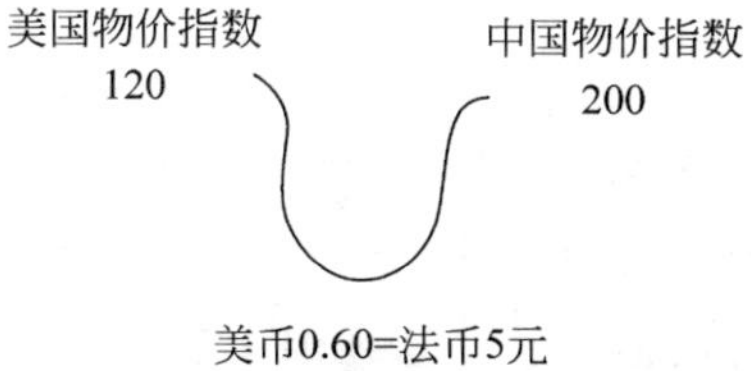

观上图,两国货币跌价后之内价与外价,仍然一致。试设例以比较之,更可显然。按第一图,中国出口商以5元之货物,运往美国出售,得美币1元,将美元汇回中国,仍可得法币5元,足证外价与内价之相等。按第二图,此中国出口商再以10元之货物(指数200),运往美国出售,可得美币1.20元(指数120)。将此1.20美币依美元6角之汇价,汇回中国,仍得法币10元。故内价与外价仍属一致。惟在此内价与外价合一之情形下,必先有一假定,即中美物价指数200与120能代表真正之购买力平价为前提。但经吾人之研究,知所谓购买力平价无非表示两国物价有归于平衡之趋势而已。

二、内价与外价不一致时之基本调整方法

由物价指数已成之膨胀事实,从而根据之以稳定其外价。此为承认已成事实之方法,在政府显有损毁信用之嫌,因政府原定5元法币,可值美币1元者,今仅承认只等于美币60分。换言之,即以原值六成之价值,偿还法币5元之债务,其余四成,公开宣布不还,非接近赖债乎?惟不可不知者,即赖债事实之发生,已开始于通货膨胀之时。当政府稳定汇价时,不过对已膨胀之事实,加以承认,非稳定工作之本身有膨胀之作用。但承认一举,即不能无责任耳。

其次则为实行紧缩法(Deflation),使两国对已膨胀之通货,逐渐收缩,提高其价值,以压低物价,直至原来之物价水准为止。即使中国之物价指数压低至120与美国相同(即中国之物价自10元

压低至6元)，则汇兑率亦可回复至原状。惟收缩货币，提高币值，压低物价，虽足以增加政府之信用，然流弊极大。当通货继续收缩时，物价继续下跌，工商业者皆以高价购买原料与货品，而以低价卖出，损失甚大，足以发生经济恐慌。故工商业者无不希望物价之继续增高，而不望其日趋下跌。消费者则反是。物价愈跌，同量之收入，可以购买更多之货物，自然欢欣鼓舞。政府处此二者之间，何去何从，全为双方势力之强弱所左右，甚且一律皆被推翻，而以新的经济制度代之而起，亦属可能。

故对已膨胀货币之基本调整方法，一为承认已膨胀之事实，一则实行收缩，提高币值。

三、通货涨价与跌价过程中内价与外价差异之原因

然当货币继续膨胀，其价值继续下跌时(Depreeriating)，无论何一交战国，在继续抗战之中，政府收入大减，支出浩繁，外债不能大量借到，不足之额，须仰仗纸币。纸币价值未有不继续下跌者。在此价值下跌之过程中，其外价之跌落，往往较内价跌落之程度为速。二者常不能一致，其情形如第三图所示：

第三图

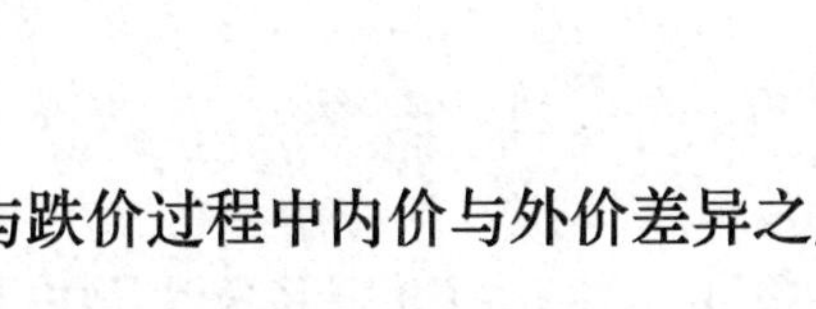

依购买力平价之汇价美币0.60=法币5元
实际汇价美币0.50=法币5元

如是纸币之实际外价低于其购买力平价，盖依购买力平价之汇价，应为法币 5 元等于美金 6 角，而实际汇价，只等于美金 5 角，因外汇为感应最灵之物，纸币之继续膨胀，汇价最先受影响，物价则在逐渐提高中，故其外价低于平价。

反之，当货币数量继续紧缩，或其他原因，货币价值继续提高时（Appreciating），如中国战胜日本，法币之信用日高，则法币之外价亦必先内价而提高。其情形如第四图所示：

第四图

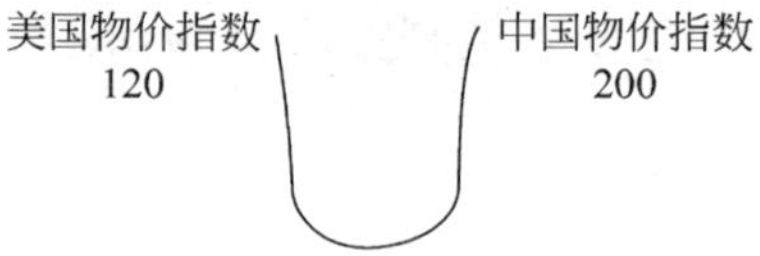

依购买力平价之汇价美币0.60=法币5元
实际汇价美币0.70=法币5元

如是，法币之外价亦必先内价而上涨，其理由与继续跌价时原无二致，以外汇感应最灵也。

中国法币之将来，不出此二途，即继续跌价与继续涨价，各有二分之一机会。犹人在某期内或死或生，各有$\frac{1}{2}$机会。其不死则生，不生则死，则可确定无疑者也。用数理公式表示之，$\frac{1}{2}+\frac{1}{2}=1$，此一字即确定之意。同理，将来之法币状态，或继续下跌，或继续上涨，各有$\frac{1}{2}$机会。若非继续上涨，即继续下跌，非继续下跌，即继续上涨，直至稳定之后为止。故中国将来无论胜败如何，法币之状况，不外出此二途。

四、调整法币内价与外价差异之途径

惟无论法币之上涨或下跌,战事停止后,政府必设法加以调整,而使之稳定。稳定之途径有四:即上涨与下落各有二途。当币价继续下跌时,其外价往往低于内价(但中国则高于内价)。可照内价稳定或照外价稳定。此为二途。至币价继续上涨时,其外价往往高于其内价,亦可照内价稳定或照外价稳定。此又为二途。故总计可有四途。若照外价稳定,必须提高内价或压低内价而使之平衡。若照内价稳定,必须提高外价或压低外价而使之恢复平衡。请分别述之如下:

第一途径　币值继续下跌中,其外价往往低于内价,如上述第三图所示,今若照外价稳定,则国内物价将更高。当时两国之物价指数为120∶200等于0.60∶1。今外价跌至0.50,中国物价应提高至何点乎?可依下式求之:

$$120:X=0.50:1$$

$$0.5X=120$$

$$X=240$$

故依外价稳定后,国内物价指数应涨至240,然后内价与外价始能一致。此为第一路线,图示如下:

当物价指数自200涨至240之际,在尚未到达240之限度时,其影响于各阶级人之利害不同。

1. 出口商人皆有特别利益享受,直至240之限度达到后,内外价恢复平衡,此特别利益始不复存在。

第五图

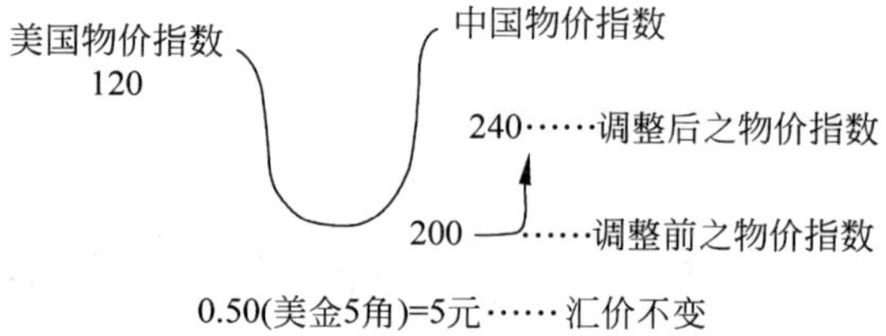

2. 进口商不但无利益,在过程中且多相当损失。

3. 国内生产者因物价之继续上涨,极端欢迎。

4. 消费者不欢迎。

5. 财政当局尚可多发纸币,以补岁收之不足。

第二途径　若照内价稳定时,即依 200 之指数以调整汇率,则物价不变。外价将立刻涨至 60 分。可依下式求得:

$$120:200 = X:1$$

$$200X = 120$$

$$X = 0.60$$

图示如下:

第六图

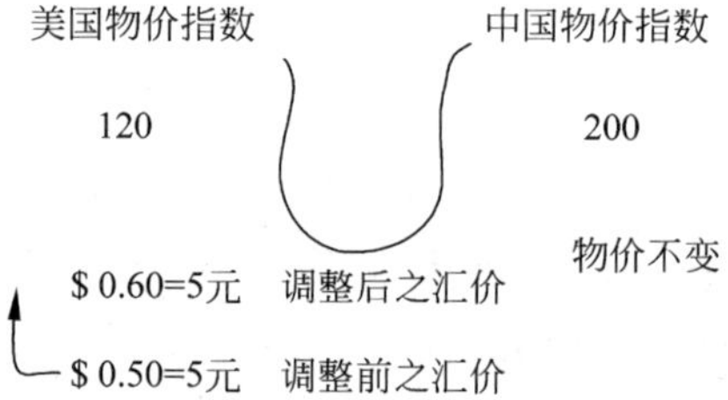

依第二途径稳定,则与第一途径适相反。出口商人大蒙不利,必极力反对。消费者甚表欢迎。生产者,除希望物价继续上涨者

外,亦不致反对,以其可以维持原状也。

第三途径　当币价上涨时,如第四图所示,其稳定方法,亦有二途。若依较高之外价稳定,国内物价必须压低,压低至若何程度,可依下式求得:

$$120:X=0.70:1$$

$$0.70X=120$$

$$X=171$$

图示之如下:

第七图

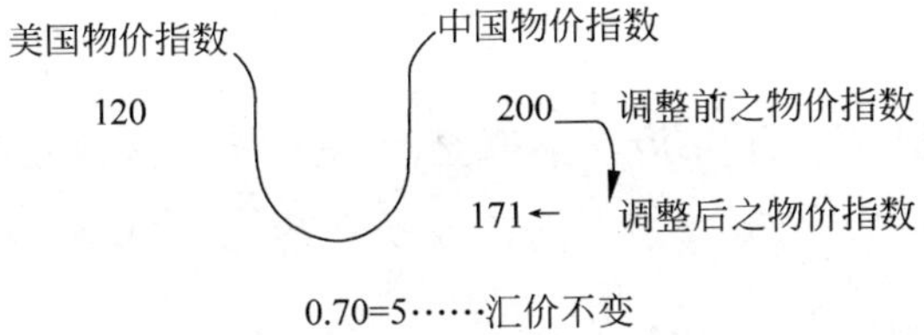

如是中国必须压低至171方可。其影响所及,国内生产者必蒙损失,经济纵不至发生恐慌,亦必至于不景气。今日后方极力提倡建设,政府多方鼓励侨胞回国投资,在此物价状态所投之资本,一旦实行调整,压低物价,其危险为如何耶?侨胞之裹足不前者,其故亦在此。深以将来物价之趋向,无绝对把握也。但行之以渐,尚不致发生流币。消费者及进口商自然皆在欢迎之列。政府本身恐亦将受相当打击。因物价跌,经济不景气或至恐慌,政府收入大减,财政将陷于困难也。但今日(三十三年)之物价,殊不合理,大有压低之必要。将来整理时期到来,似非出于此途不可。

第四途径　依较低之内价稳定,即物价不变,则外价应达于何点乎?可依下式求得:

$$120:200 = X:1$$

$$200 = 120$$

$$X = 0.60$$

图示如下：

第八图

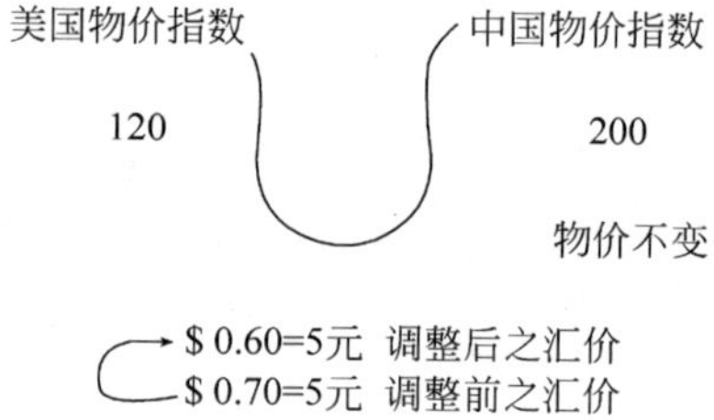

如是，外价必自 0.70 美元跌至 0.60 美元。因物价未变，国内生产者无损益，故无所谓。出口商受利益，进口商蒙损失。消费者，除买洋货者外，不受影响。

五、中国法币调整途径之预测

总上四个途径，中国将采取者究为何途乎？以鄙人观察，第一路线不至采用。因物价在继续上涨中，人民感受物价上涨之痛苦已深，政府岂尚肯采用极低之外价为准，再提高国内之物价乎？故比较言之，当采第三路线，希望为多。

照第三路线，压低物价，消费者欢迎。若行之以渐，影响生产者，亦不甚大。物价下跌，债务人固吃亏。政府为一大债务人，就此点言，政府自不欢迎。但可安定人心，不致发生事变。至于第四路线，亦有不良影响。物价虽不变，外价已经很跌，政府调整时，若使之再跌，各方对政府之观感必甚恶劣。

但法币之价值，事实上能否上涨，犹成问题，因战后需款孔亟。复兴战区，遣散军队，国防建设，经济建设等等，在在需款。若无充分外资可以利用，必赖法币为挹注。法币之数量仍须继续膨胀。故法币之价值事实上能否上升大有问题。或者仍将继续下跌，则第三第四两路线根本上不存在。

六、本书各章的假设

本书各章之讨论有两个假设：(一)自由贸易，(二)自由汇兑。盖在此两个假设之下，汇价与物价两者间之相互关系，可以认为严密，否则两者之变动，固有其共同的原因，亦各有其不同的原因。例如交战国之政府大发纸币，一面促物价狂跌(即内价下跌)，一面使外汇上升(即外价下降)，内价与外价之关系，自甚严密。但在贸易管制之下，汇兑与物价之变动，往往不相符合。例如华中输出外汇悉由敌人吸收以去，而上海等埠输入所需外汇，反向中央套取，使外汇之供需，皆不出于自然。如以内地，沦陷区域，及游击区域之物资，悉数被敌人统制输出，所得外汇，尽落敌人手中，而上海各工厂所需之原料，如生丝，棉花等，均须由外输入，而需要之外汇反由中央平准基金供给，益使外汇之供求不相称，而外汇投机者，与资本逃走者，又以平准基金为来源。在供一方面，既一无所得，而在求的方面，反是重重压迫，使政府不得不放弃其维持外汇之政策。自政府放弃维持原有 8 便士之汇率后，汇率逐步下跌，所谓平衡水准始终没有达到，而政府统制进出口贸易，益形严密，将海关进口物品168税则号列，于二十八年七月一日禁止进口。其因调剂后方市价，供给特种用途，或有其他正当需要，经政府机关核准者，始得特许进口。如是进口外汇之需要，以管制的方法减至极小限度，当然不出于自然。至国内需要各品，不在禁止进口之列者，则由财政部制定进口物品申请购买外汇规则，于同月三日公布施行。由此可知中国外汇之变动，其原因在于敌人之套取，投机之狂热，逃资之压迫，与夫政府之管制，以视国内物价之变动，其原因在乎交通之梗阻，生产之不足，与夫商人之囤积居奇者，不可同日而语。外汇与物价变动之原因既不相同，则处置之方法当然亦不一致。调整外汇与调整物价，各别进行，决不能藉物价政策以安稳汇价，亦不能藉汇价政策以安定物价。

吾人在第十章第六节已提出“战后外汇市场应否继续加以管制”之问题，认为在战后紧接着的时期中，外汇管制，因种种需要，恐一时不能放弃。但吾人不能认管制为一种永远的制度，因贸易管制，外汇管制，与大西洋宪章正面冲突。若各国均不肯放弃，则美国又有握住孤立主义之可能，不肯负起重建世界的责任，而战后之复兴工作又不知要延长若干年。此于各国固不利，而于中国为尤甚。除中国采用极端的计划主义外，此种管制自应随同各国逐渐放弃。在未放弃以前，不能以同一的方法来调查外汇与物价。对于外汇只有仍用管制的方法以稳定之。对于物价则须收缩通货调节金融增加生产等政策以抑制之。

第二十三章　整理货币时应有之预防

一、对内对外容易引起经济之不安定

上章讲调整法币之途径。当法币继续下跌时，如照外价安定，此时之内价高于其外价，故内价尚须压低，即物价须更提高，如前章之第一途径。两国之物价指数各为120与200，其汇兑平价应为美币0.60等于法币5元，而事实上5元法币或仅等于美币0.50元。若依此调整内价，物价指数必升至240，方能达到平价。当物价继续增涨之过程中，生产者皆兴高采烈，力事扩充，投资者亦如潮涌入，以为可得巨大利益，故无不希望物价之能继续增涨。然调整过程中物价之提高，有一定限度，投资者希望物价之增高则毫无止境。如上例调整之物价指数为240。一旦达到240，政府即不再膨胀通货，而予以安定。物价一经安定，投资者之希望顿绝，所投之资本，则多已固定化，无法收回。若继续从事生产，则不能获利，因经营之初，皆惑于物价提高之希望，不惜以较高之利息工资等借入资本，雇用劳动。迨有出品时，价格已膨胀至顶点，不复有若何希望，而支出之工资利息等因受契约关系，不能自由减少，致陷生产过剩，发生不安定。惟此种不安定之发生，比较缓慢而已。

如照第二途径调整，物价不变，即物价不再涨高，惟外价立涨至美币 6 角。国内生产者虽不受影响，而出口贸易立遭打击，出口货物减少，亦可呈现生产过剩，而引起经济不安定。此种不安定之发生，比较迅速，因外汇之跌落，亦极迅速故也。

故为调整法币之内价与外价，无论采何途径，皆有发生不安定之可能。故非不安定之有无问题，乃为不安定发生之快慢问题。吾人如怕不安定之爆发，可采用第一途径，如不怕爆发，或希望迅速调整，则可采用第二途径，利害得失，自操权衡者也。

惟货币之调整，不仅为本国之单独问题，与对手国亦有相当关系。倘调整之结果，仅使本国经济发生不安定，祸由自作，无可谁怪。同时对于对手国，亦应予以适当之考虑。如足引起对手国经济之不安定，不能不引为遗憾者。如上举之例，中美之原来汇兑平价为美币 1 元等于法币 5 元。假定中国通货膨胀 1 倍，对美汇兑降低一半，即每一美元须法币 10 元，物价指数应为 200 而事实上或为 160。今如照外价稳定，物价将提高至 200。中国币价低，即为美国币价高。美国币价高，于美国不利。倘采折衷办法，中国物价指数仅自 160 提高到 180，法币之外汇亦略为降低至美币 1 元等于法币 9 元，如是中国国内经济虽比较安定，可使美国对华之贸易不致陷于大不利。故欲调整两国之汇兑率，最好能得双方之同意，流弊庶可减少。

二、调整时应顾虑债务与债权双方之利益

前面已经讲过，如内价高于外价，则依照内价调整比较最为适宜，因照内价调整，比较稍高。内价高，即物价低，债务人吃亏。政

府为一大债务人,发行公债数额甚巨。此种公债皆须还本付息,若货币价值愈高,政府负担愈重。反之,货币价值愈低,则政府负担愈轻。故以政府之立场,不嫌币值之低,不如听物价之高。反之,公债持有人,则与政府利害适相反。币值准求其高,则货币之购买力大,公债本利收回时亦可多买消费物品也。如我国政府历年发行公债为数不少,假定二十六年发行救国公债 5 万万元时,物价指数为 100;二十七年发行公债时,物价指数为 140;二十八年发行建设公债与军需公债时 12 万万元,物价指数为 180;二十九年发行公债 16 万万元时,物价指数为 240;而将来调整币值时,物价指数或已涨至 400。如照 400 之指数使之稳定,政府之负担固然减轻,然债权人太受损失。故政府希望物价高,币值跌,能占便宜。今若提高币值,压低物价,至原来之指数 100 之状态,足使政府负担加重,亦非公平之道。因政府发行公债时之指数,皆已涨至 140,180,240 之程度,即其历年所借入之债款价值比较基年,皆跌去不少,且其跌落程度,与年俱增。若使其按照基年之指数,负偿还之责,显属不平。假定英汇黑市已稳定于 4 便士 125,政府每借入 1 元,即等于英币 4 便士 125。将来调整时,如恢复原状至 14 便士半,使政府对每元之债务,须以 14 便士半偿还之,债权人固欢迎之至,其如政府损失太大何。

故整理之时,最好采折衷办法,务使双方各受相当损失,不可偏重于一面。苟一面有重大损失时,则以他种利益补偿之,庶几损益相抵而后可。其法为何。当将来整理金融之时,倘币价趋涨,物价趋跌,债务人有损失之虞,则政府为大债务人,不妨延长公债之期间,减轻公债之利息,以相抵杀。反之,倘币价趋跌,物价趋涨,债权人有损失之虞时,则不妨缩短公债之期间,提高公债之利息,以资调节。故为公平计，币值无回高至基年指数之必要，且亦不能回高如是之多，否则不但政府蒙受损失，政府偿债之钱，仍不外取之于人民。羊毛出在羊身上，政府本身原无所谓，结果，徒然使多数人民负担政府之债务，而使少数之债权人发财，殊非事理之平。假使负担偿债基金之纳税人，即为收受债款之人，得之于此者，失之于彼，固无所谓。惟事实上债款收受人与偿债资金之纳税人，非为同一之人，此其所以不平也。假定中国公债皆集中于少数资本家之手，此少数资本家对于提高币值之态度，不但不反对，且表示欢迎矣。盖自彼等立场观察，公利与私利不一致时，公利可以牺牲，私利不可不保全也。

三、调整币价最好得到对手国之帮助

中国法币原与英币联系，法定汇率为14便士半，今假定为14便士，当英国物价如旧，中国物价腾贵一倍时，即指数自100涨至200，英汇14便士等于1元者，现需2元，或1元便得7便士，如下图所示：

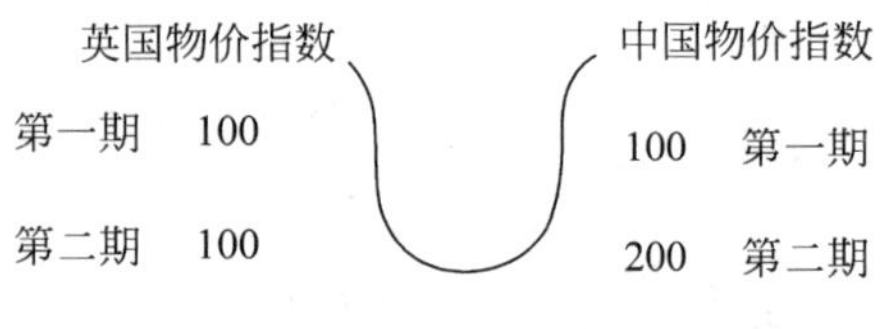

中英汇兑 第一期 14便士=1元 第二期 7便士=1元

今中国若为调整币值，希望恢复原状，将物价指数自200压到

100，即使英汇自 7 便士恢复至 14 便士，且欲于短期间内促其实现，即使一般物价自 2 元跌至 1 元，消费者固然欢欣鼓舞，生产者则将相率倒闭，叫苦连天。为求折衷办法，倘使价格仅压低至 1 元 5 角，生产者虽仍不免损失，然损失之程度，已大为减轻，或能忍痛一时，徐图恢复也。如何可使物价自 2 元跌至 1 元 5 角之标准乎？最好的机会，是在与法币相联系之外币，亦有相当之贬值，如英币价值贬去百分之五十，则 1 元法币原值 14 便士者，可当贬值后之 21 便士，中国物价则自 200 回缩至 150 标准不必回缩至 100，如是中英之购买力平价将为法币 1.5 元等于英币 21 便士，依比例法求之，1 元之法币仍等于 14 便士矣，其式如下：

1.50∶21 = 1∶14

即法币 1 元 = 14 便士

如是可得恢复原状之名，而无恢复原状之实。生产者的损失影响减轻，易于举办。故吾人调整法币之价值时，希望英币能跌价，对吾人最有利益也。反之，倘英币涨价一倍，吾人不但不得调整之便利，且更加重大困难矣。因中国恢复原状，不但须将物价压低至 100，且更须低至 50。压低至 100 时，企业家已焦头烂额，若再低至 50，其奈之何。

四、英币在事实上之安定

现在英币，法律上（De jure）虽已脱离金本位，不复与黄金有固定之关系，而事实上（De facts）复已与黄金联合，是否因欧战爆发之故，深恐镑币跌价，而始如此，不得而知。英镑事实上与黄金之联系大要如下：

原来金镑之法定含金量为一纯金盎司可铸造金币3镑17先令$10\frac{1}{2}$便士，每镑20先令，每先令12便士，约计78先令。1940年纯金一盎司则定为168先令，较原定数量约相差90先令（168 - 78 = 90），故英币已贬值一半以上。事实上之金价，即稳定于此168先令，合8镑8先令。再观美币，美国金币原定每盎司纯金可铸造20.67美元，现在改为35元。以英国之8镑8先令（约合8.4镑）除35元，得4.16，即为英美两国事实上之汇兑平价。昔日4.8665之金汇兑平价已成过去矣。日币从前与英币联系，后又改与美币联系。与英币联系时，一日币之平价为14便士，100日币等于1400便士，每镑合240便士，故以240除1400得5.8镑，即为100日币与5.8镑为平价。照英美旧汇兑平价4.8665计算，以5.8 × 4.8665 = 28.2257。若照英美之新汇兑平价4.16计算，以5.8 × 4.16 = 24.13，为日美之汇兑平价，即每100日元，等于24.13美元。但事实上1940年日美之汇兑平价为$23\frac{7}{16}$，或系照英国之银行挂牌买价4.04计算（5.8 × 4.04 = 23.43），如是美币之事实平价（4.04至4.02），高于法定平价（4.16），即日币之事实平价（24.12）低于法定平价$\left(23\frac{7}{16}\right)$，大不利于日本之对美贸易。

以上所述，旨在说明1940年英国镑币已事实上稳定于每盎司纯金合68先令。如将来仍然如此，对我调整法币无何等便利之希望矣。盖吾人所希望者，英币有再贬值之机会，以便利吾人将来之调整价值也。

五、黑市与套汇有助于币值之稳定①

英美两国理论上之汇兑平价，虽为£1 = $4.16，但英兰银行挂牌之行市，美元买价为£1 = $4.04，卖价£1 = $4.02，买贱卖贵，原为银行业务上之原则，无可非议。惟无论为买价或卖价，皆较理论上之平价为低。美币稍贵，利于英国之输出贸易，其买价与卖价之差价为0.02元。英兰银行之美汇行市，虽规定较贵，假使能无限制买卖，自无问题。但英国之购买外汇者，每须经政府许可，犹我国之购买外汇请核办法然。其请购之得到许可者，往往仅占一部分，其未得许可之部分，惟有向黑市场购买，故外汇之有黑市场，非中国特有之现象，虽富强之英国，亦不能免焉。或谓政府对黑市场可以强制禁止之。中国上海之黑市场，为政府权力所不及，固不必说。若英国者宜可以禁止矣。殊不知英币之黑市场，并不在国内，而在国外，如纽约瑞士等地，亦非英国政治势力之所能及也。因英国为世界商业之中心者百有余年，英镑成为国际之通货，各国人士皆有需要者。倘黑市可以禁止，足以提高英镑之汇价，于美国贸易有利，美国自然欢迎，但英国亦无禁止之必要，因有黑市存在，一部分必要之外汇，尚可由黑市供给也。英镑之黑市汇价与银行挂牌汇价相差甚少，即与4.041402之买卖行市极接近。盖相差不能过大，大则投机必盛行，今试举一套汇之法以说明之。假定有甲

① 参考《英镑之非正式市场》In the Economic Journal der. 1939, by Paul Einzig 高仲活翻译载《中央银行月报》第九卷第二号。

乙丙三国，甲国之1元等于乙国之3元，乙国之3元等于丙国之6元，即甲国之1元等于丙国之6元。其关系如下图所示：

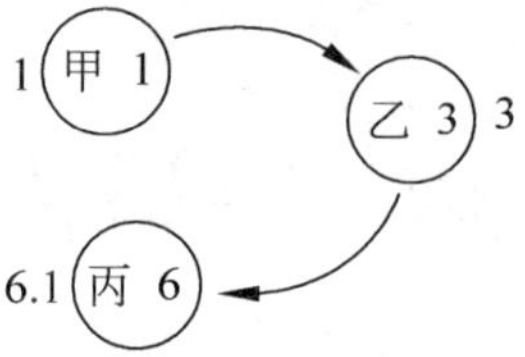

倘此三国间之汇兑，如图内所示，毫无轩轾，套汇无由发生。倘甲以1元汇取乙国之3元，再以乙国之3元汇取丙国之6元，以丙国之6元仅能汇回本国货币1元，毫无利益，且反亏蚀汇兑费用，何必多此一举。然此三国之汇兑率，倘一有差异，投机家即乘机而入。如甲乙与甲丙之汇兑均不变，倘乙丙之汇兑为乙3元等于丙6.1元时，即有套汇之机会矣。如此时甲再以1元汇取乙之3元，以乙之3元汇取丙之6.1元，再以6.1元汇回本国，可得1元以上之本国货币。如是甲国之有资金者，皆愿购买乙国之汇票，再由乙国之钱购买丙国之汇兑。于是丙国汇兑之需要大增，汇价上涨，终至6元之原状，使套汇无利可图而后已。故各国间汇价如离开平价，一有差别，即将发生套汇，直至差额减少，无利可得而后已。黑市亦然。美国瑞士等国皆有英镑之黑市，波兰事件发生之初，英国美汇曾跌至3.75元，当系国际形势恐不利于英国，致有此现象。

英美金融市场之汇兑率虽有些少之差价，即足以发生套汇，以其交通便利，消息灵通，汇兑自由故也。英国美汇挂牌原定买价4.06，卖价4.02，平均为4.04。后改为买价4.04，卖价4.02，平均4.03。先后相差虽不过降低一分，而世界人士遂恐惧英镑之再贬值，资金逃走者不少。其外汇感应之灵有如是者，比以中国之变动，动辄以便士计者，相去之远，不可以道里计矣。

六、自然之汇价不能为经济力量之指标

英镑挂牌汇价最高最低额4.04–4.02，既如上述，然亦能于短期间内跌至3.75，其变动不可谓不大。当时即有金融经济学者主张英镑汇兑可听其自然，不必强为规定，因一国货币对外汇价之高低，为一国经济力量之指标，若听其自然，自能达到一平衡之点，倘强为规定，是否能为经济力量之代表，则不可得而知矣。

以鄙意言之，此说不能成立。譬如中国之汇兑，法币外价自8便士短期中降至4便士，不能即谓中国之经济力量，在此短期间内，已降至一半也。此层于整理货币时，不可不预防也。故当时英镑外价跌至3.75，亦不足为英国经济力量下降之明证。盖外汇变动之因素，有经济的，亦有非经济的。如今日欧战之结果，倘德败而英美胜，日本必投入英美怀抱，对中国侵略必有所敛迹。中国法币之外价必能立即飞涨，至中国之经济力，固未尝因此有所增加也。反之，如德胜而英美败，日本侵略必更猖狂，法币之外价势恐再跌，中国之经济力量又何尝因此而有所减削乎？波兰战败，各国咸以为不利于英国，故英镑一度跌至3.75，但不能谓英国之经济力量即减少如许之多，因当时英国刚方开始宣战，并未有任何经济力量之减削也。故军事与国际形势等亦大有影响于一国货币之外价。若以单一的经济力量解释汇兑率之变动，理由显欠充分。

第二十四章　中国社会组织与传统的经济思想之关系

一、中国战后第一步设施莫要于安定人心

吾于第二十一章第三节论照内价调整通货价值之途径，是根据二十九年三月间之情形而言。尔时法币之内价高于法币之外价，故余主张照法币之内价而稳定其价值。余复于第二十二章中谓一旦战事胜利，法币之外价必先内价而上涨，因外汇之感应性最灵敏之故。尔时之情形当与二十九年迥不相同，则法币价值当照外价而调整之，使国内物价逐步下跌，以置公私经济于磐石之安。此项途径，虽不无流弊，然为安定人心，不得不如此也。吾意战后政治设施之第一步，莫要于安定人心，盖中国人二千余年来之传统思想重于“安”字。孔子所谓“不患寡而患不均，不患贫而患不安”，故富不必讲求，所求者在一“均”字与一“安”字而已。此种思想，于今不合，但亦不能一概抹煞，以其由来已久，虽欲去之，不易净也。故吾人一方面固在引入新思想与新组织，但旧者亦未可立即予以否认。盖中国大部分之人民，尚生活于旧组织之下，受旧思想之拘束，如完全将旧者一笔勾销，为事实所不许，故吾人惟有变之以渐，不能操之过急。

吾今所论，尚未见之于书本，顾吾人于此，实有不能不加深究者。盖际此新旧交替之时，新者应立，旧者应去，固然。位于二者交替之际，新者来，旧者亦未可一概抹煞，何者？盖新生于旧，而优于旧，然旧终不失为新之母，如只知有新而不知有旧，恐行不通。例如胡适之先生提倡新诗，打倒旧诗，著尝试集为人先导，彼非不谙于旧诗，且于旧诗有极深之根底，因以知旧诗之敝应革而去之，故敢著尝试集为文坛倡。倘彼不知旧诗之音韵结构，何以知旧诗之宜改？新诗之宜倡？故不明于旧，则不知旧之敝，不知旧之敝，则新者无自立。若新者尚未立定基础，而谓旧者可以完全抛弃，非诬则妄也。

中国传统的经济思想，言其渊源，自非此短篇所能尽。今兹所谓，不过举其概要，愿有继此而为深切之研究者，余甚望之。

二、无论何种民族何种社会未有不受传统思想之熏陶

世界无论何种民族，何种社会，苟有旧思想旧组织以为之先，未有不受其影响者。今日西洋人之思想，谓为受古希腊罗马之影响可，谓为由希腊罗马孕育而成亦无不可。故言法律者须溯源于罗马，论政治者溯源于希腊，乃至于一切学术思想，亦有导源于希腊罗马者。故希腊罗马实为西洋文明之发源地。苏格拉底亚里士多德等之思想实为今日西洋思想之源泉，所谓民族的传统思想者即为对于历史上一种或多种势力不灭的学说之信仰，于无形之中受其支配而不自觉。世界上无论何种民族，总不能脱逃其传统思想之支配。中国为世界上历史最长之国，其所受传统思想之影响，

更为广大。历代以来,君主可以易姓,政府可以改组,都会可以迁移,一次二次以至于数十次,甚至于异族入主中原;远之如五胡乱华,近之如蒙古寇宋,满清入关,其变不可谓不亟,然而数千年来之传统思想与组织,未尝为之推翻。不但不能推翻,反使异族受其同化。当其斩关而入,取汉人而代之,于是制度典章,衣冠文物,无一不变,而数千年来之传统思想自若也。例如满清入关,即下禁薙发之令,汉人衣冠悉从满制。但女子仍不易服,故至清之末年汉族女子服式,仍不与旗女子同。至若传统思想,不但不被推翻而反受其同化,皇帝所读之书为十三经,所师为汉大臣,如翁同和之类,故无形中受吾传统思想之熏陶,而同化于汉族矣。传统思想入人之深如此。故吾人对于传统思想应明白认识,何者宜革,何者宜留,应重新予以估定,以其与整个民族精神有关,不能一概抹煞也。

三、中国之传统思想重在一“安”字,西洋则重在一“强”字

吴鼎昌先生谓:中国之传统思想,重在一“安”字,与西洋人重在一“强”字者不同,其说甚是。中国人之思想,就个人而论,重在“自安”,人与人之间,重在“相安”。无论何人均怕有事,所谓化大事为小事,化小事为无事者也。人与人之间,有所争执,向来以调停方法为解决。调停人即为地方公正士绅,故其言必为双方所尊重。中国人最怕涉讼,盖一涉讼,则必经年累月,伤财劳神,至案定而已两败俱伤。故讼事为人人所痛恶。以前讼师为社会所不齿,亦由于此故也。今则律师可以挂牌,乃系受西洋人之影响,非中国人之本意也。国家所重则在“治安”。故“自安”,“相安”,“治安”,

皆不出一“安”字。以前地方长官之考绩,以“治安”为第一。今则虽重建设(如在省则有建设厅,在县则有建设科),然“治安”仍属并重(如在省则有保安司令,在县则有公安科,在市则有公安局)。可知“安”之一字,至今不废。西洋人则不然。个人重在“自强”,人与人之间,则在“互强”,国家则重在“强盛”。故西洋人之思想不出一“强”字。“安”与“强”互相对待,格格不入。西洋讲“强”,中国讲“安”,如二者不相往来,则尔为尔,我为我,各不相关,无妨也。奈海通以还,中西往来频繁,关系日密。因有西洋人之强,中国人虽欲求“安”亦不可得。故处今之世,只求“安”而不图“强”,固不足以自存,但图“强”仍不能忘求“安”。盖至强之极,必互相残杀,无复人道可言,而人类之文明亦或几乎熄矣。余前论利用外资方式之时,谓两国技术交换,双方各蒙其利。诚然。今若以中外思想交换,我以“安”易彼之“强”,彼以“强”易我之“安”,则双方各得其所,岂非两利之道乎?中国有“均”而不富(如孙中山先生谓中国人只有大贫与小贫而无所谓富),西洋则富而不“均”,因贫富相差太远,于是今日罢工,明日示威,劳资冲突,从无已时。彼正苦无求“安”之道,苟中西思想能互相交换,则在彼可以减少冲突,在我则可以图自存。共存共荣,此之谓矣。

史称唐虞为至治之世,即西洋人所谓黄金时代。按唐虞之世在纪元前2357至2255年。尚书尧典曰:“钦明文思安安。”安即安其所安之意,此足证至治之极,亦不过在一“安”字而已。孔子言治,祖述尧舜,故曰:“修己以安百姓,尧舜其犹病诸”。意谓尧舜修己以安百姓,犹尽瘁以至于病也。中国民族精神即在一“安”字。此种精神,遂成为中国社会永不磨灭之势力矣。

四、儒道两派学说虽取径不同而其求"安"则一

中国学术思想有道儒两派,老子以前,吾无论矣。言道家,请自老子始。老子生时,传说不一,但可断言老子生于孔子之前,其学说亦先于孔子。老子哲学,即在顺应自然,不可以人为乱自然之秩序,则"安"在其中矣。故老子所重在无为,无为即可少事,少事即可"相安"。言儒家则必以孔子为宗。孔子哲学亦在顺应自然,但与老子不同。孔子所谓顺应自然,须出于人为之设施,有人为之设施而后方可求"安"。老子则极端反对人为设施,此儒老取径之不同也。孔子曰:"仁者爱人,以相安也"。仁即二人相辅而行之意,故人与人之间,须求"相安"。孔老之取径虽不同,而其求"安"也则一。从二氏之学说中,找不出一"强"字,不但无"强"字,抑且有反对"强"字之意。后来学者虽有富国强兵之说,但主要思想不入于老即入于儒,并无特殊学说创明。儒老之外,有墨家法家名家之学说,以其影响之大流传之久不及儒老,故可不论。至于道与儒比,则道家之影响于社会者固大,但信道者总在中年以后,不及少壮。在昔科举时代,少壮之时,皆读儒书,且社会上有势力者,大都以儒家之说为立身行事之根据。儒家势力,固在道家上矣。近二三十年来为儒家受厄时代。陈独秀等于五四运动前后以打倒孔家店相号召,一般青年炫其说而靡然从风。民十六、十七两年当南北底定之时,儒说亦颇受奚落,不图今又一反旧日之所为,改废孔而为尊孔矣。于是修孔庙,复祭礼,学儒者后裔,孔子势力之大,于此可见。良以频年战乱,民不聊生。乱极思"安",亦理势所必至也。

中国之传统思想,受儒家学说之影响最大最广亦最久。法墨名诸家,久成绝响,故可不论。至于道家之说深入人心者,必在中年以后。就经济上言,生产时期,总在少壮,故道家思想影响于后世之经济者,亦不及儒家之大。

儒家学说以"仁"字为出发点,仁者为二人并行之意,表示人与人间之关系。人与人应相爱,故曰"仁者爱人",其终极亦即在求一"安"字。盖人与人不相爱,即不能"相安",不相爱则乱,故以爱始者方能以"安"终,未有不爱而能"相安"者也。

五、中国社会组织是儒家兼爱的学说,根据历史上"安"字的精神所创造的

儒家之所谓爱与耶佛之宗旨同,但亦有不同之处。儒家爱人,无宗教意味,而系以伦理为根据。耶佛之爱,为宗教之信仰,无等差亲疏之别。儒家之爱,分等差,别亲疏,由近而及远,由亲而及疏。人与人之关系,亲疏不同。语曰:"疏不能间亲",意即以疏离亲,为不应为之事。耶佛之爱为博爱,为泛爱,远近亲疏,无所分别。儒家之爱,顺应自然。孩提之时,爱其父母,自然之性也。少长仍推其爱父母者以爱兄弟,由兄弟而及于夫妇朋友君臣(君臣者主佣之称,不专指君主与臣僚也)。此为爱人之次序,人间自然之关系也。此种关系,是为五伦,五伦之序,即依亲疏而定。故儒者曰:"孝为百行之先"。爱人由爱父母始,然后推其爱以及于兄弟夫妇朋友君臣。孟子曰:"老吾老以及人之老,幼吾幼以及人之幼,"极言其爱之分亲疏等差也。

五伦之组织根据，可追溯于流传最古之家族主义。唐虞之时，也有九族之说。九族者即由小规模家庭推及于叔伯外亲以至于师傅，而以父母为始。其根本精神，与五伦同。尧典曰："九族既睦，平章百姓"，可知大家族组织，远生于唐虞之时，至周而极盛。周朝享国八百有余年（自纪元前 1134 年至 247 年），其政治建于家族组织之上。故左传曰："周之宗盟，异姓为后"，此已开别亲疏分等差之端，故儒家学说始于周，可知五伦之说，实以家族组织为根据，其由来远矣。

儒家之爱，其不同于耶佛者，既如上述，然其相同之点可在？则曰，儒家之爱，其终也亦必推及于人以至于万物。自五伦之序言之，爱之等差已有确立不移之规定。至于五伦之外，则曰："四海之内皆兄弟也"。此即儒家之爱，同于耶佛之处。故中国社会之家庭组织，最富于传统精神，推而广之，可以及于四海。父母兄弟夫妇为最亲之族，自应互爱。父慈子孝兄友弟敬夫顺妇从，即互爱之意也。由爱其最亲之族，推而及于同祖父。

高祖之叔伯子侄，以至于一族之人，即以家族之远近分亲疏，从家族之关系，再进一步，推而及于家族以外之朋友君臣，又进而及于朋友君臣以外之人，乃曰四海之内皆兄弟也，故中国之社会组织，完全由儒家学说所创成，儒家根据历史上"安"字精神，乃创造此理想的社会至今已二千余年。虽时代稍有变化，此组织未尝根本破坏，此点吾人应首先认识者也。

满清入关，不与儒者同。然 278 年以来，虽大权在握，仍未打破中国之伦理组织，其根源之深恐为任何社会组织所不及。同姓婚配，为五伦所不许，然亦有行不通之处。例如福建多林姓，然血统关系已远，或为千余年同谱，则同姓婚配，亦不至于"其生不繁"。

如依五伦禁例，婚姻上即多一层无谓之障碍。故现行民法已许远族之同姓结婚，但最近之表亲，似应加以禁止。此与五伦之义，似不相符，但伦理组织，仍未打破也。

六、以事实证明中国民族精神重在一“安”字

总之，中国民族精神，重在一“安”字，私家学说亦无不以“安”字为同归，请从事实上以证明此理论之不谬。

1. 历史上无论何种异族入主中原，只须相安无事，不以高压手段待中国，中国皆可容纳。久而久之，异族亦即为我所同化。故现在中国民族，其成分已甚复杂。自辛亥革命以后，满人皆改汉姓，为汉为满已莫辨矣。

2. 近30余年来南北各省之战争，此起彼伏，迄无已时。战争原因，别有所在，而百姓皆视若与己无关。各敌对区域之人民，并无互相仇视之心。例如昔日之齐鲁战争，江苏百姓与浙江百姓仍无分彼我，往来如恒，足见大多数人并不参加无主义之私斗，好乱者不过少数野心家而已。

3. 以宗教论，只须与我相安无事，亦无不可以容纳，听其流传。故中国现在所供奉之神，已多至不可计数。数千年来从无因宗教上之冲突而发生战争。在欧洲新旧教之争，动辄以干戈相见。战则往往绵亘至数十百年之久。回教鼻祖穆汉默德像一手执可兰经，一手执宝剑，以示武力传教之意。凡此皆为中国之所无，足见中国人之不好争。

4. 以政治论，君主地位，重禅让而抑篡夺。尧舜揖让之风，自

古传为美谈。三代以来，虽篡夺相继，然社会心理总以揖让为最高原则。倘以力取，则为社会所唾弃。至于臣僚地位，亦重让贤而轻世袭。故中国卿相，为一定阶级，卿相可为庶人，庶人亦可起而为卿相，不若欧洲封爵，世世相袭。在前清时代，科举为仕途阶级，除若干贱民（如剃头司务，杀猪者外）以外皆得应试，无阶级之见，故斗争无自起。一般政治设施与夫法令制度，惟以不扰民以求“相安”无事为原则，故法令愈简单愈好，繁则恐人民不懂，易启争端。故中国之法尚简明而不主繁细。中国之银行法，不过寥寥数十条，以视美国之银行法其繁简殆不可以道里计。美国之法，各州不同，法令之多，虽穷年累月亦不能窥其全豹。故美国律师往往供不应求，成为一种阶级，即由于法令之多故也。

5. 以外交而论，中国向抱怀柔主义，以彼此“相安”为原则。孔子曰：“远人不服，修文德以来之，既来之，则安之”，所谓远人即当时异族之人，中国对之向主怀柔。除蛮族侵边作乱以外，不主轻动干戈，以武力相讨伐。如有野心君主，无故兴兵，人民必怨骂之。

七、“安”由“均”而得，“均”为求“安”之手段，“安”为行“均”之目的

上举五事，无关经济。至于经济思想范围以内，亦有可以资佐证者（证明亦重，安字）。孔子所谓“不患寡而患不均，不患贫而患不安”，可知儒家所重在“均”与“安”，不在“寡”与“贫”，“安”字精神于此已完全表现。“均”与“安”，实有连带关系，因不“均”则“安”亦不可得。换言之，倘人民众多，物产丰富，苟分配不均，乱仍

难免。故数千年来之经济思想,可以“均”“安”二字表现之。“均”为求“安”之手段,“安”为行“均”之目的,大之于治国平天下,小至于修身齐家,莫不皆然。

就经济上之事实言之,中国有共财分财通财等制度。父子夫妇所有之财产,为共财。兄弟之间虽有共财之义,但亦有分财之权。至于通财,则行之于亲友之间,以求偿为原则,分财则不能求偿。中国家庭中之析产,不论兄弟多寡,以“平均”为原则。但女子无分财之权利,此固视女子为外人,不能承嗣宗姓,故不能分母家之财。今民法已规定女子有继承权,无论男女兄弟均有分配先人遗产之权。但内地重男轻女之风,依然未改。今法律规定女子有继承权,恐不免发生溺女惨事。故法律虽改,传统思想不改,恐无补于事实也。但国民党之男女平等,法律亦不能不如此规定。中国人分财以“平均”为原则,美国则个人有处分财产之绝对权。不肖之子,可以分文不给,而中国民法上则有特留部分。子虽不肖,仍可得此特留部分。日本则长子有单独继承权,用意即在保护财产之集中。中国所以无大资本家,财产之均分,实为其最大原因之一。推而广之,朋友有通财之义。朋友之外,亦尚施财,有财而不施,将受社会之责备,名之曰“为富不仁”。故只知寻求个人快乐而不知仰事俯蓄者,必为社会所不齿。富而不施,则亦为人所怨恨。一言以蔽之,中国人重“均富”而不主集富,因均富之故,遂产生下列之结果:

1. 缺乏大资本家,节制资本,已成党纲,孙总理创节制资本平均地权之说,虽以国外学说为蓝本,然亦以本国之事实为根据。盖孙总理在时本国尚无大资本家,故无所用其打倒。但恐将来产业发达,造成大资本家,故预定节制之法,免蹈欧美之覆辙。

2. 财产分散,一人之负担,视其财力之大小而定。财力大者,负担重,财力小者,负担轻。此之所谓负担,支出之意也。意即财产大者,其支出亦大。故欲聚集巨富,至为不易,若其人亡,则其财亦随之分散,决不能保存原数,所谓“蛇大窟窿大”,即此之意。

3. 分财济众,中国社会上失业者众,恃富人之救济为生者,不知其数。彼富人所以不惜财物,博施济众者,亦在减少乱源以求“相安”耳。苟为富不仁,则有绿林豪侠,强夺其所有以济贫苦之人,此亦富者之所戒心也。历来天灾兵祸除政府设法救济而外,富者亦负其责。此所谓责,非法律上之责,乃道德上之责。

4. 无贫富阶级　中国之社会组织,无贫富阶级之分。此种社会组织何以能维持至数千年之久?其原因如次:

甲、历代财政政策,素主藏富于民,真所谓“财散则民聚,财聚则民散”。掌财政者如以苛捐杂税为聚敛之计,未有不招致祸乱者。故有识者皆知聚财为致乱之道,故曰“与其有聚敛之臣,宁有盗臣”。极言聚敛之为害,甚于偷盗也。是以薄赋税为德政,人民讴歌之。重赋税为虐政,人民咒诅之。官营事业亦为社会所恶,以为国家不应与民争利。凡此种种思想,虽不适合于今日,然皆出于藏富于民之一念,所以防官吏之侵害百姓者,无微不至。故均富的社会组织,能维持至数千年之久,此为一最大原因。但吾人于国营事业一点,不能对古人表同情。盖今日之国营如铁道邮电之类,其目的仍是为民,并非与民争利。此与官吏之假公济私与民争利者,不能一概而论也。

乙、历代政府与社会均主张小资本主义之企业。各种企业均以个人或家族为单位。个人所经营者为独资,族中几人所经营者为合伙(因合伙多系邀集亲友组织),无股份公司之组织。企业之范围既小,故从无所谓经济恐慌,有之则为农业上之灾荒而已。此种组织为静态的而非动态的，故容易维持。然此在闭关的时代，方能如此。今则此静态的社会，已为外来的经济势力所冲破，虽欲维持不变，亦不可得矣。今后大规模的事业不能不办。苟吏治澄清，贪污铲除，政治上轨道，则大规模的事业，当以国营为原则，以求适合于均富社会之传统思想。

丙、历代皆主小农主义。儒家最赞美井田制，一夫一家，授田百亩，平均分耕。周亡以后，井田虽废，不能复行，然精神上小农主义色彩仍浓。兼并为历代帝王所禁。历代限田占田及均田之制，皆所以杜兼并之行。故数千年来，不能有大地主产生，均富的社会组织，终能永久维系。

丁、在工业方面，不提倡机械工作，奇技淫巧之事，历代所禁。故数千年来只有家庭式工业而无工厂式工业。在小工业范围以内，供求关系易于计算，邻近各区需多少米，多少肉，多少布，皆不难一算而得。故生产者无产品过剩之虑。货物流通范围不出数十里之外，故恐慌无从发生。

戊、历来社会对于伦常观念极深，尊重儒教，维持大家族主义。

己、中国人贫者多而富者少，又因素重“均”与“安”，富者有分财之义。分财之法，即为多养仆役，故财产愈大者，其家中之仆役亦愈多。因生之者寡，食之者众，豪富之家不数世而衰落矣。

八、安贫的思想不适合于今日之世界，应创造“均富”的新思想以替代之

以上种种皆为中国维持均富的社会之方法，而以家庭为本位

的社会组织，亦可流传至数千年之久。顾就近代经济学说而论，则觉以前思想，已有大半不对。以前所论皆从分配方面着想，不知生产之更重要于分配，此其一。第二，以前主张安贫乐道，不注重生活之向上。此二点适与西洋之经济思想相反。西洋之经济思想，以生产为起点，先有生产而后有分配。中国人则不顾生产，只讲分配。西洋人主提高生活程度，中国人则以安贫为高尚。吾非谓中国经济思想，完全错误。中国均富社会所以能维持至如此之久者，分配思想之深入人心不无功效焉，否则中国之社会组织，早瓦解矣。顾现在情形大变，旧的经济思想已不能适应世界潮流，故不能不加以变更。今日之中国经济，已与世界经济贯串一起，中国农村破产，由于丝茶之不能出口者甚大。丝茶之所以不能出口，则多由于世界不景气。美国施行白银政策，使中国现银大批流出，引起金融恐慌，故世界经济之变动，中国经济亦不能不随之变动，中国经济已不能脱离世界而独立。就生产而论，各国皆为大量生产，中国则尚停留在家庭工业时代。余虽提倡农村工业，不过为利用农民之闲暇，增加农民之收入，非不主张大量生产也。所谓安贫已不能语于今日之中国。中国人之生活，已为人类最低之生活。若以安贫为可贵，是自愿维持人类最低之生活。试问今日之大学毕业生，能安贫而不怨乎？故时至今日，传统思想不能不改，但欲改传统思想，非于传统思想有所研究不可，而后始能得其改革之道。且中国之经济组织，受传统思想之影响甚深。欲了解中国之经济组织，尤不能不研究中国传统的经济思想。惟中国传统的思想，已不能适应世界潮流，非加以改造不可。在旧的经济基础之上创造新的经济组织。吾人嗣后不能再谈“安贫”，应讲均富之法，以期达到“自安”“相安”与“治安”之大道，则国富民强，可以图自存矣。

附录　英美加法国际货币计划之检讨及批评

货币与战争，在历史上有悠久的因缘。经过一次战争，必有一次货币整理问题发生。此次大战虽未结束，而气魄雄伟的英美计划，已引起各方面之视听，而各国因利害关系，意见尚未趋于一致，兹将英美法三计划之要点分别叙述于次，并就中国之立场加以批评。

一、汇兑本位制与国际货币制之不同

本书不主张汇兑本位制，因此制不但足以扰乱国内金融及物价，且易使中国失去金融控制权，已于本书第十四章详论之。不特此也，以我国货币钉住于某一个先进国的货币，则一方面依赖于某一国太甚而丧失其他国家的友谊，另一方面，对于其他国家的汇率，未必同时能使之稳定，以致影响于对各该国之贸易关系。此次大战结束之后，国际间汇率，未必即能趋于协调，其紊乱情形，恐不亚于第一次大战之后。所不同者，此次在战争期中同盟国间舆论，以及当政者的言论，已侧重于战后国际间汇率稳定的问题，藉以避免各国货币贬值的竞争，并便利国际贸易与国际投资的发展。

1943 年 4 月间英国方面发表凯恩斯《国际清算联盟建设书》(Proposal for an International Clearing Union),美国方面发表怀特的《联合国与联系国平衡基金方案》(Draft Proposal for United and Associated Nations of Stabilisation Fund)。虽各以本国经济背景为骨干,亦可说是以国际合作为基本的,其目的在使战后各国通货一律与国际货币单位有一个稳定的兑换比率。倘这些计划,接受各国的意见,经过一次或数次的修改而于战后可以见诸实施,则吾国似无拒绝参加之必要(除非中国能仿从前苏俄绝对的国营事业与国营贸易的政策,全仗自己聚集内国资金积极进行各种建设,并放弃利用外资加速建设的机会)。盖在国际组织之下,吾国之外汇本位制将一变而为有国际性的货币制度,而加入的国际亦不失其对内金融政策的控制权,不致因获得外价的稳定而牺牲内价的稳定。凡加入的国家,其货币的外价,皆一律钉住于国际货币单位,无控制国与被控制国之分,一律处于平等地位。虽美计划不免有操纵之嫌,然亦易于修改。兹将英美两计划及加拿大之修正案论述之于下:

二、英美两个国际货币计划

英美两个方案,是两国许多专家共同研究的结果。英国方面主持的人,是凯恩斯(John Maynard Keynes),现任英兰银行董事,兼英国财政部顾问。美国方面主持的人,表面上是财长摩根索,实际上是怀特(Harry D. White),现任美国财政部货币研究司司长。两国政府各将其计划送给各国研究,但两国政府本身并不受其拘束,无非把两计划当做讨论的起点，希望各国提出各项建议案或修正案，以为决定最后的方案之基础，法国与加拿大亦随之而发表新方案。

英国的计划，自然与凯恩斯的货币学说与经济哲学有关联（他的货币学说倾向于货币之逐渐膨胀，为篇幅所限，不加讨论）。其内容是组织国际清算联盟，不必有什么资本，只要会员国（及非会员国）的中央银行在联盟开立户头，清算国际收支账项。其记账单位，名为“班柯”（Bancor）（以 Bank 与 or 两字拼成，or 在法文是金子），含金量未规定，其折合黄金的价值，由会员国共同议定。“班柯”不过是一种记账单位，并不流通市面，其与黄金的比值，联盟行政局有权更改。会员国货币的汇价，以“班柯”计算，决定之后，非得行政局的同意，不得单独更改，亦不得拒绝他国以“班柯”清理债务。其影响国际收支之商业政策，须与行政局商议，其经济状况，亦须报告行政局。会员国与同盟来往账项，各国均有定额，由会员国共同商定，以各该国在战前三年间之进出口平均数或平均数三分之二为依据。此项定额，经过相当时期以后，可以逐年修改。行政局委员有 12 人至 15 人，定额多者可以派出委员，定额少者，数国合派委员，各委员的投票权，依其所代表国家的定额而定。该会员国在联盟的顺差额（Credit Balance）增加，委员的票权亦可增加。如其逆差额（Debit Balance）增加，票权亦随之而减少。

美国计划中之平衡基金，于成立之初，至少要有值美金 50 万万元的资本（加拿大方案定基金为 80 万万元）。每一会员国均派得一个定额，各国定额合计须等于 50 万万美元。定额之分派，以各国储存之黄金与外汇，国际支付之变动范围，全国国民总收入为计算标准，以黄金，国币与政府证券缴纳之，以便购进或出售各国货币，藉以稳定汇价。此项定额，须得基金董事会五分四票权之通过，方得变更。国际记账单位，称为“联合币”（Unitas），其黄金含量为137 1/7克冷（Grains），适合美金10元。各国国币汇价，以黄金或联合币确定之，非得董事会五分四票权之通过，不得更动。会员国货币贬值之时，须缴纳国币于基金，以补足基金所存该会员国国币贬值之数。反之，如币值升起，则可向基金索还多余之国币。会员国的义务在维持外汇汇率。外汇管理制度逐渐取消之后，不许继续，须与其他会员国合作管理国际间资本的流动，不得设立仅适用于两国的汇兑清算制度，不得巧立各种货币名目（如德国之各色封锁货币）。一切政策，凡足以造成国际收支之不平衡者，均须征求基金之意见。基金所须之情报与统计，须尽量供给。

据美国财政部负责人估计，美国所占定额，约为美金20万万元（适为美国汇兑平衡基金之数）。每会员国最初只须支付其定额的一半，即黄金八分之一（12.5%），国币八分之一，政府证券四分之一。但会员国所储存的黄金，不及美金3万万元者，交出的黄金，可以减少，仅需7.5%，如不及1万万元者，又可减少，仅需5%。不足之数，准以国币补充之。基金行政权，属于董事会，由各会员国派一代表组织之，再由董事会选出经理一人（Managing Director）及执行委员会（Executive Committee），委员至少11人，办理董事会交付的事宜。票权的分配，约等于定额的分配，每会员国得1百票权，每10万联合币（即美金1百万元）的定额即各得一票权，但一国所得票权，不得超过票权总额四分之一。计划中规定许多事项，必须得五分四票权之通过，方可发生效力。据美财长摩根索向国会议员陈述的意见，美国打算得票权四分之一，即25%。董事会讨论或审议重要事项时，如有四分之一票权反对，即不能通过。摩根索谓美国的用意,在使他国的货币政策,凡为美国所反对者,即不能实行。据1943年3月美国政府发表的统计,美国现在储存的黄金达美金230万万元($22,576,000,000),约占世界总额四分之三以上,则美国可得票权百分之二十五,毫无问题,对于任何重要事项,他可否决之。

美计划中之平衡基金,其业务往来,仅限于(一)会员国的财政部,平衡基金,及政府财政代表,(二)会员国的中央银行,但须得会员国所派基金代表之同意,(三)受会员国政府管制之国际银行。英计划所规定则不同。清算联盟的业务往来,仅限于各会员国的中央银行,所以商业银行,不能与之有直接交易。

三、英美两计划之比较与批评

回忆第一次大战之后,各国货币之紊乱,可谓已达极点。1919年各国停止维持汇价,故国际金本位制已完全破坏。欧洲各国货币贬值,加以政治经济之不安,引起资金之胡乱奔逃。此乃两次世界大战之间,安定国际货币之最大障碍。故欲以安定外汇为基本策略者,必须采用共同协定,不许任何国家单独行动。两计划之建设性,即在于此。

在美国计划中,黄金仍有其偿付国际收支的功能,联合币(优尼塔)的价值,亦以黄金为根据,可与黄金互换,因美国所存黄金过多,不得不谋出路也。依英国的计划,“班柯”的含金量未曾规定,可以黄金换“班柯”,不能以“班柯”换黄金。“班柯”成为一种计账单位,黄金已不成其为支付的工具。在开始时,并不需要巨额基金。英国因殖民地广大,国际贸易向占重要地位,其着眼点完全在贸易。

在理论上,“班柯”自应等于一定分量的黄金,但此项比价不宜固定不变,如联盟以为黄金过多,得有权改变“班柯”之比价。英计划并明白提及应不使国际货币单位受黄金工业技术进步的,不可预测的,与并无关联的事实,以及个别国家黄金准备政策的变动之影响。此即表示宁以通货支配黄金,不愿以黄金支配通货的意思(详见本书第十一章)。至其所以不得以“班柯”换黄金者,则以联盟必须拥有黄金准备,方可兑换,不啻使黄金恢复在金本位时代的威权了。故英计划虽承认黄金的地位,但其昔日无上的威权已被剥夺了。著者以为此着十分恰当。在战后世界各国如真能密切合作,国际贸易之发展未可预测。若国际货币仍以黄金为本位,无论国内国际,均不能适应工商业之需要,盖黄金产量之增减,不受人为的管制,因而不能与工商业的需要相辅而行,难免引起经济上极大的波动。黄金在美国的优越地位,任何人不能否认,美计划不任国际货币与黄金的比价有变动,亦人情之常,无可非议。但如绝对的不可改变,则因生金产量与工商业发展的不和谐,必使国内与国际的经济遭不良的影响,故加拿大计划采折衷办法,经五分之四票决权之通过,此比价可以变更,比较合理。

英美两计划在技术上差异之点与英美两国银行存放制度之差异相同,盖美计划采存款制度原则,而英计划则采透支原则。用透支方法,清算所不自作汇兑交易而只记账。换言之,以银行性质的国际清算机关,来主持各国贸易收支的清算,以“班柯”为单位。顺差的国家,把贷差存在清算机关账户上,复由清算机关,贷给逆差国家,作为透支,俾逆差的国家,仍可继续进口,不致影响各国的贸易和生产。在清算机关,一方收受存款,一方贷出透支,无异把国内银行运用的原则应用到国际间来。因此各会员国不必缴纳基金。各会员国既可利用国际信用与透支,自可使短期贸易,安然渡过,所以英计划中之定额,以贸易额为决定因素。

但英计划之能否成功,须视国际间能否达到自由贸易之目的。国际贸易最重要的原则,为货物与服务之相互交换。除非输出货物与服务之国家,愿意接受其他国家之货物与服务以相抵偿,任何计划,终归失败。在旧金本位制之下,逆差国须以黄金偿付,因而不得不采紧缩政策以减其逆差,并阻其金准备之外流,结果惹起国内经济之不景气。在凯恩斯计划之下,可以利用顺差国家累积之贷差,减松其膨胀程度,同时逆差国家,仍能依靠透支继续通商,避免紧缩政策之施行。倘顺差国家准备接受货物与服务以相抵偿,而贸易上又无别种障碍,则此项透支,不致毫无限制。

美计划与英计划不同,其所引用之原则为存放制度,所以要设立一个国际平衡基金,而这个基金本身,又必须持有黄金,外汇(各国货币),与证券,以便买卖各国货币,以稳定汇率。故照美计划,各国中央银行之往来款项,不能经由基金清算,仍须以各国通货,直接清算,一如今日者然。但基金可以外国货币出售于需要此项货币之国家以便利其清算。举例言之,如中国之中央银行应付美国纽约之联邦准备银行若干美元,即可向平衡基金购买而以华币支付之。基金所持有而出售之美元,乃出自美国所认募者。故各会员国对于基金必须缴纳黄金,货币,与证券,以备买卖之用。

此外尚有一点值得吾人注意者。美国为将来具有庞大顺差额之国家,而中国则为将来具有很可惊人的逆差额之国家。在美计划下，美国放置于基金之数目，乃明显确定者(20 万万美元)。此数目即为美国认募之数目。但在另一方面，逆差国家能购得或借得之数目则为不确定者也。中国将来需要美元，其余国家亦然，但无一国能肯定将来彼能获得者究有几何。

以上两个计划虽各以国际贸易为目的，却亦各以其本国的实力作支柱，至是否适合世界各国需要以及是否与中国的期望相和谐，须考察计划中有无适应他国与我国的需要之措置。我国黄金之不如美国，正如我国贸易之不如英国，这是很明显的事实。我国加入当然非追随他们之后不可。但两计划的最大着眼点无非在稳定短期内的汇兑，和促进贸易的发展，当然不把贸易项目以外的差额包括在内。但我国的利害所在，为长期外资的利用以开发富源而增加生产，似应主张将贸易以外的资本差额包括在内。他们的利害所在为推广国际市场，销纳他们的层出不穷之生产品，藉以避免失业人数之增加，与经济恐慌之重现。在战时军需工业发达，国内可无失业之人。一旦战争结束，日益膨胀之生产力，势必转移于民需工业。若不设法扩充商品市场以销纳其出品，岂不将重蹈 1929 至 1932 年大经济恐慌之覆辙乎？故英美两国的立场，与我国的适相反。他们的着眼点，是在国外推广市场，我们的着眼点，是在国内开发富源，此其一。他们的问题，是如何增加消费，我们的问题，是如何增加生产。二者目的不同，性质互异，因此吾人不能希望英美供给长期重建设或开发之资金。虽然两计划一致同意此项资金应经由其他方法获得。货币之稳定，如摩根索所云，对于战后之重建设，是属必要而已。但后进国家不常发生资本外流所引起之困难，反因资本流入之停止而发生外汇问题。当后一情形发现时，宣告拖欠之事，亦非不习见。外资流入之停止，又足以限制其产品之销场，并使其出口品之价值极度萎缩，故常不能维持其利息支付，或甚至不能偿付现时之入口货值。故就后进国家之立场而言，一切主张必须把贸易以外的资本差额包括在内。

就中国的立场言，苟有外资供我利用，则今日有贸易逆差，未必年年有贸易逆差。他日工业化之后，定可使逆差一变而为顺差，以将来之顺差来弥补今日之逆差，岂非计之得？就国际立场言，在资本输入国如中国者，一面固有商业上之逆差，另一面亦有资本移入上之顺差，一逆一顺，或可相抵，使汇率趋于稳定。将来工业发达之后，贸易或趋于顺差，而在长期投资方面，或因还本付息，或因外资输入减少，收支必转为逆差，一顺一逆，又可互抵，又可使汇率趋于稳定。故以适合于无需利用外资的国家的计划，应用于亟待利用外资的国家，不免有牵强附会之处。

此外值得吾人注意之要点，为美计划中有若干重要事项，必须得五分之四票决权之同意，方得通过。但美国可以拥有四分之一的票决权，可以否决任何重要事项，此无异对外明白说出对于重大事项的决定，美国具有左右的力量，不免引起多少误会与怀疑。

1943 年 8 月 15 日美财长摩根索发表美计划之修正案。该案是经代表其他国家货币专家约 31 人作数度探讨之结果，尚属初步性质，未获美国财政部或政府之正式核准。依修正案，无一国能据有全部投票额五分之一以上，故无一国能单独阻止改变汇率之提议。修正案提议基金向会员国买卖之货币的兑换率，当以 1943 年 7 月 1 日与美元之比价为准，惟兑换率不正常者，应视为例外，如目前中国与希腊之货币价值皆曾大跌故也。

四、英美两计划稳定汇率与调整国际收支均衡的方法及其批评

两计划之主要目的,在稳定各国汇率(即各国货币与“班柯”或“联合币”之比价)与调整各国国际收支的均衡,以便利国际贸易的发展。故当国际贸易发生差额时,必须设法予以调整,恢复均衡以维持汇率,必要时,尚须改订汇率以维持均衡。但改订汇率,非经美计划中之基金会,或英计划中之清算联盟的同意,不得单独为之。美计划规定较严。汇率之变更,须经会员国五分之四票决权之赞同,并仅以会员国重要不均衡绝对的必要者为限。不过依修正案,无一国能据有全部投票额五分之一以上,故无一国能单独阻止改变汇率之提议。英计划则规定较宽,允许汇率可以变更。当一会员国在清算联盟账户上之借方差额(Debit Balance),非得行政局之同意,一年以内,不得超过该国定额四分之一。如其借方差额以二年以上的平均数计算,达到其定额四分之一时,则该会员国毋须得行政局的同意,可将其汇率减低百分之五,只可减低一次。但在百分之五以上者,须得清算联盟之认可。如其借方差额超过定额二分之一以上者,行政局得令其接受下列办法:(一)减低汇率,(二)管理资本输出,(三)该国持有之黄金及他项可以流通的准备,须交几成给联盟。如该国之借方差额,一年以内,增加太速,行政局得令该国采取任何国际措置,以改善其国际收支差额。若两年以内不予改善,行政局得宣布该国无力清偿债务,非经特准,不得再向联盟支款。以上是英计划督促会员国采取改善步骤所加之

压力也。

英计划对于顺差国，亦规定有相当的措置。若一国的贷方差额（即顺差额）（Credit Balauce）超过其定额二分之一时，联盟即当令该国（一）提高汇率，或使货币所得增加，（二）膨胀国内信用，（三）减低进口税率，并撤除或减少对于外货进口的他项限制，（四）国际开发贷款。惟采取何种方法，会员国保有最后决定之权。此对于顺差国所加之压力也。

如会员国在清算联盟账上发生差额，无论为顺为逆，如一年的平均数超过其定额四分之一，超过之数须付给联盟百分之一的费用，如超过其定额二分之一，须再付百分之一，以促会员国间达到收支平衡之境地也。此笔损失，只有收支平衡的国家可以避免，行政局为恢复国际收支平衡起见，对于会员国的内政，亦有建议之权。

由以上所述，可知英计划并不把调整责任单独放在逆差国的肩上，并特别指出顺差国（即债权国）尤应负调整的责任。盖由债权国用以上所述的几个方法，调整贸易的差势，可使经济活动稳定于较高的水准。若由债务国单独负调整的责任，其国内的经济变动，必定剧烈。以债权国分担责任，亦可使债务国国内的经济动荡趋于和缓，且双方皆可在较高的就业和生产的水准上取得平衡。同时债权国所固有的贸易障碍（例如美国之关税壁垒），亦可逐渐撤销。

美计划太侧重于逆差国的责任，对于顺差国的责任，根本未曾注意，大抵因为美国居于债权人的地位，所以对于惩治债权国的行动，几乎完全忽略。加拿大的计划，就此一点而论，亦与美计划相同。此美加计划与英计划间最显著的差异点，故英计划是比较合理的。

我们须特别加以考虑者,国际货币计划,虽是国际经济合作的先驱,但不是经济合作的全部。如关税壁垒的撤销,一切外汇限制的废除,国际资金流动的管理,不缔结双方清算协定,不巧立各种货币名目,国际资金的互用,产业落后国家的开发,经济资源的合理分配,以及各国人民生活程度的提高等等,皆是世界经济合作的主要因素。若不致意于此而徒斤斤于汇价之维持与夫国际收支之平衡,未见其能切合于实际也。凯恩斯氏有鉴于此,故在其计划之起点,即举出四种解决之方法,而货币汇兑机构不过其中之一。其他方法为商业政策,主要商品产销及价格之秩序化,以及在需用外资的国家长期投资。

预料美计划的前途异常渺茫,将来能否见诸实施,殊难预测,不但国外对之,怀疑到底,其最大的难关是在美国国内。美宪明文规定管理货币之权属于国会,行政机关安得越俎代庖?况美计划以决定币值之权交付国际委员会,将置国会于何地?假令国会愿意放弃,难保美国之最高法院不下“违宪”之判决。况美国银行业在政治上握有极大的势力,一旦美计划见诸实施,则会员国皆可向基金买卖货币(外汇),不亦减少银行之汇兑业务乎?故他们必出全力以反对之。美国著名经济学者盎德生(Benjamin M. Anderson)曾任大通银行(Chase National Bank)经济顾问,于1943年在洛杉矶发表演词,题为“宣布凯恩斯摩根索计划不适用”(The Keynes-Morganthan Plan Condemned),印有英文单行本,竟谓美财长摩根索大上凯恩斯的当。因为英国对欧洲各国居于出超,而对美国则居于入超。英国必以所收进之各种欧洲跌价不值钱之货币,经过“班柯”而交给美国以偿其债,如是,美将保证英人经商之危险。万一欧洲各国濒于破产，则美人所获得者，值同虚牝耳。

五、法国代表发表之计划

据美国舆论摘述（American Press Digest）第122期（民国三十二年六月一日）所载，自英美两个计划发表之后，因为范围太大，包涵太广，引起不少争辩，反生出许多枝节。社会注意力集中于两计划之比较，而不思除此以外尚有其他切实的方法。法国代表有鉴于此，于1943年5月8日披露一个和缓的计划，主张先由重要国家，仿照1936年英美法三国协定（Tripartite Agreement）之先例，成立货币协定。将来再观察国际政治环境与经济状况，逐步推广，邀请其他国家加入云云。著者自己的意见与此颇相接近。国际间的纷争，过于复杂，不易寻觅一个适应各国政治环境与经济状况之切实办法，故于安定世界各国货币之先，不妨由主要国家安定其国内经济，规定其相互间之汇率，而后再邀请其他国家加入。盖其他国家之国际收支所以不能平衡，大半由于重要国家经济状况之恶化所致。假如无1929年之美国大恐慌，其他国家之物品销路亦不致断绝。故主要国家之国内经济一告安定，其相互间之汇率可以稳定，其他国家之汇率方可与之衔接而趋于平衡。英美两计划，对于国内经济极少有力之控制。直至会员国借差超过二分之一时，行政局方得令其履行一种或全部办法，即（一）货币贬值，（二）管理资金输出，（三）交给黄金于联盟。换言之，直至此时期而后行政局方可建议认为适当之国内策划。故行政局对于国内经济之管辖权力极不坚强。

法计划中之主要国家成立之协定,据美国舆论摘要所载,包括下列各点:(一)参加各国规定本国货币的官方汇价,互相约定非经协商决不改动,并须成立各国协商的机构,如能成立正式条约,更为妥善。(二)各国政府的货币负责机关(稳定基金或中央银行),须照此商定的官方汇价,由核准的(Authorized)手续购买保存参加各国的货币,但不妨有若干限制。各国现行之汇兑管理制度,仍须暂时存在。各国购买其他参加国的货币,凡以此货币表示之债务,均可支付,如购买物品人力,支付利息股息,购买证券地产等等。遇特殊情形,亦可卖给别的参加国。(三)参加各国相互间货币之购买与保存,须有限制。此项限制,依国际贸易之合理的数量而定。(四)购得他国货币后,得要求他国交付若干成(假定一成至三成)担保品(如黄金,票据,证券,原料之类)。若他国货币贬值,得要求其加付担保品,担保品之用意,在防止因他国货币贬值而遭受损失。购买外币之国家,有通货膨胀危险,必须防止。在平时,外汇购得后,可任其以银行存款,政府证券,市场票据等形式,流通市面。如遇通货膨胀,则此项货币存入债务国之中央银行,但债务国不得以此项存款扩充信用,则债务国国内流通之货币,仍可照常,其对外汇价亦易于维持。

参加各国货币负责机关,必取得密切合作,上述制度,方可畅行无阻。联络方法,或取定期集议方式,或设立永久委员会,最好成立国际清算处,办理外汇清算,代收担保品,收集国际收支之统计报告,研究收支不平衡之纠正方法。但国际清算处之成立,并非本计划之主要部分。法代表谓国际货币计划,必须具备四个条件:(一)战事一经结束,须即能见诸施行,即使战事未了,亦可提早实行。(二)各国如原有贸易管理及汇兑管理制度,仍可参加。(三)

各国国内贸易管理与汇兑管理制度之演变，货币计划，须能与其适应。（四）须能促进国际经济关系之改善。（法国代表之计划，见1943年5月9日纽约时报。）

美国哈佛大学货币学教授威廉斯氏（Williams）于1943年7月发表"通货安定——凯恩斯与怀特计划"（Curreney Stabilization—the Keynes and White Plan）一文。其所抱意见与法代表颇相类似，安定货币的工作，先从几个枢纽国（Key Countries）开始，而后再逐渐推广于其余的国家，其用意无非运用经济力量相等的几个国家之往来账项相互抵消的作用以维持货币之安定。威廉斯氏亦以为后进国家如澳洲对于世界各大市场，只占次要的地位，故英计划准其变更币值于他们有利而于主要国家无大妨碍。但威氏亦认为后进国家之国际收支，所以不能平衡，大半由于重要国家经济状况之恶化所致。例如澳洲等国在两次大战间经济极度衰落时，会减低生产成本，同时亦贬低币值及采取通货及财政膨胀政策以为调整国际地位之一种可能而有效之方法。然就一般而论，此等国家，虽被迫采用统制外汇，作孤注一掷，然卒因主要国家之状况过于恶劣，终于无法逃避其恶影响也。最主要的一点，莫过于各领导国家密切合作，以维持其国内实际所得之高度水准，并切实维持彼此间之最高度汇兑安定，而后再遂步推及于其他国家也。

我们在上面已说过，威氏之意见与法代表颇相接近，但法计划是仿照1936年英美法三国协定而拟的。威氏并不主张以此协定作为蓝本，因其所规定之国际联系不甚坚强，而对于国内政策合作亦不设切实之条文，有待于修正也。但对于法代表所言"如国际货币计划范围太广，必于达到全世界政治经济状况回复常态后，方能普遍推行，则不免延宕时日，不如邀集少数主要国家提前实施"。

威氏认为颇有见解。

六、我国的步骤应如何?

自英美计划发表以来,国内有若干人兴高采烈,以为从此财政金融都有办法矣。在他们的观念上,以为从此钱可以从天上飞来,于是大吹擂,说得动人听闻。殊不知这些计划,应用于英美,是一件事,推用之于中国,又是一件事。以今日之紊乱情形,中国岂有参加之可能乎?于参加之先,是否应做一番整理工作,使国内经济安定,货币信用恢复,而后再接受清算联盟或基金会之邀请积极参加乎?抑不管皂白,不计利害,协定一经成立,即行参加乎?即不治货币学者,亦知后法之不可行也。吾国战时预算已称庞大,殊不知战事结束后之近几年所需之复员支出,其总额恐将达战时之支出几倍,难民与失业者之救济费,阵亡将士之抚恤金,数百万军队之遣散费,破坏公产之修理费等等,为数一定可观。此外尚须恢复收复地之交通,兴建公用之房舍,迁移政府之机关等等,项目繁多,不可胜计,在在皆需巨额资金,以资应用;而此项费用之估计,又须视该时物价水准之高低与事情本身之大小以为准,此时无从捉摸。试问此种必需之费用将何自出?除依赖于法币之外,尚有何法?

通货膨胀之力量一日不减,物价上涨之趋势一日不止,则国内经济崩溃之危机迫在眉睫。以如此跌价不值钱之货币而欲以之与"班柯"或"联合币"联系,使其比价固定不变,非经行政局或基金之同意,不得变更,简直是等于梦想,非特为国际组织所不许,即令勉强允许,亦非持久之计。盖通货日益膨胀,其内价日益低落,而内价与外价相互间之关系不能分离(见第六章),外价势必与内价同时跌落,则法价与国际货币之比价,安得求其不变?今日法币之内价远低于其外价,则一旦战事结束,进口货物势必如潮涌入,在国际清算联盟账户上之借方差额,必日益增加,势必无法阻其越过定额二分之一以上,则被迫退出联盟或被宣告无法清偿债务,为必然之结果。故在今日而参加国际货币机构非特为时尚早,亦且希望太奢。然则必如何而后始可参加乎?曰,必于法币经过整理,国内政治环境,经济状况回复常轨之后,方可言参加也。本书第二十一章谈整理通货之三种方法,即膨胀法(消灭法),紧缩法(提高法),与钉住法是也。著者主张整理法币用紧缩法,不过此项主张,是根据四年前之事实而决定的,尔时(二十九年下半年)通货尚无恶性膨胀之现象,物价比战前亦不过高出5倍至10倍左右,因此笔者绝对的主张采用紧缩法使法币回笼。法币收缩之后,此后的战费,应出自租税,而租税之大部分,应放在发国难财者的身上,庶几通货不致剧烈地膨胀,物价不致猛烈地上涨,而发国难财者亦可稍稍敛迹。此言不发生效力,直至今日(三十三年五月)通货膨胀到若何程度,非局外人所能推测,但大后方的物价水准平均约已达到战前水准的5百倍,其中较高的地区已近千倍,而战事尚在继续进行中。仗非打不可,打仗后非复员不可,故通货非发不可,长此以往,吾恐紧缩法不能适用,因为紧缩法只能适用于些微的慢性的膨胀,不适用于剧烈的恶性的膨胀。静观今日的趋势,恐最后非出于德俄膨胀法之一途不可。到整理之一日,另发一种新币,定一兑换比率,把旧币收回,而后再以新币与国际货币联系。不过如是办理,一切损失完全放在全体国民身上,而发国难财者可以逍遥法外,安然渡过矣。此之谓平,则天下无事不平矣。彼发国难财者,

岂真能将所得不义之财平安地传递于乃子乃孙乎？吾恐天下之事未必如此简单也。

为方便读者，我们对原书中的4个译名作了改动：原“克恩斯”（Keynes）改为“凯恩斯”；原“马夏尔”（Alfred Marshall）改为“马歇尔”；原“披古”（Pigou）改为“庇古”；原“斐夏”（Irving Fisher）改为“费雪”。——商务印书馆编辑部，1999年

马寅初先生学术年表[①]

1882 年(光绪八年)

6 月 24 日,出生于浙江省嵊县(今嵊州)浦口镇。

1898 年(光绪二十四年)

由其父友人张江声介绍并带领马寅初从浦口镇赴上海进入教会学校英华书馆(相当于中学)学习中学课程。

1902 年(光绪二十八年)

考入天津北洋大学(1951 年更名为天津大学),学习矿冶专业。

1906 年(光绪三十二年)

北洋大学毕业,被保送赴美国留学。在耶鲁大学上学,第一年在该校学习工科,第二年改学经济学,从此开始了从事经济学学习研究和教学生涯。

1910 年(宣统二年)

考入美国哥伦比亚大学,攻读经济学博士学位。

1914 年

完成《纽约市财政》博士论文,获经济学博士。

1915 年

回到祖国,在北洋政府财政部任职员。

---

① 本年表由周松田撰写。

1916 年

北京大学法科经济门(系)教授。

1917 年

11 月 3 日,任北京大学编译会译议员,后又任该校经济门(系)研究所主任。

1918 年

3 月,任北京大学法科经济门研究所主任,兼任经济、工商门教授。

11 月 16 日,北京大学在天安门广场举办庆祝第一次世界大战结束演讲大会,在该演讲大会上发表题为"中国之希望在于劳动者"的讲演。

1919 年

3 月,发表"中国之希望在于劳动者",刊于《北京大学月刊》第 1 卷第 3 期。

4 月 9 日,被北京大学教授评议会推选为该校第一任教务长;同月,发表"战时之物价与货币",刊于《北京大学月刊》第 1 卷第 4 期;同月,发表"大战前欧美各国之不换货币与我国的金钞",刊于《北京大学月刊》第 1 卷第 4 期。

1920 年

1 月 5 日,辞去北京大学教务长之职,专任教授。

4 月,发表"计算人口的数学",刊于《新青年》第 7 卷第 4 期。

6 月 15 日,向北京大学请假一年,应邀到上海、杭州等地考察经济状况,与上海东南大学校长共同创办东南大学商学院。

1921 年

1 月,发表"吾国信托公司前途之推测",刊于《总商会月刊》第

1卷第1期。

11月20日，发表“中国经济问题”，刊于《教育杂志》第13卷第11期。

12月5日，发表“马寅初先生在北京大学经济学会讲演辞”，刊于《北京大学月刊》第1卷第3期。

1922年

1月10日，发表“中国之九大经济问题”，刊于《东方杂志》第19卷第1期。

5月25号，发表“中国国际贸易之真相”，刊于《东方杂志》第19卷第10期。

1923年

9月，商务印书馆出版《马寅初演讲集》。

1924年

1月，发表“上海之银洋并用问题”，刊于《东方杂志》第21卷第1期。

2月10日，发表“中国财政之根本问题”，刊于《东方杂志》第21卷第3期。

6月，发表“价值论”，刊于《东方杂志》第21卷第11期；发表“利用外资的三种方法”，刊于《中山文化教育馆季刊》第1卷第1期。

1925年

8月，发表“不平等条约于我国经济上之影响”，刊于《东方杂志》第22卷第16期。

9月25日，发表“汇丰银行”，刊于《东方杂志》第22卷第18期。

10月10日，发表“汇丰银行”，刊于《东方杂志》第22卷第19期。

12月，商务印书馆出版《中国国外汇兑》。

1926年

2月，发表“银行之势力何以不如钱庄”，刊于《东方杂志》第23卷第4期。

4月，发表“中国历年入超之解释及其危险”，刊于《东方杂志》第23卷第8期。

11月，发表“中国之财政与金融”，刊于《东方杂志》第23卷第21期。

12月，发表“中日现行通商航海条约之研究”，刊于《东方杂志》第23卷第23期。

1927年

2月，发表“中国经济上之根本问题”，刊于《东方杂志》第24卷。

因军阀张作霖下令撤销北京大学，马寅初被迫离开北大，先后在国立中央大学（1948年更名为南京大学）任经济系教授兼任系主任，在重庆大学商学院任教授兼任院长。在此期间，他曾在中山大学、上海交通大学、苏州东吴大学、重庆陆军大学、上海立信会计专科学校、上海中华工商专科职业学校任教授。

1929年

7月，商务印书馆出版《中华银行论》；发表“中国之盐税问题”，刊于《经济月刊》第3卷第5期。

1930年

4月，发表“中国租佃制度之研究”，刊于《经济学季刊》第1卷第1期。

7月,发表"关税征金与改革币制",刊于《经济学季刊》第1卷第2期;商务印书馆出版《中国关税问题》。

1931年

6月,发表"中国之预算与决算",刊于《交大季刊》第6期;发表"德国之营业刊",刊于《经济学季刊》第2卷第2期;发表"营业税在税制上之地位",刊于《经济学季刊》第2卷第2期;发表"浙江之营业税",刊于《经济学季刊》第2卷第2期。

8月,发表"浙江公债之史的观察及今后举债之方针",刊于《银行周刊》第15卷第33期。

9月,发表"德国赔款缓付问题",刊于《经济月刊》第3卷第8期。

11月,发表《交大抗日特刊》序言,刊于《交大特刊》。

12月,发表"租税的系统",刊于《财政经济汇刊》第1卷第1期;发表"英国停止金本位之前因后果",刊于《财政经济汇刊》第1卷第2期。

1932年

6月,发表"长期抵抗的准备",刊于《时事月报》第6期。

9月,发表"我对于中国新式金融业之观察"(上),刊于《银行周刊》第17卷第16期。

12月,商务印书馆出版《马寅初经济论文集》。

1933年

2月10日,发表"中国土地管理问题",刊于《银行周报》第17卷第29期。

3月,发表"新《商务法》与《工商同业工会法》",刊于《经济学季刊》第4卷第1期。

5月,发表“我对于中国新式金融业之观察”(下),刊于《银行周报》第17卷第17期。

6月6日,发表“中国之最新事业”,刊于《银行周报》第17卷第21期;同月,发表“棉麦借款问题”,刊于《军需》第22期。

7月4日,发表“中国之棉织业问题”,刊于《银行周报》第17卷第25期。

9月,发表“凯塞尔社会经济学原理之解释”,刊于《经济学季刊》第3卷第2期。

10月31日,发表“马寅初讲世界经济失败于中国之关系”,刊于《之江校刊》第58期;同月,发表“中国之工资利息问题”,刊于《银行周报》第17卷第39期;同月,发表“世界经济大势”,刊于《经济学报》第5卷第8、9期。

11月10日,发表“复兴农村的途径”,刊于《华安》第2卷第1期;30日,发表“提倡国货的方法”,刊于《南京市政》第35期;同月,发表“中国家庭思想与经济关系”,刊于《商学期刊》第2卷第3期。

1934年

1月1日,发表“个人计划”,刊于《东方杂志》第3卷第1期;同月,发表“中国币制本位问题”,刊于《经济学月刊》第1卷第2期;同月,发表“中国金融制度之缺点与其改革方案”,刊于《申报月刊》第3卷第1期;同月,发表“上海金融组织及其缺点”,刊于《商学期刊》第8期;同月,发表“世界经济会议之失败与我国统制经济之关系”,刊于《军需》第24期。

2月,发表“统制经济问题”,刊于《时事》第10卷第2期;发表

"白银协议批准问题",刊于《河北财政公报》第53期。

4月,发表"美国白银政策与我国之利害",刊于《时事》第10卷第4期;发表"对白银协议意见",刊于《民智》第3卷第4期;发表"美国之吸收黄金白银政策与我国之关系",刊于《东方杂志》第31卷第8期;发表"制度学派康孟氏之价值论"(上),刊于《经济学季刊》第5卷第1期。

5月,发表"中国之土地整理问题",刊于《军需》第25期;发表"美国白银政策与白银协议",刊于《银行周报》第18卷第20期;发表"余对于银行资本额股东负双倍责任及储蓄银行董事监事负连带无限责任之意见",刊于《银行周报》第18卷第18期。

7月,发表"田赋改革之必要",刊于《浙江财政》第7期。

8月,发表"利用外资之三种方法",刊于《中山文化》第1期;发表"制度学派康孟氏之价值论"(下),刊于《经济学季刊》第5卷第2期。

9月5日,发表"有奖储蓄及白银问题",刊于《武汉日报》;同月,发表"亟应准备之战时财政问题",刊于《银行周报》第18卷第34期;同月,发表"白银出口问题",刊于《国货日报》第1卷第9期;同月,发表"中国抵制洋货倾销方案之我见",刊于《银行周刊》第18卷第37期。

10月,发表"湖南之经济与金融",刊于《银行周报》第18卷第39期。

11月9日,发表"马寅初讲白银问题",刊于《晨报》;11日,发表"国富与未来大作战之关系",刊于《武汉日报》;16日,发表"世界第二次战我国经济上的准备",刊于《青年》第1卷第12期;同月,发表"资本主义国家经济思想之两大派",刊于《银行周刊》第

18 卷第 46 期；同月，发表“评财政部之白银政策”，刊于《时事月报》第 11 卷第 6 期。

12 月，发表“发展工农与集中力量”，刊于《银行周报》第 18 卷第 50 期；商务印书馆出版《资本主义发展史》。

1935 年（民国二十四年）

1 月 1 日，发表“快乐之生活”，刊于《东方杂志》第 32 卷第 1 期；23、24、27 日，发表“有奖储蓄与民族自觉”，刊于《中央日报》；同月，发表“经济力量集中之途径与运用之范围”，刊于《文化建设》第 1 卷第 4 期；同月，发表“中国棉业之前途”，刊于《东方杂志》第 34 卷第 12 期；同月，商务印书馆出版《中国经济改造》。

2 月 16 日，发表“马寅初对最近几件金融立法的说明”，刊于《中央日报》；17 日，发表“个人主义与全体主义”，刊于《武汉日报》；同月，发表“公库制问题”，刊于《银行周刊》第 19 卷第 6 期。

3 月，发表“利用外资方式中之华洋合资问题”，刊于《银行周报》第 19 卷第 11 期。

4 月，发表“合伙企业之连带无限责任问题”，刊于《银行周报》第 19 卷第 20 期。

5 月 23 日，“国民经济建设运动之真谛”，刊于《中央日报》；同月，发表“入超问题与利用外资”，刊于《时事月报》第 13 卷第 5 期。

6 月 3 日，发表“我国银本位应放弃乎抑应维持乎”，刊于《中央日报》；30 日，发表“对白银问题意见”，刊于《中央时事》第 4 卷第 23 期；30 日，发表“金融与财政”，刊于《武汉日报》。

7 月 8 日，发表“金融与财政”，刊于《交易周刊》第 1 卷第 27 期；同月，发表“苏俄经济生活之鸟瞰”，刊于《银行周报》第 19 卷第 29 期；同月，发表“世界经济恐慌如何影响及于中国与中国对策”，刊于《东方杂志》第32卷第13期；同月，胶济铁路同人学校研究会出版《中国当前之经济问题》。

8月11日，发表“就银本位之资格论中国可否放弃银本位”，刊于《武汉日报》；同月，发表“中国要早日实现工业化”，刊于《津浦铁路》第5卷第8期。

10月26日，发表“吾对于经济建设之意见”，刊于《武汉日报》；同月，发表“个人主义之将崩溃”，刊于《银行周报》第19卷第41期；同月，发表“欲解决入超非法利用外资不可”，刊于《银行周报》第19卷第38期；同月，发表“补救金本位制之四种方案”，刊于《银行周报》第19卷第46期。

1936年

1月1日，发表“上海证券交易所有开拍产业证券之可能乎”，刊于《东方杂志》第33卷第1期；19日，发表“中国经济改造之中心问题”，刊于《武汉日报》。

2月，发表“物产证券与按劳分配”，刊于《劳动生活》第1卷第3、4期；同月，发表“再论物产证券与按劳分配”，刊于《银行周报》第20卷第4期。

3月16日，发表“入超与币制改造问题”，刊于《武汉时报》；同月，发表“论纸本位”，刊于《银行周报》第20卷第9期。

4月，发表“论英国之外汇平准基金”，刊于《银行周报》第20卷第14期。

5月17日，发表“中国新金融政策与银价跌落之关系”，刊于《武汉时报》；5月24—26日，发表“非常时期之财政问题”，刊于《申报》；同月，发表“稳定物价与稳定汇价”，刊于《银行周报》第20卷第19期。

6月14日，发表"非常时期之经济问题"，刊于《武汉日报》。

7月6日，发表"非常时期的管理经济"，刊于《管理》第1卷第2期；14日，发表"资本主义与社会主义互相影响"，刊于《银行周报》第20卷第27期。

8月，发表"我国币制能不受任何国家币制变动之牵制乎"，刊于《银行周报》第20卷第32期。

9月13日，发表"国际贸易何以有统制之必要"，刊于《武汉时报》；同月，发表"马寅初在中国经济学社13届年会的闭幕词"，刊于《经济学季刊》；同月，发表"各国经济统制之理论与实际"，刊于《银行周报》第20卷第36期。

10月16、17日，发表"法郎贬值与我国所受影响"，刊于《中央日报》；20日，发表"经济统制之理论与实际"（续），刊于《银行周报》第20卷第41期；27日，发表"法郎贬值与中国"，刊于《银行周报》第20卷第42期。

11月7日，发表"意大利之经济统制"，刊于《银行周报》第20卷第45期；同月，发表"非常时期之物价问题及纸币政策"，刊于《经济学季刊》第7卷第3期。

12月8日，发表"世界经济大势与中国前途"，刊于《银行周报》第20卷第48期。

1937年

1月1日，发表"中日问题"，刊于《东方杂志》第34卷第1期；9日，发表"日本工业进步之原因"，刊于《银行周报》第21卷；同月，发表"经济思想随社会环境变迁三程序"，刊于《东方杂志》第34卷第1期。

2月3日，发表"中国之工业化"，刊于《银行周报》第21卷第7

期;6 日,发表"马寅初讲国防经济",刊于《杭州市政》;14 日,发表"中国国外贸易如何失去权利与古典派学说应如何更正",刊于《武汉日报》。

3 月 6 日,发表"非常时期之物价问题与纸币政策",刊于《新商业》第 2 卷第 2 期;6 日,发表"非大量生产之中国经济及其救济方法",刊于《银行周报》第 21 卷第 10 期。

4 月 3 日,发表"奖励国货工厂之困难与增加资本之方法",刊于《银行周刊》第 21 卷第 14 期;6 日,发表"中国经济之复兴与低利息之必要",刊于《中山文化》第 4 卷第 2 期。

5 月 1 日,发表"我国预算法币与工业连锁关系",刊于《银行周报》第 21 卷第 18 期;5 日,发表"解决分配世界资源问题当从自由贸易做起",刊于《世界政治》第 1 卷第 5 期;8 日,发表"中国保险事业与新中国建设之关系",刊于《银行周报》第 21 卷第 19 期;10 日,发表"中国工业进步迟滞之原因及其救济方法",刊于《海王》第 21 卷第 18 期;17 日,发表"国际经济大势与中国之危机",刊于《武汉时报》。

7 月 13 日,发表"世界资源之分配",刊于《银行周报》第 21 卷第 27 期;商务印书馆出版《中国之新金融政策》(上、下)。

11 月 29 日,发表"法郎贬值",刊于《武汉日报》。

1938 年

2 月,发表"战时财政问题",刊于四川《经济月刊》第 9 卷第 12 期;发表"二十六年暑期庐山谈话会讨论,战时财政问题",刊于四川《经济月刊》第 9 卷第 1、2 期。

4 月,发表"统一公债检讨",刊于四川《经济月刊》第 9 卷第 4 期。

5月，发表"中国社会组织与传统的经济思想关系"，刊于四川《经济月刊》第9卷第5期；发表"法币与公债政策"，刊于《时事类编》特刊第15期。

6月，发表"余对改善地主金融机构之意见"，刊于四川《经济月刊》第9卷第6期。

7月，发表"大工业之外同时维持小工业"，刊于《现代读物》第3卷第7期。

9月，发表"非常时期的法币与外汇"，刊于四川《经济月刊》第10卷第3期；发表"第一次欧战后马克何以崩溃"，刊于四川《经济月刊》第10卷第3期；发表"消极的经济制裁不如积极地实施援助"，刊于四川《经济月刊》第10卷第3期。

10月18日，发表"论立法院通过之总遗产税"，刊于《武汉日报》；30日，发表"《所得税暂行条例》施行以来表现之流弊"，刊于重庆《扫荡报》。

11月，发表"论战时过分利得税"，刊于《经济动员》第8期。

12月4日，发表"中国法币与英币联系之理由"，刊于重庆与桂林的《扫荡报》；11日，发表"政府对于非常时期工矿业奖助办法之要点"，刊于《国民公报》；31日，发表"门户开放与高尚思想"，刊于《经济动员》第2卷第2期；同月，发表"读书与经济"，刊于《经济知识》第1卷第1期；同月，发表"统制物价为节约运动与长期抗战之先绝"，刊于四川《经济月刊》第10卷第6期。

1939年

2月20日，发表"法币与抗战"，刊于《新华日报》；26日，发表"统治物价政策之最高价与最低价"，刊于《国民公报》。

3月5日，发表"日本支那通提出破坏法币之种种方案及其结果”，刊于《时事新报》；26 日，发表“核减利率应以一般经济情形为对象”，刊于《国民公报》。

4 月 30 日，发表“中国的专利法”，刊于贵阳《中央日报》；发表“论华北伪临时政府之币制统制及其对策”，刊于《时事日报》。

5 月，发表“论外汇平准基金”，刊于《时政评论》第 1 卷第 5 期。

9 月，发表“何以急需吸收国内资金”，刊于《经济动员》第 3 卷第 7、8 合期。

1940 年

4 月，发表“中国之国际贸易”，刊于《西南实业通讯》第 1 卷第 4 期。

6 月 1 日，发表“怎么稳定法币”，刊于《新华日报》；同月，在基督教各大学旅渝校友联谊会上马寅初作“西南建设问题与法币问题”讲演，刊于 6 月 28 日《新华日报》。

7 月 3 日，发表“抗战第四年经济”，刊于《新华日报》；同月，发表“提议对发国难财者征收临时财产税以充战后之复兴经费”，刊于《时事类编》特刊第 54 期。

10 月 20 日，发表“对发国难财者征收临时财产税为我国财政与金融唯一出路”，刊于《时事类编》特刊第 57 期。

11 月 11 日，马寅初在渝实验剧院发表“战时经济政策”讲演，刊于《新华日报》；25 日，《新华日报》刊发“马寅初氏在重大发表‘英美德的税制是否适宜于中国’的讲演”。

12 月 6 日，发表“西南经济建设与继续抗战的先决条件”，刊于香港《工商日报》；8 日，发表“战后经济问题”，刊于香港《大公报》。

1943 年

1 月，商务印书馆出版《经济学概论》。

1944 年

6 月，商务印书馆出版《通货新论》。

12 月 22 日，马寅初在重庆星五聚餐会发表“中国工业化与民主是不可分割的”讲演，刊于 12 月 23 日《新华日报》。

1945 年

3 月 6 日，发表“在世界和平的民主潮流中，中国需要伟大政治家，能够真正膺总理遗教，为老百姓做事”，刊于《新华日报》。

6 月 9 日，发表“在欢宴文化战士郭沫若会上讲话”，刊于《新华日报》；同月，《新华日报》刊发“国际形势与国内政治的关系——记马寅初在交大的演讲”；同月，发表“中国战后之福利经济”，刊于《民主与科学》第 1 卷第 5、6 合期。

9 月 17 日，《新华日报》刊发“肃清贪污才能实现工业化，一切都取决于民主——马寅初就妇女问题发表讲演”。

10 月 25 日，《商务日报》刊发“马寅初讲投资与国际贸易”。

11 月，作家书屋出版《战时经济文集》。

12 月 24 日，发表“论官僚资本”，刊于《商务日报》。

1946 年

1 月 1 日，发表“工业革命与土地政策”，刊于《新民报》；10 日，发表“吾对于政治协商会议的希望，人民对政治协商会议意见”，刊于《新华日报》；发表“打倒经济专政”，刊于《民主生活》。

2 月 5 日，《新华日报》刊发“名经济学家教授马寅初先生昨日在中大演讲官僚资本，兼论新公司法诸问题”；5 日，发表“新公司法和官僚资本”，刊于《商务日报》；14 日，《新华日报》刊发“马寅初教授在各校演讲——为什么要庆祝政协成功”。

3 月 14 日，《新华日报》刊发“马寅初教授在商务讲演，进出口平衡不容乐观”;18 日,发表“中国工业要发展,必须坚决反对官僚资本——在中国经济事业协会四川分会上讲话”,刊于《新华日报》;30 日,《新华日报》刊发“名经济学家马寅初教授:中国经济建设问题”;30 日,发表“中国战后之经济建设”,刊于《商务日报》;30 日,《新华日报》刊发“马寅初在戴家苍福音堂讲演:挽救日前经济危机,非打倒经济官僚不可”。

4 月 9 日,发表“挽救日前经济危机,非打倒官僚不可”,刊于《新华日报》;10 日,《商务日报》刊发“马寅初讲当前经济问题”。

5 月 21 日,发表“马寅初谈外汇问题”,刊于《商务日报》;12 日,发表“经济政策要通盘打算”,刊于《世界日报》;22 日,《新华日报》刊发“马寅初氏在上海讲演,痛论中国经济危机;兼指出只有国内和平经济危机才能克服”;26 日,发表“马寅初讲话黄金政策”,刊于《商务日报》;发表“外汇问题”,刊于《银行通讯》第 6 期。

6 月 5 日,发表“中国经济问题的症结”,刊于上海《文汇报》;13 日,发表“中国经济之出路”,刊于《商务日报》;15 日,发表“解救当前经济危机,首需解决政治问题”,刊于《新华日报》;同月,发表“农业、工业与国防工业之连锁”,刊于《经济周报》第 2 卷第 22 期。

11 月 14 日,发表“关于中美商约”,刊于《经济周报》第 3 卷第 20 期。

12 月 30 日,发表“我何以反对新订的中美商务约”,刊于上海《文汇报》;同月,发表“土地税”,刊于《观察》第 1 卷第 18 期。

1947 年

1 月 2 日,发表“1947 年经济展望”,刊于《经济周报》第 4 卷第 1 期;10—11 日,发表“今日我国经济的总检讨”,刊于上海《文汇报》;同月,发表“农工配合与力量集中”,刊于《大学月刊》第6卷第1期;同月,《现代经济文摘》第1卷第5期“人物介绍”发表“中国经济学前辈马寅初”。

2月9日,发表“英美经济问题与中国经济问题”(2月7日在广东暨南大学讲词、湖深笔录),刊于上海《联合晚报》;24日,发表“对紧急措施的看法”,刊于《商务日报》;27日,发表“有黄金美钞的不要卖出来”,刊于上海《文汇报》。

3月4日,发表“经济工作者工作的对象”,刊于上海《文汇报》;5日,发表“在今之中国,何以学非所用,用非所学?”,刊于《文汇报》;26日,发表“人权”,刊于上海《文汇报》;30日,发表“马寅初论美金债券”,刊于上海《文汇报》;发表“经济紧急措施方案行的通吗?”,刊于上海《现代经济文摘》第1卷第1期。

4月12日,发表“以德服人欤,抑以力服人欤?”,刊于上海《文汇报》;同月,发表“中国经济之路”,刊于《经济评论》第1卷第4期;同月,发表“对日贸易开放与损害赔偿问题”,刊于《大学周刊》第6卷第3、4合期。

6月,发表“美国为什么对中国有野心”,刊于《中华工商》第1卷第1期。

9月17号,发表“论外汇政策与魏使声明”,刊于《金融会报》第54期。

10月4日,发表“中国经济问题决于政治”,刊于《经济评论》第2卷第1期;4日,发表“如何建设国民经济”,刊于《中国建设》第3卷第2期。

1948年

5月,发表“论‘恢复银本位’”,刊于《中国建设》第6卷第

2 期。

8 月，商务印书馆出版《财政学与中国财政——理论与观察》。

1949 年

任中华人民共和国中央人民政府委员、政务院财政经济委员会副主任、华东军政委员会副主任、浙江大学校长。

5 月 6 日，《人民日报》刊发“马寅初先生在欢迎会上的讲演词”。

1950 年

4 月 29 日，发表“中国现阶段统一财经工作的轮廓”，刊于《展望》。

7 月，发表“革命政府的经济政策与反动政府经济之比较”，刊于《经济周报》第 11 卷第 7 期；同月，发表“新民主义的经济”，刊于《展望》第 6 卷第 5 期。

10 月 16 日，发表“加强保卫世界和平运动”，刊于《人民日报》。

12 月 29 日，发表“我对二届世界和大的感想”，刊于《人民日报》。

1951 年

1 月，发表“绝不能等待和平，必须争取和平”，刊于《上海工商》第 2 卷第 8 期。

5 月 23 日，出任北京大学校长。

6 月 24 日，发表“看得见的成就，看不见的成就和想不到的成就”，刊于《光明日报》。

10 月 26 日，发表“北京大学教员的政治学习运动”，刊于《人民日报》；29 日，发表“在毛主席领导下努力完成抗美援朝任务”，刊于《人民日报》。

11月26日，发表“华东区抗美援朝保家卫国的报告”，刊于《解放日报》。

1952年

2月11日，发表“驳斥资产阶级的荒谬理论”（马寅初对上海《解放日报》记者的谈话），刊于《人民日报》。

3月4日，发表“彻底粉碎美国侵略军阴谋”，刊于《人民日报》。

8月17日，发表“我国一九五二年度国家财政收入预算的优越性和特点”，刊于《人民日报》。

9月5日，发表“亚洲及太平洋区域人民团结起来，为拯救和平而斗争”，刊于《人民日报》。

1953年

3月27日，发表“一九五三年国家财政收支预算的特点”，刊于《人民日报》。

10月27日，发表“庆祝一九五三年的胜利”，刊于《人民日报》。

1954年

春季，担任浙江省全国人大代表，到该省嵊县调查研究。发现农村少年儿童多，开始注意我国人口数量的问题。

9月27日，出席第一届人民代表大会第一会议，并当选为全国人大常务委员，《人民日报》刊登了马寅初在全国第一届人民代表大会上的发言。

1955年

3月9日，发表“新中国货币制度的特点及其优越性”，刊于

《人民日报》。

5月7日,发表“向莫斯科大学致热烈的祝贺——为莫斯科大学校庆而作”,刊于《光明日报》;7日,发表“庆祝莫斯科大学开学二百周年”,刊于《人民日报》;18日,发表“亚非区域各国经济合作的重要性”,刊于《人民日报》;30日,作为全国人大常委到宁波等地视察并将观察情况及有关资料整理一份题为“控制人口与科学研究”的发言稿,为在全国一届人大二次会议上发言做准备。

7月1日,发表“《北京大学学报》(人文科版)发刊词”;5日至30日,出席全国人大二次会议,在浙江省代表团会上提出关于控制人口与科学研究的问题,因该省多数代表不同意他的看法,马寅初自动收回发言稿。

9月30日,发表“庆祝中华人民共和国建国六周年”,刊于《北京大学校刊》。

1956年

7月11日,发表“我也来谈谈百家争鸣”,刊于《人民日报》;18日,发表“我国预算的优越性”,刊于《人民日报》。

12月28—29日,发表“联系中国实际来谈谈综合平衡理论和按比例发展规律”,刊于《人民日报》。

1957年

2月27日至3月2日,在毛泽东主持召开的最高国务会议上,马寅初作了有关控制人口问题的发言。

4月27日,发表“马寅初谈人口问题”,刊于上海《文汇报》。在北京大学作了有关人口问题的演讲。

5月9日,发表“我国人口问题与发展生产力的关系”,刊于《大公报》;11日,发表“联系中国实际来再谈谈综合平衡理论和按比例发展规律”,刊于《人民日报》。

6 月 26 日,出席全国人大一届四次会议,并于 7 月 3 日作了《新人口论》的书面发言。马寅初指出,“控制人口,实属刻不容缓,不然的话,日后的问题益形棘手,愈难解决”。

7 月 5 日,发表“新人口论”,刊于《人民日报》。

8 月,发表“谈论我锻炼身体的体会”,刊于《新体育》第 8 期。

9 月,发表“我国资本主义工业的社会主义改造”,刊于上海《文汇报》。

11 月 10 日,发表“学习苏联,贯彻社会主义的教育路线”,刊于《人民日报》。

1958 年

2 月 1—10 日,出席全国人大一届五次会议;8 日作了“有计划地生育和文化技术下乡”的发言;中国财政出版社出版《我的经济理论、哲学思想和政治立场》。

3 月 21 日,《北京大学校刊》刊发“马校长的两张大字报”。

4 月 30 日,发表“我们为什么要纪念五四”,刊于《北京大学校刊》。

5 月 9 日,发表“再谈我的平衡论中的‘团团转’理论”,刊于《光明日报》。

7 月 24 日,发表“再谈平衡论和团团转”,刊于《光明日报》。

1959 年

2 月,发表“两个请求转载的理由”,刊于《北京大学学报》第 1 期。

4 月 18—28 日,出席第二届全国人民代表大会第一次会议,当选为全国人民代表大会常务委员会委员。

11月,发表“我的哲学思想和经济理论”,刊于《新建设》第11期。

12月12日,约见《新建设》杂志编辑,要求该杂志刊登马寅初的“重申我的请求”一文。

1960年

1月1日,发表“翻天覆地的变化——谈祖国的大跃进”,刊于香港《大公报》;4日,被迫提出辞去北京大学校长职务的书面报告,上交教育部;同月,发表“重申我的请求”,刊于《新建设》第1期。

3月8日,国务院批准马寅初辞去北京大学校长职务,马寅初离开北京大学。

1979年

6月,邓小平、陈云、胡耀邦等中央领导同志分别在有关文件上批示,为马寅初平反。

7月25日,中共中央统战部副部长李贵受党中央委托,登门拜马寅初,并转达党中央的意见:“1958年以前和1959年底以后两次对您的批判是错误的,实践证明,您的‘新人口论’是正确的,党组织正在为您平反。”

9月11日,党中央正式批准了北京大学党委《关于为马寅初先生平反的决定》;14日,北京大学党委召开会议,为马寅初彻底平反,恢复名誉。教育部副部长,北大党委书记周林宣读了北大党委为马寅初先生平反的决定,同时宣布《教育部关于任命马寅初为北京大学名誉校长的通知》。

11月,北京出版社出版《新人口论》。

1980年

8月,被增选为第五届全国人大常务委员会委员。

1981 年

2 月 27 日,被推举为中国人口学会名誉会长。

6 月 24 日,北京大学为马寅初先生举办任教 65 周年和百岁寿辰庆祝会;同月,北京大学出版社出版《马寅初经济论文选集》(上册)。

12 月,北京大学出版社出版《马寅初经济论文选集》(下册)。

1982 年

5 月 10 日,下午 5 时逝世,终年 101 岁。

天公地道皆文章　宏论为民欲国强

——马寅初的若干经济思想

彭松建

马寅初先生是我国20世纪著名的经济学家、教育家和人口学家,也是坚强不屈的杰出的民主人士。纵观马寅初的一生,他几乎把全部工作时间都集中用于大学教育和经济学的教学、实际经济工作调研和经济学的学术研究和学术著述。他著作等身,学术思想丰富。本文简要概述和介绍他的部分经济思想。

一

马寅初于1882年6月24日(清光绪八年农历五月初九)出生在浙江省嵊县(现为嵊州)浦口镇①的一个酿酒作坊家庭。马寅初颇有天赋,自幼聪慧又热心读书,年少时不肯接管父亲经营酒业作坊的家业,在其父友人帮助下从浙江乡村赴上海求学,于1898年(17岁)进入上海教会学校英华书馆,开始中学学习。1902年考入天津北洋大学攻读矿冶专业。1906年被当时清朝政府保送赴美留

① 学术界有另一种说法是马寅初出生于浙江省绍兴县皋埠镇。

学，进入美国耶鲁大学矿冶系学习。1907 年（26 岁）在耶鲁大学转系改学经济学专业，开始了他的经济学学习、教学和科研的生涯。1910 年，他在耶鲁大学获经济学学士学位后考入哥伦比亚大学攻读经济学硕士和博士学位。在塞利格曼教授指导下，完成了博士学位论文《纽约市的财政》，获得经济学博士学位。

1915 年马寅初学成回国，起初在北洋政府财政部任职员，不久他感到在美国学习的那些财政理论对他的工作毫无用处。他认为"官场习俗，非我所愿"，宣称自己一不做官，二不发财，毅然决然到北京大学经济门（系）任教授，后兼任系主任。1919 年被选为北京大学第一任教务长，后来他在北京大学发起并长期担任"中国经济学社"社长。1927—1929 年，他曾经分别在浙江省政府和南京国民政府任职，但自 1929 年以后至 1982 年 5 月 10 日在北京逝世，他主要在南京中央大学、上海交通大学、苏州东吴大学、重庆大学、浙江大学和北京大学任教并兼任大学管理领导职务。特别值得提出的是 1951 年开始任北京大学校长至 1960 年，1979 年又出任北京大学名誉校长、中国人口学会名誉会长等学术、教育界职务。正是在他担任北京大学校长期间的 1957 年 7 月，马寅初发表了著名的《新人口论》，针对当时中国人口数量盲目增加的状况，提出了控制人口数量、提高人口质量的著名论断，为我国人口的生产和再生产指明了方向和发展路径。

马寅初除在教育界担任我国一流大学的校长等职务外，也出任过政府和社会上的重要职务。例如，1949 年出席第一届中国人民政治协商会议第一次会议，被选为中央人民政府委员，历任中央人民政府政务院财政经济委员会副主任，华东军政委员会副主席，第一、二届全国人大常委，全国政协第一届、第三届、第四届、第五届全国委员会常务委员。

马寅初先生不仅是一位享有盛誉的教育家、经济学家和人口学家,而且是英勇不屈为真理而斗争的民主战士。在20世纪30年代后期全国抗日战争爆发之后,马寅初目睹民族危机的深重以及国民党政府的腐败,挺身而出,写文章、作演讲,大声疾呼,反对出卖民族利益和独裁统治,抨击官僚资本主义和通货膨胀。马寅初的爱国和正义行为,受到国民党政府的政治迫害,被监禁到集中营长达数年之久。抗战胜利之后,马寅初不畏强暴,不顾安危,积极投身于反内战、反独裁的民主运动。1947年5月,南京中央大学学生集会邀请他出席并作讲演,马寅初不顾特务机构放出要加害于他的流言,写下遗书,如约到会作讲演,表现了一位民主战士的铮铮铁骨,鼓舞了青年学生的斗志。

马寅初是中国共产党的老朋友。在他最困难的时候,得到中共党组织的帮助和支持,正如他自己所说,自1939年开始"无时无刻不与共产党在一起"。他是在与国民党政府反动政治的斗争中,一步一步地认识和靠近中国共产党,成了中国共产党肝胆相照的老朋友。

20世纪50年代中后期,马寅初提出以节制生育、提高人口质量为主导的"新人口论"和经济按比例发展的综合平衡论等正确的经济思想和政策主张。马寅初以赤诚之心,针砭时弊。但当时他受到了错误的批判,被戴上了"资产阶级代表人物"、"中国的马尔萨斯"、"反党及社会主义"等帽子和罪名。面对当时来势汹汹的错误批判浪潮,马寅初敢于坚持自己认定的真理,舌战名家,不惧怕权威,不惜个人名利,"孤军作战"。为我国学术争鸣开创了一代新风,为后来学人树立了坚持真理的光辉榜样。

二

马寅初年轻时在美国学习的是西方经济学和西方财政学、金融学。他的讲演、著述和论文的主要内容都涉及对西方经济理论的介绍和评论。然而，他不是生吞活剥地介绍，也不是照搬照抄，而是对西方各种学术流派的经济理论加以比较研究，分析各自的特点以及各种理论的区别。其一，马寅初总是从某种经济理论产生的历史背景、经济社会环境以及学派代表人物的学识素养等方面来评价有关学派理论的产生与形成，从而使人们能够了解到相关学派所代表的利益阶层的特点，甚至了解到当时相关学派所在国家经济发展的阶段。其二，我们还注意到马寅初总是结合中国当时经济的实际状况和发展水平，以学者眼光来剖析西方某种学派的理论对中国的价值和中国可以借鉴的内容，而不是全盘肯定或全盘否定。这些对后辈学人研究和借鉴西方经济学都有较大指导价值。我们举一例子来说明。马寅初在《财政学与中国财政》一书的自序中，对凯恩斯的《一般理论》①作了轮廓介绍。他指出，凯恩斯的大著《一般理论》在欧美国家纸贵洛阳，而在中国也大受欢迎，经济学界论坛上一提到凯恩斯的理论，几乎无人不奉为金科玉律。以时代而论，《一般理论》代表时代的新思潮，吾人不能不读。但以空间而论，凯恩斯的书是根据英美国家陷入深深的经济危机的情形而写的，与中国的经济发展情形可谓风马牛不相及。马寅

① 此处是指凯恩斯1936年发表的《就业、利息和货币通论》一书。

初在分析凯恩斯理论观点并与中国当时的经济实际状况进行对照之后，明确指出，凯恩斯的理论观点是完全根据极端资本主义、高度工业化的英美两国的情形而提出来的；而中国却是一个经济落后的农业国，将凯恩斯的学说移植于中国，“不啻纸上谈兵，不切实际”，“实有格格不入之弊”。他认为，对于“外国的名著固有阅读之必要，但比较外国经济名著更重要者，实为本国的经济事实与现状”①，切不可盲目照抄照搬。

其三，马寅初的学术眼光具有超前性，他提出了一些具有前瞻性的理论观点。早在20世纪40年代，马寅初在探求中国经济发展的路径时，在所有制结构方面主张建立国营、民营和个体经济合于一体的混合经济，让各种所有制经济都能得到发展，共同进行经济建设。他反对垄断公司包办各类经济建设事务。马寅初指出，“我们不完全采用英美资本主义自由竞争的制度，亦不完全采用苏联社会主义一切国营的制度，乃提出一种混合经济的制度，国营企业与民营企业同时并进。完全用英美式的建设，是不合时代的需求；完全用苏俄式的建设，是非中国所能办到的；故不得已采用混合制，但不是漫无计划的”②。这里，马寅初把建立混合经济结构的理论观点说得明明白白。只可惜我国经济学界的专家学者们未能了解和阐述马寅初的混合经济思想。至于政府方面，在1949年以前的国民党政府根本没有把马寅初的混合经济思想放在眼里；1949年新中国成立之后，本可将马寅初的混合经济理论转变为发展经济的政策，然而，在“左”的指导思想指导下，实行计划经济体制，全

① 《马寅初经济论文选集》(增订本)，北京大学出版社1990年版，第841页。
② 同上书，第850页

盘否定民营企业和个体工商企业，似乎国营越多越好，公有制越纯越好，更没有人去研究和实施马寅初有关建立混合经济的思想。直到1978年后，党的十一届三中全会实行改革开放的国策，政府方面才逐渐认识到计划经济体制的弊端，在所有制结构方面，逐渐认识到公有制不是越大越好，也不是越纯越好，才逐渐允许个体工商企业和私人企业存在与发展，为配合引进外资，才允许三资企业（外资企业、合资企业、外资来料加工企业）的存在与发展。进入20世纪90年代，我国改革开放已进入建立市场经济体制的新阶段，我们党提出了发展社会主义市场经济的纲领，进一步确认国营企业、民营企业、外资企业、私人企业和个体工商企业的共同存在和发展，混合经济结构初见端倪。从20世纪40年代马寅初提出混合经济思想到将这种思想变为政策，再到初步建立混合经济结构、推动我国经济健康持续向前发展，花费了50多年的时间。我这里不是说20世纪80年代后我国实际推行的允许私人、个体工商和外资等企业存在与发展，逐步建立混合经济的政策是直接取自马寅初的混合经济思想，而是要说明马寅初有关混合经济的思想是超前的，具有明显的前瞻性。这是我认为应该予以承认和继承的。

马寅初有关利用外资的论述也是具有前瞻性的。早在20世纪40年代中期抗日战争即将结束时，他就提出了尽量利用外资和引进外国先进技术的学术观点。他指出，"中国抗日结束后，百废待举，需资甚亟，开发富源，尤非赖外资不可"①。又说："中国现在与最近将来，均须利用外资，而外人投资，必须以外汇安定为第一条

① 《马寅初经济论文选集》（增订本），第850页。

件。"[①]还指出,"欲谋中国之独立与生存,必先使之工业化;欲使之工业化,必先利用外资和技术"[②]。他认为,利用外资、引进先进技术,必须以不损害国家主权为原则。他指出,"对于外资利用,则应照平等互惠国际经济合作之精神,在不妨碍主权及计划实施之前提下,以各种方式加以吸收"。在这里,我无须多加笔墨,马寅初独具超前的学术眼光是值得后辈学人学习和借鉴的。

马寅初超前的学术眼光、前瞻性学术理论和政策主张在他1957年提出的《新人口论》中体现非常鲜明。在20世纪50年代中期,当时中国还在学习苏联生孩子多的为英雄母亲和实际上鼓励多生孩子的社会环境和时代背景下,马寅初奔走呼号,作讲演,发表文章,大声疾呼,"人多固然是一个极大的资源,但也是一个极大的负担"。又鉴于我国人口基数大,增殖快,因此,"控制人口,实属刻不容缓,不然的话,日后的问题益形棘手,愈难解决"[③]。马寅初预言式的学术观点到20世纪70年代到80年代几乎变成现实。到20世纪70、80年代,我国党和政府才发现人口过多的问题非常棘手,以致不得不采用独生子女政策来控制人口过多、过快增长。这时,人们才逐步认识到马寅初人口理论的正确性,在国人中流传着"错批马寅初一个人,中国多生几亿人"的谚语,正是国人猛醒的印证。

人无完人,人非圣贤。马寅初也是如此。在马寅初颇多的著述中,他对马克思学说颇有非议,认为马克思学说不适宜于中国。

---

① 马寅初:《通货新论》,商务印书馆1999年版,第150页。

② 《马寅初经济论文选集》(增订本),第850页。

③ 同上。

比如他早年发表的“马克思学说与李斯特学说孰宜于中国”、“马克思主义在中国有实行之可能否?”、“马克思价值论之批评”,等等。他否定劳动价值论,提出主观价值论,“价值之中心,不在物,而在吾人之脑中”,“经济物之价值基于主观的,非若主张劳动力价值之基于客观的”①。由此可见,马寅初主观价值论的学术观点是笔者和诸多学人所不同意的,对此应予以扬弃。

三

马寅初的货币思想主要体现在他 1937 年发表的《中国之新金融政策》、1940 年发表的“怎样稳定法币”以及 1944 年发表的《通货新论》等著作、论文和演讲稿里面。《通货新论》是 1942 年马寅初先生被国民党政府软禁在重庆歌乐山家中时构思与完成撰写工作的。在 1944—1945 年之间,第二次世界大战已出现即将结束的曙光,中国之抗日战争也显见胜利之光芒。在抗战即将胜利的时间里,作为学者,马寅初忧国忧民,从学术角度思索抗战胜利之后,如何医治战争创伤,中国经济会出现怎么样的状况,货币问题又如何解决,诸如此类问题有否可借鉴国际之经验,等等。《通货新论》就是在这样背景环境下出现的。马寅初分析和回顾当时国际上流行的货币学说,比较分析第一次世界大战之后欧洲有关国家(如英国、法国和德国)采用的货币政策,试图以此作为抗战胜利之后中国整理通货之借鉴的理论和经验。当然,一如马寅初既往的风格

① 参见《马寅初经济论文选集》(增订本),第 842 页。

和学风，全书的分析紧扣当时中国经济之实际状况，即八年抗战已重创中国的经济，通货信用缺失，国内资金非常短缺，又加上国民党政府官员贪污腐败，利用战争搜刮民财，大发国难，官僚资本已严重阻碍当时中国之经济发展。了解马寅初研究和写作《通货新论》一书的上述历史条件，读者会更好地理解马寅初在书中阐述的货币思想。

首先，马寅初强调了货币问题的极端重要性。他在该书的自序中开宗明义，指出"中国战后经济问题之解决，必自解决通货问题始，盖通货问题，乃各种经济问题之根本所在，如救济难民，遣散军队，修理已破坏之路线，重建已毁灭之房屋，诸如此类，非钱莫办"。① 他还进一步说明，抗战胜利之后，无论对内对外，不言建设则已，如言建设，必以通货为第一著。即第一步棋要从货币问题解决切入，方可谈得上解决其他问题。

第二，抗战胜利之后，针对货币运行方面出现的问题，马寅初比较分析了通货紧缩和通货膨胀之危害性。他指出，通货膨胀之弊端在于币值跌落，物价飞涨，深受其害的首先是工薪阶层（工人在内），因收入固定，为应付高物价要付出更多的钱，生活水准下降。他用通俗的语言指出，受物价飞涨之害，农民吃亏，储蓄存款者吃亏，债权人吃亏，收取利息者吃亏，保险单持有人吃亏，等等。另一方面，通货紧缩之弊端在于币值提高，物价下跌，工商业者亏本，工人失业，股票跌价，政府税收减少，债务人负担加重，公债本息无着落，等等。他指出，比较二者之结果在极和缓、极有限的膨胀情形之下，一部分人固不免损失，然就整个经济情形论，尚能发

① 马寅初：《通货新论》，第1页。

展增长。若在紧缩情形下,一部分人固然获利,整个经济情形则日渐萧条,损失更大。所以,膨胀不好,紧缩更不好。两害相权取其轻,通货膨胀之害小于紧缩之害。当然,通货膨胀若得不到有效控制,其危害也非常之大,不可能言之。①

第三,马寅初分析市场上货币的流通量的问题,他指出,货币之流通量,包括两个因素,一是货币数量,二是货币流通速度。所以,货币数量乘以流通速度等于货币之有效供给。在短期内,市场上货币数量应相对稳定,物价也才会相对稳定。在此情形下,社会进步,生产成本渐减,生产逐渐增加,消费者才受其利。他认为,在信用发达社会,实行管理货币制度,控制货币的有效供给,将有利于推动国民经济的发展。②

物价的变动,不仅与货币数量有关联,而且与货币质量有关联。所谓物价与货币数量的关联是指物价之升降,皆由货币之作用。假设货物的产量不变,而货币数量大增,则物价必上涨。若货物产量不增加,货币数量减少,物价必下降。所谓物价与货币之质的关联,是指货币之信用,货币本身无固定价值。货币之信用昭著,即货币信用度高,物价决不至于过高。如货币为不兑换的纸币,则须看政府之信用如何而定其值之高下。政府信用高,则货币信用高,物价必比较低,否则货币信用低,物价必高。③

第四,马寅初在《通货新论》一书中,从货币学说史的角度,评价英美两国的货币数量学派的货币数量理论。这里我简要地介绍

① 参见马寅初:《通货新论》,第13—14页。

② 参见同上书,第165—167页。

③ 参见同上书,第207—208页。

有关情况。马寅初所评价的货币数量学说，是传统的货币数量理论，又可称为传统的货币主义。在《通货新论》一书中提到美国传统的货币数量论是指美国经济学家欧文·费雪在其《货币的购买力》一书中提出的交易方程式：Py = MV。

式中，P为物价指数，M为流量中的货币数量，y为一国的实际国民收入，V为货币的收入流通速度，其定义为名义国民生产总值除以货币总量。传统的货币主义者费雪假定V和y为常量，即在短期内不变。这样，只有P和M是变量，即价格P随着货币数量M成正比例变动。费雪强调的是把货币作为交易工具发生作用，即作为流通手段起作用。人们把费雪方程又称为交易方程式。

《通货新论》一书中评价的马歇尔和其嫡传弟子庇古的货币数量论也是传统的货币数量理论，又称为庇古的剑桥方程式：Md = kPy。

式中，P代表物价指数，y为实际国民生产总值，k为经常持有的货币数量，表示货币收入流通速度的倒数，M表示货币数量。然而庇古所指M是假设实现一定交易情形下，个人愿意持有的货币数量。费雪交易方程式中的M是指宏观经济为实现一定交易所需货币的数量。两者比较，庇古关注的是微观经济中货币数量，分析重点在于微观方面货币的方便性上，即个人进行的交易规模越大，则个人想要持有的货币余额也越多，即其对货币需求越多。庇古所强调的是货币需求，而费雪则把货币作为媒介工具、交易手段。由此可见，两者并没有本质的差别。费雪与庇古都是对货币数量作静态分析，他们的方程式都不够完善。

马寅初在《通货新论》一书中，花费较多的篇幅来评介费雪和庇古等美英学者的货币数量理论。他肯定了费雪和庇古等传统货币数量论者看到货币数量与物价之间存在一定关联,同时指出了传统货币数量理论还不完善、不科学的地方。首先,费雪和庇古在分析货币数量与物价之关系时所假设的不变的经济条件是不成立的,实际经济生活中各种因素都是在起变化的。其次,各个经济体的货币当局所发行的货币数量或市场上流通和储存的货币数量对物价的影响不是直接的,而是通过若干中间环节或中间因素产生的;货币数量对物价的影响往往不是立即的,而是会产生时滞的。费雪和庇古等学者均未对这些中间环节或中间因素展开分析。第三,马寅初指出,货币数量理论不适用于中国,不能用来指导制定货币政策。当然,马寅初和费雪、庇古等学者一样,并没有深入分析货币数量和物价之间的复杂关系,这是受他们的时代局限所致。同时,他们所提出的货币数量与物价之间的关系、货币数量对物价的作用问题,为后辈学人进一步深入研究留下了学术探讨的空间。

第五,马寅初在《通货新论》一书中预见到第二次世界大战之后,美国凭借在战争中积累起来的财富操纵世界金融市场,美元取代英镑在国际经济中的地位,成为强势美元。他指出,"美国欲操纵世界金融之处心积虑,可于1943年美国财政部发表之国际货币合作计划中见之"①。又说:"美国虽未提出金银复本位制,但其处心积虑,欲操纵各国之货币政策,而自己处于独裁者地位之野心,固昭然若揭。"②马寅初在《通货新论》一书中分析了美国大量收购世界各国的黄金、白银,大量囤积黄金,同时又大量印制美钞,实施美元贬值的货币政策,刺激本国制造业的发展,扩大出口,挤压他

① 参见马寅初:《通货新论》,第9—10页。

② 同上。

国货币，迫使升值，通过操纵国际金融市场来操控他国货币政策。凡他国货币政策对美国不利，必为美国反对，美国利用强势美元，迫使他国改变货币政策，如此等等。第二次世界大战之后，美国操纵世界银行和国际货币基金组织等国际金融机构，以达到控制国际金融市场之目的。这一实际状况证明马寅初在《通货新论》一书中的分析和论断是正确的、有预见性的。《通货新论》一书中的若干文字，反映了马寅初所处的那个时代的特点和当时国内和国际的经济状况和金融市场相当混乱的实际情形。今天，我们从货币学说史的角度去阅读，仍可发现马寅初许多前瞻性的分析和论断，可以领会马寅初许多闪光的货币思想。

本文撰写时，参考了北京大学出版社出版的《马寅初经济论文选集》（增订本）和浙江人民出版社出版的《马寅初全集》中的有关资料。在此，我向上述单位和有关专家致以诚挚的谢意。

本文完稿于北京世纪城垂虹园

2010 年 10 月 16 日